500

ILUSTRACIONES

compiladas por

Alfredo Lerín

☆　　☆　　☆

CASA BAUTISTA DE PUBLICACIONES

CASA BAUTISTA DE PUBLICACIONES

7000 Alabama Street, El Paso, TX 79904, EE. UU. de A.

www.casabautista.org

Nuestra pasión: Comunicar el mensaje de Jesucristo y facilitar la formación de discípulos por medios impresos y electrónicos.

500 ilustraciones. © Copyright 1965, Casa Bautista de Publicaciones, 7000 Alabama Street, El Paso, Texas 79904, Estados Unidos de América. Todos los derechos reservados. Prohibida su reproducción o transmisión total o parcial, por cualquier medio, sin el permiso escrito de los publicadores.

Ediciones: 1965, 1976, 1977, 1978, 1980, 1982, 1984, 1986, 1988, 1990, 1993, 1995, 1997, 1998, 2000, 2003, 2004, 2007
Decimonovena edición: 2008

Clasificación Decimal Dewey: 251.8

Tema: Sermones - Ilustraciones

ISBN: 978-0-311-42037-7
C.B.P. Art. No. 42037

1.5 M 8 08

500

ILUSTRACIONES

PREFACIO

Los profetas mencionados en el Antiguo Testamento
y nuestro Señor Jesucristo —el Maestro y Predicador por
excelencia— para ilustrar sus mensajes, algunas veces
relataron costumbres sociales, acontecimientos ocurridos
en las familias, casos históricos, hechos de la naturaleza
física (de la tierra, del universo), etcétera, a fin de aclarar
las verdades que deseaban comunicar. De semejante
manera han procedido los más eficientes predicadores
de los tiempos pasados y presentes.

Una anécdota, una historia, un dato científico, etcétera, puede llegar a ser **ilustración** desde el punto de
vista homilético y hermenéutico, si queda apropiadamen-
te incorporado en el sermón, de manera que sea parte
de él y ayude a aclarar, en la mente de los oyentes, el
pensamiento que el predicador está desarrollando y también ayude a fijar en esas mismas mentes la verdad que
tal predicador está presentando. Si no es así, entonces
tal anécdota, historia o dato científico o lo que sea, es
solamente eso; pero puede ser ilustración si el predicador logra utilizarlo de manera que ilumine, que aclare
lo que está enseñando por medio de su sermón.

Así pues, los relatos que hay en este libro pueden
usarse con la finalidad de **ilustrar**, o sea aclarar las verdades espirituales y eternas, de manera que éstas sean
mejor comprendidas por la congregación a la cual se
le predican.

En este libro se ha procurado poner siempre a cada

ilustración el nombre de su autor o el del libro o revista de donde fue tomada; pero en algunos casos no ha sido posible hacer esto, lo cual es de sentirse. Además, a cada ilustración se le ha puesto una o más referencias bíblicas a fin de facilitar la adaptación recíproca de éstas con esa ilustración particular. Al principio de este libro hay un Indice de asuntos y temas, en el que se puede buscar el tema o asunto que se desee tratar, y al encontrarlo si lo hay, se observará que tiene un número que es el de la ilustración correspondiente.

El propósito que ha impulsado al compilador de las presentes ilustraciones para hacer este arreglo, ha sido el de ayudar, aunque sea un poco, a sus consiervos "en la viña del Señor", a presentar las buenas nuevas de salvación para que el reino de Dios sea extendido y establecido en la tierra, y con esto reciban honra y gloria el Padre, el Hijo, y el Espíritu Santo.

Alfredo Lerín

INDICE DE ASUNTOS

1. "COMO SERPIENTE MORDERA"

Prov. 23:32.

El perforador de pozos Andre Poultier, de Rouen, Francia, apostó ante un grupo de amigos en un restaurante, que se bebería treinta y nueve vasos de vermut en diez minutos.

Ganó la apuesta: y cayó muerto.

2. LA RANA OPTIMISTA

Ecl. 9:10; *Rom.* 12:11; 13:11; *Ef.* 5:14.

Dos ranas, una optimista y otra pesimista, cayeron al mismo tiempo en dos vasijas que contenían leche. La rana pesimista dice: "No puedo salir de este cacharro, porque las paredes son muy lisas. No puedo respirar en la leche, voy a asfixiarme, estoy perdida." Y, en efecto, se asfixia y muere.

La rana optimista no sabe tampoco qué hacer; pero como es optimista trata de hacer algo y se agita en todos sentidos. Como se está moviendo continuamente, bate la leche con tanto vigor que ésta se transforma en mantequilla. La rana entonces se sienta sobre la mantequilla y puede respirar libremente.

Esto prueba que quien posee un carácter optimista hace siempre algo, aun cuando no sepa qué hacer para salir en una situación difícil; pero sigue luchando y confiando en Dios y él es poderoso para hacernos "más que vencedores."— **El Embajador.**

3. LA HISTORIA ABATE AL ALTIVO URBANO VIII

Ex. 1:8-22; 1 *Sam.* 14:24-45; 18:6-29; 22:6-19; 1 *Rey.* 5:13-18;
12:1-20; 2 *Crón.* 2:2, 17, 18; *Mat.* 14:1-12; *Mar.* 6:14-29;
Luc. 9:7-10.

En el año de 1633 el Papa Urbano VIII, quien preten-
día ser el sapientísimo e infalible vicario de Cristo, haciendo alarde de su "sabiduría" mandó encarcelar a
Galileo porque éste enseñaba que la tierra giraba sobre
sí misma y a la vez alrededor del sol. Al gran Galileo,
para salvarle la vida después de haber sufrido durante
muchos, muchos meses en los calabozos de la Inquisición, se le hizo salir, con la creencia de los inquisidores,
de que la prisión había quebrantado la fe de él en las
"herejías" que había estado enseñando. Pero como se
viera que Galileo aún conservaba las ideas que antes había expuesto, el Papa lo mandó a la cámara del tormen-
to, donde el pobre anciano sufrió muchas veces, con es-
toicismo, el suplicio de la cuerda. Al fin, quebrantado y
vencido por los sufrimientos físicos y morales, fue obligado a abjurar en esta forma: "Yo, Galileo, a los setenta años de edad, arrodillado ante sus eminencias y teniendo ante mis ojos los Santos Evangelios que toco con
mis propias manos, abjuro, detesto y maldigo el error y
la herejía del movimiento de la tierra."

La justicia divina y la sabiduría que Dios ha transmi-
tido a los hombres, han exaltado a Galileo colocándolo
entre los sabios más ilustres que el mundo ha conocido,
y han humillado al altivo Papa Urbano VIII colocándolo
entre los hombres más presuntuosos e ignorantes de la
tierra.— **Exp. Bíbl.**

4. LA CAIDA DE LA SOBERBIA

Sal. 1; *Sal.* 49:6; *Prov.* 2:14; *Is.* 24:8; *Mar.* 10:23-25; *Luc.*
12:19; *Rom.* 1:30; 3:23, 27; 11:18; 1 *Cor.* 5:6; 13:6; 1 *Tim.*
6:17-19.

Con frecuencia hemos visto a un niño que anda conto-

neándose para lucir, ante quienes lo ven, su ropa nueva;
y al tropezar y caer llora lo más fuerte que puede al ver
su vestido sucio por la tierra o por el lodo del piso.

De parecida manera, Dios ha puesto en ti muchas gracias, muchas cualidades o virtudes y te ha concedido
muchos dones. Puede ser que al pensar en estas cosas te
jactes por ellas y desdeñes a quienes no las tienen, como
lo hicieron Roboam y Nabucodonosor al pensar en su
respectiva grandeza, y como ellos cayeron así también
tú caigas. Y puede ser que cuando estés caído, en lugar
de hacer alarde de lo que tenías y en lugar de jactarte
por ello, te pongas a llorar como aquel niño imprudente:
porque tu traje de muchos colores se ha ensuciado y se
ha manchado en la caída.— **Cawday, adaptación.**

---

5. AMOR MAS VALIOSO QUE EL ARTE Y LOS HONORES

Gén. 24:15-27:46; *Rut.* 1-4; *Prov.* 12:4a; 18:22; 19:14; 31:10-
31; *Jn.* 15:13; 1 *Cor.* 13; *Ex.* 34:7; *Ez.* 18:27, 28, 30-32; 1 *Sam.*
15:24; *Sal.* 103:3; *Mat.* 6:12; *Luc.* 15:11-32; *Jn.* 8:21;
Rom. 8:24.

Jorge Romney fue un famoso pintor inglés (1734-
1802). Desde su niñez demostró que tenía un sentido ar-
tístico excepcional, y se dedicó a pintar cuadros históricos, de la naturaleza, y mayormente retratos. En su juventud anduvo de villa en villa y de ciudad en ciudad
pintando retratos y vendiéndolos por unas cuantas monedas. Se enamoró de una señorita, y se casó con ella.
Entonces uno de los admiradores de Jorge dijo que era
una lástima que se hubiera casado porque se dedicaría
más a su esposa que a su arte, y que por esto fracasaría
artísticamente. Al saber esto Romney se separó de su
joven esposa, y se dedicó a la pintura. Viajó por Francia,
por Italia, y regresó a Londres. Poco a poco había adqui-
rido experiencia, habilidad y prestigio. Unos de sus más

famosos cuadros son "La Muerte del General Wolfe", "Guillermo Bedford", "Miss Vernon como Hebe", "Casandro", "El Naufragio", 'Sir Jorge y Lady Warren", "Las Hijas del Párroco", y "Lady Hamilton como Dafne". Este último cuadro está en el Museo Metropolitano de Nueva York. Se dice que admiraba tanto a Lady Hamilton que la consideró como su modelo favorito y la llamó "la dama divina". Fue tan solicitado para pintar retratos de personajes célebres de Londres, que no tuvo tiempo para dedicarse a otro género de pintura. Todo eso le dio fama y dinero. Pasaron los años, y Jorge Romney envejeció y enfermó, juntó las cosas que podía llevar consigo, y se encaminó hacia el norte del país, donde había quedado su esposa, y se reunió con ella: amorosamente lo recibió, y lo cuidó con ternura hasta que murió. Después alguien dijo que el corazón y el amor de la esposa de Jorge Romney eran mucho más valiosos que todos los cuadros que Jorge Romney pintó.— **A. L.**

6. VISION DEL AMOR DE DIOS
Isa. 55:7.

Christmas Evans nos dice en su diario que un domingo por la tarde mientras iba viajando por un camino muy solitario para asistir a una cita se convenció de que su corazón era muy indiferente. Dice: "Amarré mi caballo y me fui a un lugar muy apartado en donde anduve sin rumbo fijo, en agonía, repasando mi vida. Esperé tres horas ante Dios, quebrantado por la tristeza, hasta que percibí la magnanimidad de su amor para perdonar, y recibí de Dios un nuevo bautismo del Espíritu Santo. Cuando el sol se estaba ocultando, volví al camino, encontré mi caballo, monté en él y me fui a la cita. Al siguiente día prediqué con un poder tan nuevo a un vasto concurso de personas reunidas a un lado de una colina, que se inició un avivamiento que se extendió por todo Gales."—**Hastings.**

---

7. AMOR ES AYUDAR A OTROS
Mat..5:46-48; *Jn.* 13:3-17.

Una maestra de párvulos trataba de explicar a los niñitos de su clase lo que es el amor; pero no podía, y por saber lo que decían sus pequeños alumnos, les preguntó qué es el amor. Entonces una niñita de seis años de edad se levantó de su silla y fue hasta la maestra, la abrazó, la besó y le declaró: "Esto es amor." En seguida la maestra dijo: "Está bien; pero el amor es algo más. ¿Qué es ese algo?" La misma niña, después de un rato de estar pensando, se levantó y comenzó a poner en orden las sillitas que estaban fuera del lugar que les correspondía, limpió bien el pizarrón, levantó unos papeles que estaban en el suelo, arregló los libros que estaban en desorden sobre una mesa; y en seguida, con aire de satisfacción, dijo a su maestra: "Amor es ayudar a otros." La niñita tenía razón.—**Expositor Bíblico.**

---

8. PARABOLA
Heb. 13:1.

Un alfiler y una aguja encontrándose en una cesta de labores y no teniendo nada qué hacer, empezaron a reñir, como suele suceder entre gentes ociosas, entablándose la siguiente disputa:

—¿De qué utilidad eres tú? —dijo el alfiler a la aguja—; y ¿cómo piensas pasar la vida sin cabeza?

—Y a ti —respondió la aguja en tono agudo—, ¿de qué te sirve la cabeza si no tienes ojo?

—¿Y de qué te sirve un ojo si siempre tienes algo en él?

—Pues yo, con algo en mi ojo, puedo hacer mucho más que tú.

—Sí; pero tu vida será muy corta, pues depende de tu hilo.

Mientras hablaban así el alfiler y la aguja, entró una niña deseando coser, tomó la aguja y echó mano a la obra por algunos momentos; pero tuvo la mala suerte de que se rompiera el ojo de la aguja. Después cogió el alfiler, y atándole el hilo a la cabeza procuró acabar su labor; pero tal fue la fuerza empleada que le arrancó la cabeza y disgustada lo echó con la aguja en la cesta y se fue.

—Conque aquí estamos de nuevo —se dijeron—, parece que el infortunio nos ha hecho comprender nuestra pequeñez; no tenemos ya motivo para reñir.

—¡Cómo nos asemejamos a los seres humanos que disputan acerca de sus dones y aptitudes hasta que los pierden, y luego... echados en el polvo, como nosotros, descubren que son hermanos!—**El Embajador.** Poth, Tex.

———

9. AMOR PARA LAS BESTIAS Y NO PARA LOS NIÑOS

Deut. 6:5; *Job* 34:20; *Sal.* 27:10; *Is.* 1:17, 23; 4:15; *Jer.* 5:28; *Os.* 4:6; 6:6; *Miq.* 6:6-8; *Zac.* 7:10; *Mat.* 7:12; 10:42; 18:3; 19:13-15; 25:34-40; *Mar.* 10:13-16; 12:30, 31; *Luc.* 6:31; 10: 27; 10:29-37; 18:15-17; *Stg.* 1:22, 27.

Entre los paganos no se toman ningunas precauciones para proteger a los pobres y a los necesitados. "En un lugar de la India había un indio fanático que en su taller tenía colgada una caja, en la cual estaban escritas, en su dialecto, unas palabras que, traducidas, decían esto: 'Fondo para Alimentar a las Vacas.' El dinero reunido allí se usaba para alimentar a las vacas que por estar demasiado débiles no podían trabajar, o a las que habían sido compradas de los carniceros mahometanos. Se le preguntó a ese indio cómo eran atendidos sus niños huérfanos, a lo cual él respondió: '¿Por qué hemos de alimentarlos y sostenerlos? Deben de haber hecho alguna cosa muy mala en su vida anterior.' "

¿Verdad que mucha gente necesita el evangelio?—J. S. A.

---

10. ENEMIGOS DESTRUIDOS

Ex. 20:13; *Mat.* 5:21-26, 38-45; *Mat.* 18:11-14; *Jn.* 3:15; *Stg.* 4:1-3.

Se cuenta que cierto emperador chino, cuando le avisaron que en una de las provincias de su imperio había una insurrección, dijo a los ministros de su gobierno y a los jefes militares que lo rodeaban: "Vamos. Seguidme. Pronto destruiré a mis enemigos." Cuando el emperador y sus tropas llegaron a donde estaban los rebeldes, él trató afablemente a éstos, quienes, por gratitud, se sometieron a él de nuevo. Todos los que formaban el séquito del emperador pensaron que él ordenaría la inmediata ejecución de todos aquellos que se habían sublevado contra él; pero se sorprendieron en gran manera al ver que el emperador trataba humanitariamente y hasta con cariño a quienes habían sido rebeldes. Entonces el primer ministro preguntó con enojo al emperador:

"¿De esta manera cumple vuestra Excelencia su promesa? Dijisteis que veníamos a destruir a vuestros enemigos. Los habéis perdonado a todos, y a muchos hasta con cariño los habéis tratado.

Entonces el emperador, con actitud generosa, dijo:

—Os prometí destruir a mis enemigos; y todos vosotros veis que ya nadie es enemigo mío: a todos los he hecho mis amigos."—**Expositor Bíblico.**

11. PRACTICANDO EL SERMON DEL MONTE

Deut. 6:6-9; 11:18-21; *Sal.* 19:7-11; 37:30, 31; 119:9, 11, 105;
Prov. 3:3, 4; 6:20-23; 7:1-3; *Mat.* 7:24-27; *Luc.* 6:47-49; *Rom.*
2:13; *Stg.* 1:22-25.

Un cristiano de la península de Corea visitó a uno de
los misioneros que allí estaban, y le dijo que había
aprendido el Sermón del Monte y deseaba repetirlo delante de él. En seguida aquel cristiano repitió, palabra
por palabra, sin que le faltara una sola, los tres capítulos que componen el mencionado sermón. Cuando terminó, el misionero dijo a ese cristiano que era necesario
poner por obra las enseñanzas del sermón; a lo que aquel
creyente replicó: "Así lo aprendí: Procuraba yo apren-
derlo, todo de una vez, y las palabras se me iban. Entonces aprendí de memoria un versículo, salí en busca de
alguno de mis vecinos y en él practiqué las enseñanzas
de ese versículo; y se me quedaron bien las palabras.
Entonces procuré aprender de esa manera todo el sermón, y así lo aprendí."—**Expositor Bíblico.**

12. DESCUBRIMIENTOS ARQUEOLOGICOS
Mat. 25:35.

El señor Schmaryu Gutman descubrió casualmente
las ruinas del antiguo palacio del rey Herodes, en las ve-
cindades del Mar Muerto. Este hallazgo es de gran importancia, porque los investigadores creían que el palacio había sido completamente destruido, pues sólo se conocían algunas ruinas del muro que circundaba al Ma-
sada, la poderosa fortaleza en que Herodes se refugió al
huir de Jerusalén.—**Heraldo Bautista.**

13. NO MAS "GUERRAS SANTAS"
Rom. 12:18.

El Primer Ministro de Pakistán, señor Noon, de reli-

gión mahometana, había viajado mucho en los Estados
Unidos de la América del Norte y el Canadá; por lo mismo había visto cómo unos países vecinos en este continente pueden vivir en paz y resolver sus problemas co-
munes sin el uso de la fuerza: le impresionaron profundamente las largas fronteras que hay sin fortificar entre el Canadá, los Estados Unidos de la América del Nor-
e y México.

Como había habido muchas desavenencias entre Pa-
stán y la India por causa de las fronteras, los musul-
nes de Pakistán habían estado expresando sus de-
 de hacer una "guerra santa" en contra de la India.

 do el señor Noon regresó a Pakistán publicó un de-
o edicto, cuya parte esencial declaraba que los mu-
 anes debían desechar todo pensamiento que tuvie-
 a favor de tener una "guerra santa" contra la India.

 seguida él fue a la India para tener una conferencia
 el Primer Ministro de este país, señor Nehru: cuan-
 terminaron las pláticas, estos dos señores declararon
sus respectivos países que habían logrado tener un
 uerdo amistoso, que habían resuelto las dificultades
 respondientes a ocho de los quince asuntos referen-
 a disputas fronterizas. Más tarde tuvieron otro
 erdo: que no se usaría la fuerza para resolver o fi-
nalizar los otros siete problemas relacionados con las
fronteras. Estos dos directores de pueblos han seguido
los procedimientos verdaderamente cristianos para so-
lucionar las dificultades personales e internacionales: y
este procedimiento lo están usando ya muchos directores de pueblos.—**Arnold.**

14. LA TORRE DEL ARREPENTIMIENTO
Lucas 3:3-14.

En las cercanías de Hoddam Castle, Dumfrieshire (Escocia), había una torre llamada "La Torre del Arrepen-

timiento". Se refiere que en cierta ocasión un barón inglés, al caminar cerca de ese castillo, vio a un pastorcito que estaba tendido sobre el césped y leyendo atentamente la Biblia.

—¿Qué estás leyendo, muchacho? —preguntó el transeúnte.

—La Biblia, señor —respondió el niño.

—¡La Biblia! Tú debes ser más sabio que el cura párroco. ¿Puedes decirme cuál es el camino para ir al cielo?

En seguida el pastorcito, sin desconcertarse por el tono burlón de aquel hombre, repuso:

—Sí señor, puedo: usted debe tomar el camino hacia aquella torre.

El barón se dio cuenta de que el niño había aprendido muy bien la lección de su Libro, y después de pronunciar una insolencia siguió su camino en silencio.

Lector: ¿Ya has estado en "La Torre del Arrepentimiento"? Si no... pues ya sabes: debes entrar en ella ...—N. T. Anecd.

---

15. COSAS DE VALOR QUE NO SE VEN
Rom. 12:18.

Se dice que un joven le decía a un ministro evangélico que él creería en Dios cuando pudiera verlo. El ministro le preguntó: —¿Joven, usted cree que su madre lo ama? El joven respondió: —Yo no solamente creo, sino que yo sé que me ama. Entonces el ministro le preguntó si él podía ver el amor de su madre, si podía pesarlo, o medirlo. El joven contestó: —Yo no puedo ver, ni pesar, ni medir el amor de mi madre; pero yo sé que me ama. Entonces el ministro poniendo su mano amorosa sobre el hombro izquierdo del joven, le dijo: —Joven, Dios es amor.

Así como es el amor, hay muchas otras cosas que no se ven; pero son tan reales o más reales que las cosas que se ven. Todos sabemos que todas las cosas que los hombres han hecho son producto de lo que no se ve, o sean las ideas o pensamientos de los hombres: la imprenta, antes que los hombres la vieran, estuvo en la mente de su inventor. Lo mismo podemos decir de la luz eléctrica, del telégrafo, del aeroplano, de la radio, de la televisión, etcétera. Un edificio, antes de ser construido, está en la mente de alguna persona o personas; después el arquitecto o los arquitectos ponen esas ideas en papel, hacen los planos, y más tarde construyen el edificio. No olvidemos, pues, que todo lo que nos rodea, que ha hecho el hombre, es producto de lo que no se ve: de la mente humana.—**Leobardo Estrada C.**

---

16. LA NARANJA Y EL ATEO
Sal. 53:1*a.*

Un ateo dictaba una conferencia ante un gran auditorio, y después de haber finalizado su discurso, invitó a cualquiera que tuviese preguntas a que subiera a la plataforma. Después de unos momentos un hombre que había sido bien conocido en la localidad por su afición a las bebidas embriagantes, pero que había sido salvo recientemente, aceptó la invitación, y sacando una naranja del bolsillo comenzó a pelarla lentamente.

El conferencista le pidió que hiciera la pregunta; pero el hombre continuó imperturbable pelando la naranja, al término de lo cual, se la comió. Cuando terminó de comérsela se volvió al conferencista y le preguntó:

—¿Estaba dulce o agria?

—No me pregunte tonterías— respondió el orador con señales evidentes de enojo—. ¿Cómo puedo saber el gusto si no la he probado?

El borracho convertido respondió entonces:

—Y ¿cómo puede usted saber algo de Cristo si nunca lo ha probado?—**El Exégeta.**

17. EL MUNDO
Sal. 10:4; 14:1; 53:1.

Hay personas que ven el mundo en que vivimos y creen que se hizo solo. Esta manera de pensar no es lógica. Sabemos que todo efecto tiene su causa. Este mundo en que vivimos es un efecto, y debe tener su causa. Muy bien se ha dicho que sería más fácil pensar que al arrojar desde un edificio alto miles de notas musicales, pautas, etcétera, y que al caer al suelo se arreglaran ellas solas para formar una sinfonía; y que sería más fácil creer que al arrojar desde un alto edificio miles de letras de cada una de las letras del abecedario, al caer al suelo pudieran solas arreglarse de tal manera que fueran formando sílabas, palabras, frases, oraciones, párrafos, ideas y que, como resultado final, tuviéramos un drama o una novela escritos. Esto sería más fácil y no que el mundo se haya hecho solo.—**Leobardo Estrada C.**

———

18. GRANDEZA, PODER, RESPONSABILIDAD
Lev. 19:15; Deut. 1:16; 16:19, 20; 1 Rey. 4-11; Sal. 33:12; Prov. 14:34; 28:15; 29:2; 31:4, 5, 9; Rom. 13:1-6; 1 Tim. 2:1, 2; Tito 3:1; 1 Ped. 2:13-17.

Personas bien informadas acerca de las responsabilidades, de la grandeza y del poder del Presidente de los Estados Unidos de la América del Norte, dicen que son mucho mayores que las de Salomón; que son partes de un trabajo imposible de desempeñar por una sola persona. Se requiere que sea Jefe de Estado, Jefe del Poder Ejecutivo, Comandante en Jefe de las Fuerzas Armadas, constitucionalmente responsable de la política extranjera de su país, y jefe del partido político a que pertenece. Generalmente comienza sus actividades en su oficina de la Casa Blanca a las ocho horas: estudia un sumario de los informes referentes a las condiciones en que

está el mundo, lee la correspondencia, conferencia con
sus principales ayudantes, con los oficiales del gobierno,
con hombres de negocios, y con los miembros de su Gabinete: principalmente con el Secretario de Estado. Las
sesiones con su Gabinete las tiene generalmente los viernes a las nueve horas, y siempre comienzan con una oración en silencio.—**Adaptado de Arnold.-A. L.**

19. FEDERICO EL GRANDE Y EL MOLINERO
1 *Rey.* 21:5-10, 16-20.

En el reinado de Federico, rey de Prusia, había un molino cerca de Potsdam, el cual interceptaba la vista de
las ventanas de Sans Souci. Enfadado por este estorbo
para él en su residencia favorita, el rey mandó pregun-
tar al propietario el precio por el cual vendería su molino. "Por ningún precio", fue la respuesta del resuelto
prusiano, y en un momento de enojo, Federico dio orden
de que el molino fuera demolido. "El rey puede hacer
esto", dijo el molinero cruzando reposadamente los brazos, "pero hay leyes en Prusia". Y desde luego procedió
legalmente contra el monarca, y el resultado del proceso
fue que la corte sentenció a Federico a reconstruir el molino y a pagar además una gran suma de dinero
como compensación por el mal que había hecho. El rey
se molestó; pero tuvo la magnanimidad de decir, dirigiéndose a sus cortesanos: "Estoy complacido de encontrar que existen en mi reino leyes justas y jueces rectos."
Hace algunos años que el jefe de la honesta familia del
molinero, que había heredado legalmente la posesión de
este pequeño bien, se encontró en invencibles dificultades pecuniarias con motivo de las pérdidas sufridas a
consecuencia de la guerra, y escribió al rey de Prusia re-
cordándole la negativa dada por sus ascendientes a Federico el Grande y preguntando si su majestad abrigaba
el mismo deseo de entrar en posesión de la propiedad,

dadas las condiciones embarazosas en que él como propietario se encontraba. El rey escribió inmediatamente, con su propio puño, la siguiente respuesta: "Mi querido vecino: No puedo permitir que venda usted el molino; éste debe permanecer en su posesión tanto tiempo como exista algún miembro de su familia, porque pertenece a la historia de Prusia. Lamento, sin embargo que esté usted en malas circunstancias económicas, y le envío seis mil marcos para que arregle sus asuntos, esperando que esta suma sea suficiente para rehacer su negocio. Considéreme siempre como su afectísimo vecino, Federico Guillermo."— Este molino trabaja todavía en la localidad.—**Jacox.**

20. EL HOMBRE AVARO NUNCA SATISFECHO
1 *Rey.* 21:5-10, 16-20.

Un buque puede ser cargado de oro hasta que se hunda y sin embargo, haber dejado espacio para poner diez tantos de la carga. Así el hombre avaro, aunque tenga lo suficiente para hundirse, no tiene nunca lo suficiente para estar satisfecho.—**Trapp.**

21. EL LIBRO PARA UN MORIBUNDO, O SIR WALTER SCOTT Y "EL LIBRO"
Sal. 23:4; 119:105; *Jer.* 2:6.

Cuando Sir Walter Scott estaba para morir, pidió "El Libro". Uno de los miembros de su familia, pensando que el moribundo se refería a alguno de los muchos volúmenes que había escrito y que guardaba en su biblioteca, preguntó: —¿Cuál libro? Entonces Sir Walter Scott dijo: —No hay sino un Libro para un momento como este: Ese Libro es la Biblia.

22. LEER LA BIBLIA NO ES TAREA, ES PLACER
(Doblemente Sediento, por la Lectura de la Biblia Mitigó su Sed)

Ex. 17:1-7; Núm. 20:1-11; Sal. 75:15, 20; Prov. 21:25; Is. 55:1; Mat. 25:35, 40; Jn. 4:5-15; 7:37-39; Rom. 12:20; 1 Cor. 10:4; Apoc. 21:6; 22:17.

Cuéntase que recorriendo los caminos del país de Gales iba un ateo, el señor Hone; iba a pie y al caer la tarde sintióse cansado y sediento. Se detuvo a la puerta de una choza donde una niña estaba sentada leyendo un libro. Le pidió el viajero agua; la niña le contestó que si gustaba pasar su madre le daría también un vaso de leche. Entró el señor Hone en aquel humilde hogar donde descansó un rato y satisfizo su sed. Al salir vio que la niña había reasumido la lectura, y le preguntó:

—¿Estas preparando tu tarea, pequeña?

—No señor —contestó la niña—, estoy leyendo la Biblia.

—Bueno, ¿te impusieron de tarea que leyeras unos capítulos?

—Señor, para mí no es tarea leer la Biblia, es un placer.

Esta breve plática tuvo tal efecto en el ánimo del Señor Hone, que se propuso leer él también la Biblia, convirtiéndose en uno de los más ardientes defensores de las sublimes verdades que ella enseña.—El Faro.

---

23. LA BIBLIA COMO ESPADA DE DOS FILOS
(Convertidos por Leer la Biblia)
Heb. 4:12.

Guillermo Wilberforce era un brillante joven de veinticuatro años cuando fue elegido miembro del Parlamento inglés. Era muy despreocupado en asuntos de religión. Pero una vez durante un viaje, por invitación de su amigo el Rev. Isaac Milner, leyeron todo el Nuevo Testamento en griego, idioma que ambos amigos conocían perfectamente, y esa simple y sola lectura revolucionó la vida de Wilberforce: fue un hombre nuevo, un digno senador cristiano y el abogado decidido de la abolición de la esclavitud.

Sucedió en Inglaterra también que, para combatir a Pedro Mártir que daba unas conferencias en la Universidad de Oxford, conferencias de esencia netamente antipapista, el clero se alarmó y designó a Bernardo Gilpin para que lo combatiera. Preparándose para la lucha leyó las Escrituras, los escritos de los padres y ... después de todo, renunció a la iglesia del papa.—**El Faro.**

---

24. CON BASTANTE SAL
2 *Tim.* 2:15.

Un predicador que había sido invitado para predicar en una iglesia rural, escogió como su texto clave aquel pasaje del Sermón del Monte que dice: **"Vosotros sois la sal de la tierra."** A medida que predicaba se iba llenando de entusiasmo, siendo una de sus frases más brillantes: Amado hermano mío, jamás olvides las palabras de nuestro Señor, de que somos sal y sal fuerte; pero si te descuidas no podrás ser como Dios dijo a Abraham: **"sal de tu tierra y de tu parentela".**

La congregación escuchaba en silencio pensando: ¡Cuánto sabe de Biblia este hermano! ¿Sabe tanto usted como el predicador o como la congregación?

---

25. LO QUE EL EVANGELIO DE LUCAS SIGNIFICO PARA EL
Lucas 1:1-4.

En la población de Yu Yang, en la China Occidental,

un joven compró un ejemplar del Evangelio Según San Lucas, en su dialecto chino. Cuando llegó a su hogar, durante tres días consecutivos estuvo leyendo ese Evangelio sin ayuda de ningún predicador u otra persona cristiana. Lucas se posesionó de su vida de tal manera que el joven chino hizo a un lado todo lo que le estorbaba para estudiarlo; y entretanto estuvo esperando alguna indicación de Dios para saber qué debía hacer. En eso llegó un misionero a la villa y el joven chino descubrió con gusto que las gentes de otros países también sabían algo de Jesús. Después, cuando el misionero Hsu Ming-Chih encontró al joven chino descubrió que éste había aprendido de memoria el Evangelio de Lucas; y, lo mejor de todo, lo había aprendido de corazón, pues estaba practicándolo. Esto demuestra lo que puede hacer un solo ejemplar del evangelio. Cada vez que doy un evangelio creo que producirá un buen resultado.—**W. E. Schubert.**

26. BURLANDOSE DEL MORIBUNDO
1 *Cor.* 1:18*a.*

Cierta vez, cuando yo estaba en la China, entré en una ciudad, y una gran muchedumbre me cerraba el paso. Miré para ver lo que acontecía y vi que estaban apedreando a un hombre; como no podía pasar, tuve que presenciar aquella escena. Estaban matando a un hombre arrojándole piedras en la cabeza, en el pecho y las piernas, y despedazaban aquel cuerpo arrancándole la carne. Mientras mataban a ese hombre mucha gente miraba y las mujeres se reían.

Esto quebrantó mi corazón; yo nunca había visto tal cosa.

Algunos decían que el apedreado era un ladrón; pero ninguno sabía si era cierto. Y mientras corría sangre humana la gente se reía.

Eso es lo que hicieron al pie de la cruz: cuando el glorioso Príncipe del cielo estaba muriendo, los seres humanos reían. ¿Y el mundo ha cambiado? ¡No! Los hombres, el mundo, están burlándose y todavía escupen y escarnecen el sacrificio de Cristo, burlándose de su sangre preciosa. Cristo estaba colgado en la cruz y el mundo reía al pie de ella.—**Lester Sumrall, en El Embajador.**

27. CON ALGUNAS MANCHAS
Prov. 22:6; *Ecl.* 11:8; 12:1; 1 *Cor.* 16:10, 11; 1 *Tim.* 4:12.

Dos estudiantes caminaban cierto día por una calle de Londres. De pronto uno de ellos se detuvo frente a una casa de empeños, y señalando un traje con anuncios que decían, "Con algunas manchas, gran reducción del precio", exclamó: "¡Qué texto más espléndido para un sermón para los jóvenes!"

Y añadió: "Nosotros los jóvenes nos manchamos, quizás muy poco, viendo una representación vulgar en el teatro, o leyendo un libro inconveniente, o permitiendo pensamientos deshonestos o desordenados. Y así nos manchamos, y cuando llegamos a hombres y se nos valora, quedamos "reducidos en el precio". Nuestro atractivo, nuestra fortaleza, habrá desaparecido. La consagración de la juventud se habrá esfumado. Y pasamos a formar parte inseparable de los "rezagos" o sobrantes que llevan esta marca: "Con algunas manchas: reducidas de precio."

28. EL VALOR DE UNA BUENA ILUSTRACION
Deut. 8:5; 13:3; 2 *Sam.* 7:14; 12:1-23; *Job* 5:17; *Sal.* 6:9; 11:5; 89:30-37; *Prov.* 3:11, 12; 19:18; 17:3; *Jer.* 10:24; *Dan.* 5:4; 1 *Cor.* 3:13; 2 *Cor.* 8:2; *Heb.* 12:5-11; *Stg.* 1:3; 1 *Ped.* 1:7; 4:12, 13.

Una vez estuve dirigiendo cultos de avivamiento en el

campo, en un lugar del Estado de Misurí, EE. UU. de
A. Un domingo hubo una congregación muy grande porque se había anunciado que se serviría una comida bajo
los árboles que había alrededor del templo. Mucha gente vino trayendo su comida y había muchas cosas que
distraían la atención de toda la gente y no hacían caso
de la predicación de aquella mañana. Me sentí chasqueado y resolví retirarme de aquel lugar a un bosque
que no estaba muy lejos del templo. Me fui sin comer
nada. Por la tarde íbamos a tener otro culto, y durante
una hora o dos me quedé orando. Cuando tuve que regre-
sar para predicar pasé muy cerca de donde estaba un
ganado, y vi un borrego que había metido los cuernos
entre las mallas del cercado de alambre y no podía libertarse. Me acerqué para libertarlo: para el efecto tuve
que agarrarlo por los cuernos, torcer su pescuezo y mo-
verle la cabeza hacia un lado y hacia otro. El pobre animal estaba asustado, seguramente sufría algunos dolores, y hacía por libertarse de mí; pues, naturalmente, no
entendía que yo era su libertador, su benefactor. Sus-
pendí un poco mi trabajo porque ya estaba yo un poco
cansado; pero principalmente por lo testarudo del animal. Reanudé mi tarea y al fin logré libertar al borrego.
Me fui al templo pensando en esto, y me sentí impulsado a emplear en la predicación este incidente. Así lo
hice. Todo el mundo estuvo atento, y pude predicar de
una manera eficaz que dio buen resultado. Empleé la
parábola del borrego, hice algunas aplicaciones, y estoy
seguro de que hasta el día de hoy muchos recuerdan esa
parábola.—**J. E. Davis.**

29. LOS HOMBRES QUE TIENEN VISIONES
Is. 6:8; *Jer.* 23:21, 22; *Joel* 2:28; *Hech.* 9:6.

Los hombres que hacen grandes cosas por el mundo
son los hombres que, como Isaías, tienen grandes visio-

nes. Saulo de Tarso, en el camino de Damasco, vio a Jesucristo; y de aquella visión vino un poder de espíritu que se ha manifestado de una manera benéfica a través de veinte siglos. Lutero, en su celda de monje, tuvo una visión de lo espiritual, y de allí vino la Reforma Protestante con todas sus fuerzas de libertad y de progreso. El éxito del General Booth con el Ejército de Salvación, una organización que en menos de una generación ha circundado a la tierra, es simplemente la realización de lo que él vio.—**Rev. Roberto F. Coyle, D. D.**

30. ¿A CUAL REINO?
Gén. 1:26, 27; 5:1; 9:6*b*; 1 *Cor.* 11:7*a*; *Ef.* 4:24; *Col.* 3:10;
Stg. 3:9.

Cuéntase que el rey de Prusia, al visitar una escuela rural, cuando los niños habían dicho que toda cosa pertenece a uno de los tres reinos: mineral, vegetal o animal, les preguntó:

—Y yo, ¿a cuál reino pertenezco?

Los niños no hallaban cómo contestar a esta pregunta; pero una graciosa niña resolvió la dificultad contestando:

—Vos pertenecéis al reino de Dios.

El rey quedó muy contento con la viveza de la niña y profundamente emocionado por la verdad que ella había expresado.

31. LA DECISION DE BILLY GRAHAM Y DE OTROS
Rom. 1:16.

En la revista **United States News and World Report,** del 27 de diciembre de 1957, Billy Graham dice: "Cuando acepté a Cristo hace veinte años, en una cruzada muy parecida a esta que estamos dirigiendo, pasé al frente con otras cuatrocientas personas. El día siguiente un columnista de uno de los periódicos dijo que eso era el resultado de una agitación emocional y que nadie perseveraría. Sin embargo, yo sé que en este momento once ministros están predicando el evangelio, y que ellos fueron convertidos aquella noche. Ellos eran exactamente como yo era —muchachos alocados— y ahora son predicadores, y consideran ese acontecimiento como su crisis, precisamente como yo lo considero.

"En la ciudad de Nueva York he encontrado muchos caballeros que ahora son directores de actividades religiosas en dicha ciudad, los cuales fueron convertidos hace cuarenta años mediante la predicación de Billy Sunday. Uno de los personajes más notables de ese acontecimiento es el doctor Henry Van Dusen, quien es el Presidente del "Union Theological Seminary".—**Arnold's Commentary.**

---

32. JUAN Y COMPAÑIA

"El que siembra escasamente, también segará escasamente; y el que siembra generosamente, generosamente también segará."—2 Cor. 9:6.

—¿Puedo depositar dinero en este Banco?

Un joven de quince años, pobremente vestido se paró frente a la ventanilla del cajero del banco en el pequeño pueblo de Barwick, del estado de Georgia, EE. UU. de A. Todo su aspecto de miseria y pobreza indicaba que sería hijo de un mediero de alguna de las pequeñas granjas de la región, gente que por diversas razones generalmente se encuentra en mala situación económica. Tres hojas de cartón, metidas dentro de sus zapatos completamente gastados, reemplazaban la suela que ya casi había desaparecido.

—¿Cuánto quieres depositar, Juan? —preguntó el cajero.

—Cuatro dólares —contestó el muchacho.

—¿A qué nombre quieres que se abra la cuenta? —La voz del hombre fue bondadosa, pues conocía al joven como un fiel alumno de la escuela dominical de la Iglesia Metodista.

—Juan W. Yates y Compañía —respondió el muchacho con la mayor seriedad.

El cajero miró a través de la rejilla con cierto aire de perplejidad. —¿Quién es la Compañía? —preguntó.

—Dios —contestó el joven solemnemente—. Hoy he recibido el sueldo del primer mes de trabajo, y estoy empezando una cuenta del diezmo. Este es dinero de Dios.

La historia de la vida de Juan W. Yates suena algo como una novela. Fue contador, cajero, gerente, y después jefe de la sección de abastecimiento del ejército, donde se pagaban cheques que llevaban su firma hasta por la suma de diez millones de dólares. Dos destacados pastores han descrito a este hombre como "uno de los laicos más valiosos en toda la Iglesia Metodista".

Su madre, Eliana de Yates, había entrado a una nueva etapa en su vida espiritual en una serie de reuniones de avivamiento, y en medio de su profunda pobreza y de la lucha por vivir, había empezado a dedicar la décima parte de todos los ingresos al Señor. Juan W. Yates guardó siempre el libro de contabilidad del diezmo de su madre, en un cajón de su lujoso escritorio, al lado de su Nuevo Testamento, y lo mostraba a decenas de miles de personas en las concurridas reuniones donde él predicó la doctrina de la mayordomía. Dice al respecto: "Puede ser que este libro no merezca la aprobación de un contador profesional; pero estoy seguro de que nuestro Padre celestial considera esta contabilidad como muy buena." Este activo obrero en la iglesia y en la escuela dominical dice que se lo debe todo al hecho de que su madre practicaba el diezmo; su devoción a esa norma marcó el rumbo para su propia vida.—**Mensajero Pentecostés.**

33. LA OFRENDA DE LA VIUDA

Gén. 4:3-5; 14:20; 22:2; 28:22; *Ex.* 23:19*a*; 34:26*a*; 35:4-29; *Lev.* 27:30-33; 2 *Sam.* 6:17, 18; 24:18-24; 1 *Rey.* 8:5, 62, 63; *Mar.* 12:41-44; *Luc.* 21:1-4; 2 *Cor.* 9:7; *Heb.* 11:4.

Una joven filipina quedó viuda con seis niños que sostener. Vivía con muchas privaciones y afanes: se levantaba a las cuatro de la mañana todos los días, cocinaba, lavaba, planchaba, preparaba la comida que los niños llevaban a la escuela, y a los más pequeños los atendía en todas sus necesidades. Después se iba a trabajar al campo a fin de ganar suficiente arroz y maíz para alimentar a su familia. Muchas veces, mientras los niños dormían por la noche, ella pensaba en la forma en que podría lograr que el dinero le alcanzara para pagar la colegiatura de alguno de sus niños, o para suplir alguna otra necesidad.

Un día, el pastor de la iglesia pidió que todos los miembros de ésta diezmaran. Parecía imposible que la viuda pudiera hacerlo; y, sin embargo, ella fue la primera en llevar su ofrenda de ocho dólares, que era más de la mitad de lo que había ofrecido el miembro más rico de la iglesia.

───────

34. INACEPTABLE OFRENDA PARA CONSTRUIR UN TEMPLO

Exodo 35:20-29.

Una vez, en una grande ciudad del sur de los Estados Unidos de la América del Norte, un pequeño grupo de cristianos organizó una iglesia bautista en un barrio que estaba creciendo rápidamente, en las orillas de la ciudad. Al principio tenían los cultos en un salón que había servido de bodega, por el cual pagaban alquiler; durante el verano los tenían en una tienda de campaña. Discutieron, hicieron planes, y trabajaron para reunir dinero con el cual construir el templo que deseaban. Una persona rica que vivía en ese barrio, interesada en la cultura general, pero sin pertenecer a ninguna iglesia, ofreció dar 100,000.00 (cien mil dólares) para la construcción del templo: con la condición de que a ella se le permitiese hacer los planos y vigilar la construcción del templo para que se hiciera como ella pensaba que debía ser construido. La iglesia, cortésmente, rechazó la cuantiosa pero sospechosa oferta. Esa iglesia, después de algunos años de orar, contribuir, trabajar y sacrificarse, ha construido un hermoso templo y lo ha equipado con un moblaje conveniente.

Los templos tienen más que ladrillos, mezcla, yeso, ventanas y bancas: tienen lágrimas, corazón y sacrificios de las iglesias que los construyen.—**Broadman.**

---

35. EL BAJO COSTO DE OFRENDAR
Gén. 4:3-5.

"Más bienaventurado es dar que recibir" (Hechos 20: 35).

La queja más común es contra el alto costo de la vida, y muchas personas se valen de esta excusa para no ofrendar. Pero el hecho es que cuesta más vivir si no ofrendamos. El gobierno espera que seamos liberales en nuestras ofrendas para causas nobles, y de esta manera las contribuciones son menores. No damos para recibir, pero así sucede en la vida: "Echa tu pan sobre las aguas."

La historia de Ananías y Safira es un ejemplo del alto costo de **no** ofrendar. (Hechos 5:1-12).

Ellos vendieron una posesión y podían haber ofrendado; pero "sustrajeron parte de su valor" y se pusieron de acuerdo para ser egoístas con sus amigos necesitados. "Y dijo Pedro: Ananías, ¿por qué llenó Satanás tu corazón para que mintieses...?" Ananías y Safira no fueron honrados para con Dios.

"Al oír Ananías estas palabras, cayó y expiró." ¿Cuánto costó a esta pareja el no ser buenos mayordomos?

1. Los privó del gozo de ser amigos liberales.
2. Los privó de su integridad delante de Dios.
3. Perdieron el lugar que ocupaban entre sus amigos cristianos.
4. Les costó su propia vida.

Es mucho más barato dar, ¿verdad?—**Fred T. Laughton, Jr.**

=====

36. PARA MISIONES
2 Cor. 8:1-4.

Sus manos temblaban al poner dentro de mi bolsillo el arrugado billete. "Es para misiones", me dijo casi al oído. Recordé que aquel anciano sólo recibía mensualmente 18,00 dólares como pensión, y de eso él ya había dado el diezmo.

—Lo siento, pero no puedo tomar este dinero —le dije—, yo sé que usted tiene muy poco para sus propios gastos. Sus ojos me miraron con fijeza y con severidad cuando me dijo:

—Pastor ¿sólo porque soy pobre va usted a negarme el privilegio de dar para una causa que amo tanto?

—**W. E. Grindstaff.**

=====

37. COMO OBRA DIOS
Ex. 3:2-6; 9:18-35; 14:21-30; *Jos.* 10:10-13; 1 *Rey.* 9:9-18.

Dios hace la mayor parte de su obra en la naturaleza por medio de fuerzas ocultas y silenciosas. La gravitación trabaja en silencio conservando al océano en su lugar y sosteniendo a las estrellas en sus órbitas. Los efectos ruidosos de la gravitación no son sino la parte más insignificante de su obra. Los rayos del sol, invisible y silenciosamente, levantan tres billones de toneladas de agua cada minuto y proveen el agua de todos los ríos del mundo. El ruido de las cataratas no representa sino una parte infinitesimal de su fuerza. El relámpago es una pequeñísima parte de la obra de Dios por medio de la electricidad. El terremoto es una pequeña porción de la obra geológica de Dios. El torbellino es sólo una parte insignificante de lo que el aire hace en el mundo.—**P.**

═════════

38.   ¿QUE HACES AQUI, ELIAS?

Gén. 3:9; 1 *Rey.* 19:9, 13.

Un cartel con la inscripción: "¿Qué haces aquí, Elías?" cayó en manos de cierto ministro alemán en el estado de Maryland. Estaba tan contento con él que se resolvió a traducirlo al alemán, para el bien de una parte de su congregación. Apenas había comenzado la traducción, cuando le llamaron a salir. Cierto señor Elías que vino a ver al ministro durante su ausencia, viendo el cartel y sintiéndose impresionado por el título, se lo llevó. Cuando volvió el ministro, su esposa le dijo lo que había sucedido, y fue luego en busca del señor Elías, porque deseaba terminar su traducción. Al pasar por cierta casa, por la ventana vio a este individuo, ocupado con algunos amigos incrédulos, jugando. El ministro, metiendo la mano por la ventana, tocó al señor Elías en el hombro, diciendo a la vez: "¿Qué haces aquí, Elías?" Fue una palabra oportuna y que lo llamó del camino tortuoso del pecado y la insensatez al angosto camino que conduce a la Nueva Jerusalén.—**El Expositor Bíblico.**

39. NOSOTROS: LIBROS ABIERTOS

Una mujer china que acababa de aprender a leer, oró, diciendo: "Señor, vamos a trabajar entre muchas personas que no saben leer. Señor, haz que nuestras vidas sean Biblias abiertas, para que aquellos que no pueden leer el Libro, puedan leerlo en nosotras."—**The Homiletic Digest.**

40. UN PADRE VA A LA CARCEL PARA DAR BUEN EJEMPLO A SU HIJO
Prov. 6:20a.

Uno de los periódicos de Louisville, Kentucky, en 1956 publicó la noticia de que un padre de familia había violado las leyes de tránsito y, reconociendo su culpa, la confesó, y no procuró desconocer sus responsabilidades; además, en lugar de pagar una multa prefirió la pena máxima: la de ser encarcelado. Ese padre de familia explicó su determinación, diciendo: "Creo que de esta manera enseño a mi hijo que no debemos menospreciar las leyes."—**Broadman.**

41. EL CHINO LEPROSO, PERO SABIO
Lev. 13; 14; Job 2:7; Mat. 8:2-4; 9:1-9; 27:31; Mar. 1:40-45; Luc. 5:27-32.

—¡Señor, te bendigo porque me permitiste ser un leproso!

La enfermera, extrañada, le protestó:

—Pero... ¿cómo podéis dar gracias a Dios por desgracia tal?

—Porque por ella vine al hospital de la Misión y hallé a mi Salvador, y voy al cielo a vivir con el que tanto nos amó.—**Dic. Anécd. Ilust.**

TRES GRANDES SIERVOS DE DIOS

42. CARLOS G. FINNEY
Heb. 11:32.

Nació Carlos G. Finney, en Warren, estado de Connecticut, Estados Unidos, en el año 1792. Sus padres, poco religiosos, no influyeron ventajosamente en la vida espiritual de su hijo. Estudió para la abogacía en una aldea de Nueva York, donde el Rdo. Jorge Gale se interesó en la conversión del joven abogado de veintiséis años. Cada lunes el ministro le hacía una visita y sus conversaciones versaban sobre las cosas del Espíritu. El señor Finney se interesó en las cuestiones teológicas y no sólo comenzó a asistir a los cultos dominicales sino también a los cultos de oración social. El joven abogado empezó a hacer investigaciones en su Biblia y luego reconoció que era inconverso. Un domingo, en el otoño de 1821, determinó hacer la paz con Dios; pero pasaron varios días antes de hacer su rendición incondicional. Cuando Finney supo que sus pecados habían sido perdonados, se sintió tan gozoso que tuvo que ir a las calles para decírselo a otros. Abandonó luego la abogacía y se preparó para el ministerio, recibiendo licencia de una iglesia presbiteriana para predicar en el año 1824. Por unos diez años se dedicó a la obra de evangelista con éxito extraordinario.

El Rdo. Finney sirvió como pastor de la Iglesia "Tabernáculo de Broadway" (congregacional) de Nueva York, por dos años; y en 1837 aceptó el pastorado de la Iglesia Congregacional de Oberlin, y fue catedrático de teología de la Universidad de Oberlin hasta 1851 cuando le hicieron presidente de dicho plantel. Dos veces visitó a Inglaterra para dirigir campañas de evangelización. Fundó la revista "The Oberlin Evangelist" en 1839 y la editó hasta el año de 1863. El alma del gran evangelista pasó a mejor mundo en 1875.—**El Faro.**

43. JUAN WESLEY
Jn. 1:6.

Juan Wesley, el Padre del Metodismo, nació en 1703, fue uno de los quince hijos del Rdo. Samuel Wesley, quien era clérigo de la Iglesia Anglicana que no se apegó estrictamente a las prácticas de esa secta. Juan entró en el colegio de Christ Church, de la Universidad de Oxford en el año 1720. Allí permaneció hasta su ordenación en 1725. Durante los primeros años en la escuela, como él mismo confiesa, no tenía "la menor idea de santidad interior, y cometía habitualmente el pecado y aun frecuentemente con gusto". Mas Juan y Carlos, su hermano menor, con unos trece alumnos más, formaron entre sí una asociación para el fomento de la piedad. Los demás jóvenes por escarnio les llamaban "el club de los santos", y les dieron el apodo de "metodistas" con motivo de la regularidad con que cumplieron sus deberes religiosos.

Juan Wesley acompañó al General Oglethorpe a la Colonia de Georgia como misionero. "Fui a América", dice Wesley en su diario, "a convertir a los indios, mas ¿quién me convertiría a mí?" Poco a poco, por el estudio concienzudo de las Escrituras, y por conversaciones con los moravos, no sólo en la Colonia sino después con Zinzendorf mismo y otros caudillos del movimiento moravo, Wesley aceptó la idea de la salvación y la justificación por la fe y la predicó con todo su corazón.

En 1739, el año siguiente a su conversión, Wesley oyó al Rdo. Whitefield predicar al aire libre en Bristol, Inglaterra, e imitó su ejemplo con gran éxito. Con motivo de los muchos conversos que le seguían, se vio obligado a abrir la Capilla de la Fundación en Londres. A los cinco años Wesley ya contaba con 45 predicadores y 2.000 miembros celosos. Predicaba de dos a cuatro veces diariamente, y viajaba a caballo unos 6.000 kilómetros al año predicando el evangelio. Para el año de su muerte, ocurrida el año 1790, Juan Wesley era el director de 511 predicadores y 120.000 miembros. Puede decirse de él, que probablemente ningún otro hombre en el siglo XVIII influyó sobre tantas mentes y corazones en toda Inglaterra.

44. REUBEN ARCHER TORREY
Hch. 6:5b.

Reuben Archer Torrey nació en Hoboken, Nueva Jersey, Estados Unidos de N. A., en el año de 1856. Recibió su preparación para el ministerio en la Universidad de Yale, donde se le concedió el título de bachiller en artes, en 1875, y el título de bachiller en divinidades, en 1878. Al graduarse en la universidad en 1878 el señor Torrey fue ordenado al ministerio y fue misionero de las iglesias congregacionales por algunos años en Minneapolis, estado de Minnesota. Los años 1882-83 el hermano Torrey los pasó en Alemania, estudiando en la Universidad de Leipzig y en Erlangen.

De 1889 a 1908 el doctor Torrey fue superintendente del Instituto Bíblico Moody en Chicago. Durante este tiempo especialmente, el señor Torrey dirigió campañas de evangelización en varias partes del mundo; sus sermones fueron usados poderosamente por el Señor en Japón, China, Australia, Tasmania, Nueva Zelandia, India, Inglaterra y Escocia. Cuando por medio de un intérprete uno de sus sermones fue predicado en Japón, ochenta y siete japoneses profesaron públicamente su fe en Cristo como el único Salvador. Volvió el doctor Torrey a Inglaterra otra vez en el año de 1911 y dirigió otra serie de campañas de evangelización en la Gran Bretaña.

El doctor Torrey escribió un buen número de libros, varios de los cuales se han vertido al castellano, como por ejemplo: **Cómo Orar, Supuestos Errores de la Biblia,** y **La Persona y la Obra del Espíritu Santo.** Dos libros en inglés que han influido mucho sobre los alumnos en seminarios e institutos bíblicos son: **Cómo Traer a los Hombres a Cristo,** y **Cómo Promover y Dirigir Campañas de Evangelización.**—El Faro.

45. EL EXITO DE LAS MISIONES

Gén. 12:1-3; *Sal.* 51:13; *Is.* 45:22-24; 49:6; 52:7-10; 56:1-5; *Nah.* 1:15; *Mat.* 28:18-20; *Mar.* 16:15, 16; *Hch.* 1:8; 11:19-26; 13:1-3; *Rom.* 10:13-16; 1 *Cor.* 9:16; *Heb.* 11:8-12.

Carey y sus acompañantes, los primeros misioneros bautistas que fueron a trabajar entre los indostanos, tuvieron que hacerlo con todo rigor por el término de siete años antes de que el primer converso fuera bautizado. Cuando las iglesias que sostenían a esos misioneros se dieron cuenta de que después de tantos años de trabajo no se tenía el fruto que se deseaba, se desanimaron e intentaron retirarles la ayuda pecuniaria. Entonces Judson escribió a estas mismas iglesias y les dijo lo siguiente: "Suplico a las iglesias que me sostienen, que tengan un poco de paciencia."

Esta misión se principió en el año de 1814; y en el año de 1870 había más de cien mil convertidos.—**El Expositor Bíblico.**

46. EL PODER DE UN CENTAVO

Gén. 12:1-3; *Sal.* 51:13; *Is.* 45:22-24; 49:6; 52:7-10; 56:1-5; *Nah.* 1:15; *Mat.* 28:18-20; *Mar.* 16:15, 16; *Hch.* 1:8; 11:19-26; 13:1-3; *Rom.* 10:13-16; 1 *Cor.* 9:16; *Heb.* 11:8-12.

Se dice que una señora se encontraba preparando un paquete que iba a enviar para la India. En ese momento se presentó un niñito de la familia, el cual tenía un centavo que quería obsequiar al pueblo de ese país. Con el centavo compró un folleto evangélico y lo puso en el interior del paquete. Este folleto llegó a las manos de uno de los jefes de Birmania, que por medio de su lectura se convirtió al evangelio. Más tarde ese jefe, después de haber experimentado lo que la religión de Jesús hace en el corazón del hombre, contó esto a sus amigos: con el resultado de que varios de ellos se convirtieron también. Más tarde se organizó una iglesia, la cual pidió que un misionero fuera enviado, y quince mil convertidos fueron el fruto de la pequeña semilla.—**El Expositor Bíblico.**

47. DANDOSE PRIMERO A SI MISMA
Gén. 12:1-4; *Is.* 6:1-8; *Mat.* 28:18-20; *Mar.* 16:15, 16; *Luc.* 24:46-48; *Hch.* 1:8; 4:31, 33; 9:1-6; 26:9-20; *Heb.* 11:8.

Se dice que la primera persona que se ofreció para la obra misionera en la Iglesia Metodista del Sur, fue una señora, maestra de escuela del Estado de Misisipí. Oyó un sermón sobre las misiones y, sintiéndose constreñida, colocó en la canastita de la colecta una tarjeta con las palabras escritas: "Yo misma me doy, y doy también cinco pesos, para la obra misionera." Más tarde se casó con un misionero y lo acompañó a China. Su hijo llegó a ser el obispo Lambeth, uno de los más notables de los misioneros modernos.—**El Expositor Bíblico.**

48. AVIVAMIENTOS
Hch. 9:31.

Juan y Carlos Wesley dirigieron un avivamiento cuando la gente de Inglaterra había olvidado a Dios. En el año 1859 hubo un avivamiento en Irlanda que cambió la ciudad de Belfast en "una ciudad de Dios". En los albo res nacionales de EE. UU. de N. A., hubo un gran avivamiento dirigido por Jonatán Edwards.

En todos estos avivamientos el espíritu de Dios se manifestó a través de un hombre quien amaba a Dios y quien quería que todas las gentes le amasen y le sirviesen. Las personas se reunían para escuchar la lectura de las leyes divinas al igual que antiguamente escuchaban la lectura que hacía el rey Josías del Libro de la ley.—**The Junior Leader.**

49. BILLY GRAHAM
1 *Cor.* 15:10a.

Billy Graham nació en un hogar cristiano en Charlotte, Carolina del Norte, EE. UU. de N. A., en el año 1918. Le gustaban los deportes y soñaba con llegar a ser un jugador profesional de baseball.

Cuando contaba diecisiete años, concurrió en compañía de un amigo, a una reunión de evangelización en la cual predicó Mordecai Ham. Aquella noche se dio cuenta de que algo faltaba en su vida.

A la siguiente noche regresó al lugar donde se estaba celebrando esta serie de reuniones pero esta vez se sentó con el coro, pensando de esta manera esconderse detrás del predicador. No pudo esconderse de Dios. Dios le llamó aquella noche para que rindiese su corazón y vida a él. Los versículos a los cuales dio lectura el doctor Ham son los versículos favoritos del doctor Graham. ¿Te gustaría leer Romanos 10:9, 10?

Billy Graham ha dirigido series de evangelización en muchas de las principales ciudades del mundo. Probablemente ningún individuo a lo largo de la historia ha predicado a tantas personas o ha guiado a tantas a los pies de Cristo. Antes de dirigirse al lugar donde se celebrará la serie de reuniones, miles de personas por todo el mundo piden que Dios hable por boca de Billy Graham.

La mayor parte del tiempo, el doctor Graham está lejos de su hogar y de los suyos. El siente, al igual que el rey Josías de antaño, que las gentes necesitan oir las leyes de Dios. Al predicar, tiene entre sus manos la Biblia a la cual hace referencia con frecuencia. La Biblia es su guía e inspiración. Una vez dijo refiriéndose a la Biblia: "En sus páginas se hallan las respuestas a las necesidades humanas más profundas."

Estando en Escocia dirigiendo una campaña, un reportero le hizo la siguiente pregunta: "¿A qué atribuye su éxito?"

"La única explicación que yo puedo dar", contestó Billy Graham, "es a Dios".

Billy Graham ha hecho aquellas cosas que expresa Josué 1:7, 8.—**The Junior Leader.**

50. SIRVIENDO A CRISTO EN EL EMPLEO
Col. 3:23, 24.

El doctor Roberto Andrés Hingson es un ejemplo de cómo se puede ser un fiel creyente en cualquier vocación que uno escoja. Es un médico cristiano, inventor, y profesor de medicina.

El doctor Hingson está realizando una ambición que tuvo sus albores cuando contaba cinco años de edad. Como niño sentía gran respeto por el médico que atendía a su familia. Solía acompañarlo al hacer visitas y tenerle la brida al caballo mientras el médico prestaba sus servicios al paciente.

Nació en Anniston, estado de Alabama, EE. UU. de N. A. Al terminar sus estudios secundarios y con la ayuda de una beca, pudo matricularse en la Universidad de Alabama. A pesar de trabajar como camarero y secretario para sufragar sus gastos, Bob prestó sus servicios como presidente de la agrupación estudiantil bautista. Terminó brillantemente sus estudios en 1935.

Cursando estudios en la Facultad de Medicina de la Universidad Emory, sufragó sus gastos trabajando como ordenanza, técnico de rayos X, y asistente dietético.

Al estallar la Segunda Guerra Mundial, el doctor Hingson prestó sus servicios al Departamento de Salubridad Pública de los EE. UU. En 1942 cursó estudios especiales de anestesia en la Clínica Mayo. Desde esa fecha ha hecho muchas contribuciones a la ciencia médica. Al presente es profesor de anestesia en la Universidad Western Reserve, Cleveland, Ohio, EE. UU. de N. A.

El doctor Hingson y su familia son miembros activos de la Primera Iglesia Bautista de su ciudad. Tanto él como la señora de Hingson trabajan entre los jóvenes. Su pastor dice de él: "Quien ocupa lugar tan prominente en su profesión frecuentemente cuenta con escaso tiempo para el trabajo de la iglesia o las cosas del espíritu. Esto no se aplica a Roberto Hingson."

Quizás el secreto de su dinámica vida cristiana está revelado por el pastor que tuviera Bob Hingson durante sus días estudiantiles. La gran decisión que hiciera Bob tuvo por escenario el despacho de este pastor. Cierto día, después de haber orado juntos, Bob dijo: "Dios ha revelado su voluntad para mi vida de manera muy clara. Hoy dedico mi vida, mi profesión, mi tiempo, mis talentos al Señor Jesucristo, a fin de hacer más livianas las agobiantes cargas y mitigar el sufrimiento y la angustia de la humanidad."—**The Junior Leader.**

51. HOMBRE DE NEGOCIOS EVANGELISTA
Hch. 9:6.

Un orador perito, miembro de un equipo de tenis, de gran prestigio entre sus compañeros de estudio, y presidente del cuerpo estudiantil, eso era Howard E. Butt. De haber visto a Howard E. Butt aquel año escolar en Del Mar Junior College, Corpus Christi, Texas, EE. UU. de N. A., usted hubiera creído que era uno de los jóvenes más felices del mundo. Pero había una cosa que le quitaba la tranquilidad. Era un creyente nominal pero frecuentemente era acosado por dudas acerca de su. fe. Esto ocurría durante la Segunda Guerra Mundial.

Cierta noche, un marino que estaba presente en los servicios invitó a Howard para que asistiera a una reunión de oración. No queriendo rechazar la invitación e impresionado por la sinceridad del marinero, Howard lo acompañó. Este amigo, Juan Broger, tuvo una larga conversación con Howard. Una noche le dijo: "¿Cuándo te darás cuenta de que el Señor no quiere tu talento, ni tu dinero, ni tu tiempo? El Señor te quiere a ti."

Cuando Howard Butt tenía diecisiete años de edad hizo pública su decisión de seguir a Cristo. Se dio cuenta entonces de la necesidad que el mundo tenía de Cristo. Comenzó a predicar en reuniones de jóvenes, clínicas médicas, misiones, en una cruzada evangelizadora de Billy Graham en Boston, en todo lugar hacia donde se sentía guiado.

Buscando sinceramente la voluntad divina, sabía con certeza, después de haber cursado estudios universitarios y un año de seminario, que Dios no lo necesitaba como pastor. Dios quería que predicase como hombre de negocios.

Al presente, Howard Butt es vicepresidente de la compañía de su padre, una cadena de más de sesenta tiendas. Una tercera parte de su tiempo lo invierte predicando en reuniones de evangelización, siempre sufragando sus propios gastos. Estos gastos montan a unos 14.000 dólares anuales.—**The Junior Leader.**

52. TUVO QUE IRSE
Is. 6:8.

En un tranquilo y cómodo hogar de Nueva Inglaterra, allá por el año 1812, vivía una jovencita llamada Melinda Rankin. Desde que aceptara a Cristo, no se hallaba satisfecha en la alegría de este hogar. La embargaba el deseo de hablarles a otros acerca de Jesús.

No fue sino hasta que Melinda contaba veintiocho años que tuvo la oportunidad de salir de su hogar, rumbo al valle del Misisipí como misionera. Era tiempo de guerra y la vida era difícil.

Cuando terminó la guerra con México, los soldados que regresaban contaban de las personas ignorantes dominadas por los sacerdotes. La señorita Rankin se preocupó mucho. Escribió artículos para periódicos y de esta y otras maneras intentó interesar a las iglesias y sociedades misioneras. Nadie parecía estar listo para ir al campo. Por fin ella dijo: "Iré yo misma."

Pero México era entonces un estado sin leyes. La señorita Rankin no podía ir allí. En cambio, se estableció cerca de Brownsville, Texas, sobre el río Grande, justamente en la ribera opuesta de Matamoros, México.

No pudo hallar casa. Otras mujeres se hubieran desalentado, pero no así Melinda Rankin. Al fin encontró dos habitaciones que alquiló, una como vivienda personal, la otra para su escuelita.

Fue admirable que, muchas niñas mexicanas asistieran a la escuelita de la señorita Rankin el primer día de clase. Cierto día una señora vino pidiendo cambiar un santo por una Biblia. La señorita Rankin le dio dos Biblias, una de las cuales había de llevar para una amiga de México. Esta fue la primera Biblia que pudo hacer cruzar la frontera. Con la ayuda de la Sociedad Bíblica Americana, pudo enviar centenares de ejemplares a México. Muchos mexicanos llamaban a su puerta, suplicando que les diese un ejemplar del Libro de Dios.

Cuando estalló la guerra civil en EE. UU. de N. A., la señorita Rankin se vio obligada a salir de Texas e ir a México, donde había querido trabajar. Se le rechazó de casa en casa pero con todo pudo establecer la primera misión protestante. El número de convertidos se multiplicó y estos nuevos creyentes iban de casa en casa ansiosos por contarles a otros la historia.

Durante los muchos disturbios y batallas de 1871 ella no sufrió heridas. Cuando se retiró, la iglesia que ella organizó contaba con ciento setenta miembros mexicanos.

Ella fue quien dijo: "La palabra 'desaliento' no se encuentra en el diccionario del reino de los cielos."

Como Ester, Melinda Rankin estaba dispuesta a sacrificar sus placeres a fin de poder ayudar a otros.—**The Junior Leader.**

53. UNA NUEVA LUZ
Apoc. 2:10*d.*

Quiero contarles acerca de Nobuyoshy Togami. Llamémosle Togami San puesto que así le dicen en el Japón. San es un título empleado muy a menudo salvo para aquellos que tienen títulos especiales como el de "maestro". Togami San oyó hablar acerca de Jesús por primera vez cosa de dos años después de la Segunda Guerra Mundial. Los japoneses eran muy pobres; pero, más que eso, ahora que sabían que el emperador no era dios, no tenían en quién creer. Además, el padre de Togami San había muerto hacía sólo cuatro años. Por supuesto, Togami San no sabía qué hacer.

Después de oír el sermón del doctor Garrott, comenzó a asistir a la iglesia todos los domingos. No había templo pues había sido destruido en la guerra. Los creyentes se reunían en un pequeño hospital cuyo dueño era cristiano. El grupo que conoció Togami San parecía tener

esperanza y gozo, los cuales Togami San no había halla-
do en ninguna otra parte. Todos se llamaban unos a
otros "hermana" y "hermano". Después de dos años
confesó a Cristo como Salvador. Por el gozo que tenía,
las personas comenzaron a decir: "Has cambiado desde
que comenzaste a asistir al templo."

No era fácil vivir una vida cristiana. Su familia se quedaba acostada los domingos por la mañana, sin desayunarse hasta las nueve de la mañana. No querían que fuese al templo ni que fuese cristiano. Pero después de
aceptar a Cristo, Togami San continuó siendo fiel. Los domingos por la mañana se levantaba más temprano que de
costumbre, cumplía con sus responsabilidades hogareñas,
y salía de casa a las ocho de la mañana sin desayunarse.
Cuando tomó la resolución de dedicar su vida al servicio
del Maestro, su familia le suspendió inmediatamente la
ayuda económica que le daba para asistir a la escuela.
Tuvo que comenzar a trabajar para costearse los estudios.

Por último, la familia de Togami San dijo terminan-
temente que no se oponían a que trabajase en la iglesia
pero que sí se oponía a que asistiera al seminario. Entonces decidió no asistir al seminario a fin de vivir en paz
con su familia. Pero Dios le ayudó a Togami San en la
tarea de guiar a cuatro muchachos más a los pies de
Cristo. Después de esta experiencia, se convenció de que
debía ir al seminario para prepararse para la obra del
Señor. Aunque su familia se enojó mucho, fue al seminario. La beca que obtuvo fue sufragada por una iglesia en los EE. UU. de N. A.

Cierto día Togami San se encontraba tan descorazo-
nado con sus estudios en el seminario que le dijo a su familia que estaba tentado a abandonarlos. Entonces fue
su madre quien dijo: "¿Qué ha pasado con la firme resolución que adoptaste aun ante la fuerte oposición de
tu familia? Tú escogiste este camino; ahora no puedes

desistir. Aunque yo también me opuse, ahora trataré de ayudarte a fin de que llegues a ser un buen pastor." Todavía no es creyente pero con todo, siempre alienta a su hijo. La hermana menor de Togami San se convirtió en 1953 y Togami San continúa orando para que toda su familia llegue a depositar su fe en Cristo Jesús. — **The Junior Leader.**

54. "¿LO SIENTE USTED?"

Rom. 1:15; 1 *Cor.* 1:23, 24; 1 *Cor.* 3:9*a*; 9:16; 2 *Cor.* 6:1.

La familia del doctor y pastor don Eduardo Besson tenía una vieja cocinera en Neuchatel, Suiza.

Su hijo Pablo, una vez ordenado pastor, cierto día, predicó uno de sus sermones que fue escuchado por la vieja cocinera. Esta, al volver a su casa y haciendo referencia al mismo sermón, le preguntó: **"¿Lo siente usted?".**

Don Pablo, como comúnmente lo llamábamos, el campeón del evangelio de las Repúblicas del Plata, dejó sin respuesta la pregunta que le hiciera la cocinera, se puso de rodillas, y dijo al Señor: "¡Qué razón tenía la cocinera!"

A Don Pablo, como predicador del evangelio, la pregunta **"¿Lo siente usted?"** le fue como una luz que le sirvió eficazmente en la exposición de sus fogosos y penetrantes mensajes.

"¿Lo siente usted?" Esta pregunta debe resonar continuamente en el fuero íntimo de cada predicador del evangelio, y ocupar un lugar prominente en el corazón y en la mente de cada pastor.—**Orestes Marotta.**

55. LA "ARMADA INVENCIBLE" VENCIDA

Sal. 119:89; *Is.* 11:9; 40:8; *Hab.* 2:14; *Mat.* 5:18; 16:18*b*; 24:

35; 28:18-20; *Mar.* 13:31; *Luc.* 21:33; *Jn.* 12:34; *Hch.* 1:8;
1 *Ped.* 1:25.

Felipe II (1527-1598) era rey de España y de Portugal,
y puede decirse que también llegó a ser dictador y dueño de Milán, de una parte de Francia, de los Países Bajos, de todo México y Perú; y decía que en sus dominios
no se ponía el sol. "Utilizó a la Inquisición como instrumento de gobierno para evitar la extensión de la herejía
en sus estados, y lo logró en España." **(Dic. Enc. Abrev.
Espasa-Calpe).** Quería exterminar el protestantismo en
Europa; pero se dio cuenta de que esto le costaría mucho dinero, y despreciando los procedimientos legales
despojó de muchos tesoros a sus colonias citadas. El papa
permitió a ese rey que atacara a Inglaterra y se apode-
rara de ella si podía, a fin de evitar el extendimiento del
protestantismo por las tierras que Inglaterra estaba co-
lonizando en la América del Norte. Entonces dicho rey
hizo construir la Armada Invencible, la que puso bajo el
mando del Duque de Medina, y se lanzó al ataque...
Pero la marina inglesa, que en ese tiempo era menos numerosa que la española, y estaba capitaneada por
Howard Drake, se defendió con valentía y, ayudada por
una tempestad que seguramente Dios envió, destrozó a
la jactanciosa Armada Invencible a fines de agosto de
1588. Así pues, de manera providencial no fue detenido
el progreso del evangelio en Europa ni su marcha a las
Américas.—**A. L.**

---

56. UNA CARICATURA

Deut. 4:2; 12:32; 2 *Cor.* 4:2; 2 *Cor.* 11:4; *Gál.* 1:6; *Apoc.* 22:19.

La nariz de un hombre constituye uno de sus rasgos
más prominentes y así, cuando se hace de él un retrato,
es posible agrandarla de tal modo que los ojos, la boca y
todo lo demás quedan reducidos a algo insignificante.

El retrato, entonces deja de serlo, y se convierte en una caricatura.

En forma parecida, es posible proclamar ciertas doctrinas importantes del evangelio con tanta intensidad, que las demás de ellas quedan relegadas a la sombra, y la predicación ya no es el anuncio del evangelio en su belleza natural, sino una caricatura de la verdad. Y debo confesar que hay algunas personas que parecen ser muy afectas a esta caricatura.—**C. H. Spurgeon.**

57. "EL HOGAR"
Ef. 6:1-4.

"El hogar: un mundo de sensación afuera, y un mundo de amor adentro."

"El hogar: un sitio donde los pequeños son grandes, y los grandes son pequeños."

"El hogar: el reino del padre, el mundo de la madre, y el paraíso del niño."

"El hogar: el lugar donde nos quejamos más, y donde se nos trata mejor."

"El hogar: el centro de nuestros afectos, alrededor del cual nacen los mejores deseos de nuestro corazón."

"El hogar: el lugar donde nuestro estómago recibe tres comidas al día, y nuestro corazón amor y estímulo."

"El hogar: el único lugar en la tierra donde las faltas y las flaquezas de la humanidad quedan cubiertas bajo el dulce manto del amor."—**Mensajero Pentecostal.**

58. BIENAVENTURANZAS DE LOS MATRIMONIOS CRISTIANOS
1 Ped. 3:1-7.

Bienaventurados son el esposo y la esposa que continúan afectuosos, considerados y amantes después que las campanas nupciales han dejado de sonar.

Bienaventurados son el esposo y la esposa que son tan condescendientes y corteses el uno con el otro como son con sus amigos.

Bienaventurados son aquellos que tienen un sentido de humor, porque este atributo será un medio disponible para absorber el impacto de los embates de la vida.

Bienaventurados son los matrimonios que se abstienen del uso de bebidas alcohólicas.

Bienaventurados son los que aman a su cónyuge más que a ninguna otra persona en el mundo y que alegremente cumplen su promesa matrimonial de fidelidad y de ayuda mutua por ambas partes.

Bienaventurados son los que llegan a ser padres, porque los hijos son la herencia del Señor.

Bienaventurados son aquellos que dan gracias a Dios por el alimento antes de participar de él y que separan algún tiempo cada día para la lectura de la Biblia y la oración.

Bienaventurados son aquellos cónyuges que nunca se hablan uno al otro en voz alta y que hacen de su hogar un sitio donde nunca se oye una palabra desalentadora.

Bienaventurados son el esposo y la esposa que fielmente asisten a los cultos de adoración de la iglesia y que trabajan juntos en la iglesia para el extendimiento del Reino de Cristo.

Bienaventurada es la pareja que tiene una comprensión completa de los asuntos financieros y que delinea un plan de sociedad con el dinero que recibe.— **Heraldo Cristiano**—Habana, Cuba.

59. HOGAR CRISTIANO
Luc. 10:38-42.

Donde el ruego al Señor se hace frecuente
Y la Biblia es leída reverente;
Do las obras expresan fe viviente,

¡Allí existe el hogar!
Do los padres, los hijos, los hermanos
En estrecha amistad unen sus manos;
Do no existen querellas ni odios vanos,
¡Allí es puro el hogar!
Do la luz del amor brilla piadosa,
Donde esplende la Biblia luminosa,
Y la oscura maldad huye medrosa,
¡Es glorioso el hogar!
Do nunca se escuchan voces crueles,
Ni destilan los odios negras hieles,
Pero oyen de amor, cánticos fieles,
¡Es glorioso el hogar!
Donde reinan la paz y la armonía,
Donde no hay más tinieblas, sino día;
Y se escucha una alegre melodía,
¡Es precioso el hogar!
Donde Cristo es el huésped amoroso
Y se escucha su voz plena de gozo;
Do no viste el orgullo desdeñoso
¡Es cristiano el hogar!—**Heraldo Cristiano.**

60. ESPOSOS QUE SE CONVIERTEN POR LEER LA BIBLIA
Sal. 119:109.

Oí hablar en cierta ocasión de un matrimonio que llegó a tener una Biblia. Ninguno de los dos esposos la había conocido antes. El marido empezó a leerla en su hogar.

Unos días después se dirigió a su esposa y le dijo: "Amada, si este libro es verdad, estamos equivocados". Continuó la lectura de la Biblia y al cabo de unos días más habló nuevamente a su esposa en estos términos: "Si este libro es la verdad, estamos perdidos." Con más avidez que nunca prosiguió estudiando el libro hasta que, una noche, exclamó: "Amada esposa, si este libro es la verdad, ¡podemos ser salvos!"

El mismo libro que le había revelado que estaban condenados le reveló el medio de ser salvos por Jesucristo. Esta es la gloria de la Biblia.

Confíe usted en Cristo ahora mismo, sólo y plenamente en él para siempre, y será salvo.

No hay situación de la vida humana en que la Biblia no traiga fuerza y consolación.—**La Voz Bautista.**

---

61. LUCIO QUINCIO CINCINATO
BUEN AGRICULTOR, GOBERNANTE Y MILITAR
1 *Sam.* 9:1-5, 20; 10:2*b*, 14; 11:1-13.

Puede decirse que esto era Lucio Quincio Cincinato, quien vivió por los años 519 a 439 a. de J. C., y era un rico patricio. Por un delito que cometió su hijo Caeso, tuvo que pagar una multa y quedó en la ruina. Entonces se dedicó a la agricultura: trabajo que fue su principal ocupación en el resto de su vida. En Roma se tenía un problema legislativo: se discutía la ley Terentilia Arsa, sostenida por los tribunos; y los patricios hicieron que a Cincinato se le nombrara cónsul.

El cónsul romano era un magistrado que durante un año sobrellevaba las responsabilidades que le imponía la primera magistratura de la república, y disfrutaba de los derechos que eran propios de ese puesto. Dos cónsules actuaban al mismo tiempo durante el mismo año.

Cincinato estaba trabajando en sus campos que tenía cerca del Tíber cuando unos lictores le notificaron el nombramiento, el cual aceptó aunque sintió tener que abandonar sus trabajos agrícolas. En el año de su consulado restableció la tranquilidad entre los tribunos y los plebeyos. Al terminar el año volvió a sus actividades del campo, aunque el Senado quería que continuara como cónsul, lo cual Cincinato no aceptó.

Cuando los volscos, los ecuos y los aqueos intentaron apoderarse de Roma, el Senado nombró dictador a Cincinato, le concedió poderes absolutos, y fue a notificarle tal designación: lo encontraron cuando estaba con la mano en el arado cultivando sus tierras. Aceptó el nombramiento, fue a Roma y el pueblo lo recibió con júbilo. Después se puso al frente de las legiones romanas, dirigió los combates, y derrotó, uno por uno, a todos los enemigos de su patria. Regresó a Roma victorioso, con un rico botín, habiendo asegurado para ella la paz internacional, a lo menos por lo pronto; y renunció al poder que se le había otorgado. El Senado y los cónsules quisieron nombrarlo dictador por segunda vez, aunque ya tenía ochenta años de edad; pero él no cedió a sus instancias, y regresó a su finca para seguir cultivando la tierra y vivir como un simple ciudadano.

En todos los cargos que desempeñó Cincinato, demostró que era un hombre de vida recta, honrado, íntegro, hábil como estratega militar y legislador, y poseedor de un patriotismo intenso y puro.—**A. L.**

---

62. ESTATURA DE ISAAC WATTS
1 *Sam.* 9:2; 10:23; 16:7.

Isaac Watts fue autor de muchos himnos que actualmente cantamos en el idioma español. Isaac, en su niñez, era de estatura muy baja; y cuando llegó a adulto no era alto, sino más bien bajo de estatura. En esta época de su vida, la de adulto, escribió en verso el siguiente pensamiento que, traducido en prosa española, dice: "Si yo fuera tan alto que con mi mano pudiera asirme del cielo mismo, esa no sería mi verdadera estatura: la estatura del hombre es el alma."

La altura de una persona no se mide por su elevada

estatura, o por su inteligencia sobresaliente, o por las riquezas que posee: se mide por sus cualidades y, al mismo tiempo, por el servicio que con ellas da a Dios y al género humano.

Dios mide así a todos los seres humanos, ya sean sus siervos o sus enemigos.—**Adaptación.**

---

63. LAS ESPIGAS Y EL TRIGO
Jn. 15:8; *Stg.* 4:6.

Iba un labrador a visitar sus campos para ver si estaba en sazón la cosecha. Había llevado consigo a su pequeña hija, Luisita.

—Mira, papá —dijo la niña sin experiencia—, cómo algunas de las cañas de trigo tienen la cabeza erguida y altiva; sin duda serán las mejores y las más distinguidas: esas otras de su alrededor, que la bajan casi hasta la tierra, serán seguramente las peores.

El padre cogió algunas espigas y dijo: —Mira bien, hija mía: ¿ves estas espigas que con tanta altivez levantan la cabeza? Pues están enteramente vacías. Al contrario, estas otras que la doblan con tanta modestia, están llenas de hermosos granos.

El sabio y el bueno son humildes: la soberbia es propia del ignorante y del malo.

---

64. COMO MATAR A TU IGLESIA
Sal. 11:4; 27:4; 65:4; 84:10; 93:5; 122:1; *Ecl.* 5:1; *Hab.* 2:20; *Mat.* 21:13; *Mar.* 11:17; *Jn.* 3:1; *Hch.* 2:46, 47; 1 *Cor.* 5:1-7; 6:1-11; 11:16; 14:33; *Heb.* 10:25; *Jd.* 19; *Apoc.* 2:20-23.

En primer lugar; ¡No vengas!

Si vienes, ¡ven tarde!

Al venir, ¡ven de mal humor!

Al salir de la iglesia, pregúntate: ¿Qué valía todo esto?

¡No aceptes nunca un cargo en la iglesia! Vale más seguir criticando a los demás.

¡Visita a las otras iglesias a cada rato para enseñarle al pastor que él no es quien te manda! Hay que guardar la independencia.

¡Haz que el pastor gane su dinero! ¡Deja que él haga todo el trabajo!

Al acudir al templo, siéntate muy atrás, cerca de la puerta. ¡No cantes! O si cantas, ¡canta bien destemplado!

¡No des tus contribuciones por adelantado! ¡Espera por lo menos hasta haber recibido lo que tu dinero vale!

¡No animes al pastor! Si te gusta el sermón, ¡cállate! pues muchos pastores se perjudican por causa de la adulación. ¡No permitas que la sangre de él esté sobre tus manos!

¡Cuenta las faltas de tu pastor a todos los que te visiten! ¿Quién sabe si de otra manera ellos lo descubrirán?

¡No traigas nunca a nadie contigo a la iglesia! No hagas nada para ganar a otros miembros nuevos; por lo menos mientras la congregación tenga tal pastor!

Si hay algunos miembros animados que sirven a su iglesia y que trabajan por ella, ¡no dejes de protestar contra esa asociación exclusivista!

Si tu iglesia por mala fortuna es una iglesia feliz y armoniosa, condénala por su tibieza, indiferencia y falta de celo.

Cooperando como se sugiere arriba, tú matarás por seguro a tu iglesia.—**Noticiero de la Fe.**

=======

65. MI AUSENCIA DE LA IGLESIA
Sal. 93:5; *Ecl.* 5:1; *Heb.* 10:25.

Hizo que algunos dudaran de que el cristianismo sea real.

Hizo que otros pensaran que yo soy un hipócrita.

Hizo que muchos consideraran mi bienestar espiritual y el de los demás como asunto sin importancia.

Hizo que se debilitara la eficacia del culto en la iglesia.

Hizo que el predicador encontrara más difícil presentar el mensaje.

Hizo que los hermanos se desalentaran y, por ende, no alcanzaran una bendición de Dios.

Hizo que muchos dejaran de asistir a la iglesia.

Hizo que me fuera más difícil enfrentarme a las tentaciones del maligno.

Hizo que el diablo tuviera más poder sobre las almas perdidas.

Hizo que se propagara más el hábito de no asistir a la iglesia.—**Noticiero de la Fe.**

———

66. EL SUEÑO DE UN PASTOR
1 *Cor.* 15:58.

Se dice que un pastor soñó una noche que él tiraba, en lugar del caballo, de un gran carretón cubierto con toldo. El trabajo era muy difícil y avanzaba lentamente, sobre todo cuando llegó a una parte barrosa del camino. Por fin sólo pudo hacer que el carretón avanzara unos pocos centímetros. Esto le parecía bastante raro, puesto que la última vez que había mirado hacia atrás, creía haber visto a toda la congregación que ayudaba a empujar. Finalmente, cuando él estaba casi agotado, miró hacia atrás para examinar las causas de la dificultad. Ahí se dio cuenta de que los miembros de la iglesia, no sólo habían dejado de empujar sino que se habían subido al carretón, y ahí estaban sentados, ocupados en criticar al pastor porque no tiraba del carretón con mayor rapidez.

Bueno... ¿y es solamente un sueño...?

67. JERUSALEN EN RUINAS

Is. 4:8-15; *Jer.* 15:5-9; *Lam.* 1:1; 5:18; *Miq.* 3:12; *Jer.* 26:18.

Al aproximarse a Jerusalén dos rabinos vieron una zorra que corría en el monte Sión. Uno de los rabinos, llamado Josué, se puso a llorar; pero el otro llamado Eleazar, se rió. —¿Por qué te ríes? —preguntó el que lloraba.

—¿Y por qué lloras? —preguntó el que reía.

—Lloro —dijo el primero—, porque veo el cumplimiento de lo que dice el libro de las Lamentaciones, pues el monte Sión está desolado y las zorras corren por él.

—Pues por la misma causa estoy riéndome —contestó el rabino Eleazar—, pues cuando con mis propios ojos veo que Dios ha cumplido sus amenazas al pie de la letra, aumenta mi seguridad de que ninguna de sus promesas dejará de cumplirse: porque siempre está más dispuesto a manifestar su misericordia que a manifestar su severidad.—Del **Diccionario Bíblico,** W. W. Rand.

68. ALGUNAS CONQUISTAS DE JERUSALEN

2 *Sam.* 5:7, 9; 1 *Rey.* 2:10; 8:1.

La ciudad de Jerusalén fue la capital de todo el reino de Israel hasta que éste se dividió en Reino del Norte (o de Israel), y Reino del Sur (o de Judá). Desde entonces Jerusalén fue capital del reino de Judá solamente: hasta el año 586 a. de J. C., cuando las legiones de Nabucodonosor la atacaron y destruyeron. En el año 70 d. de J. C. Jerusalén fue asaltada y destruida por las tropas romanas de Tito; y en el año 637 d. de J. C. los mahometanos la conquistaron. Los cruzados se apoderaron de ella en 1099; y los turcos la tomaron en 1517, año en que la conquistó el general inglés Allenby. Pasados los años, los judíos procuraron ser los únicos poseedores de Jerusalén, constituirse en nación independiente y organizar su

propio gobierno. Esto hizo que hubiera guerra entre ellos
y los árabes que ya habían estado allí. Después de cruen-
tas batallas y de arreglos diplomáticos, el 14 de mayo de
1948 se proclamó la independencia de Israel como Estado, en acatamiento a la decisión que la Asamblea de las
Naciones Unidas hizo en este sentido el 29 de noviembre
de 1947. Desde esta ocasión, lo que fue la antigua ciudad,
o sea la Ciudad de David, quedó bajo la autoridad del rey
Abdullah de Jordania; y la nueva ciudad —progresista,
con industrias modernas, hospitales, escuelas, grandes
edificios de apartamientos, hoteles, tiendas elegantes,
etcétera, etcétera. Está al norte y al occidente de la antigua ciudad, y quedó bajo la autoridad de los judíos.—
A. L.

---

69. JUEZ QUE SE MULTA
Deut. 16a, 19a; *Rom.* 13:1, 5.

El periódico **Courier-Journal** de Louisville, Kentucky,
EE. UU. de N. A., informó en uno de sus números del año
de 1956, que un juez se juzgó a sí mismo, se sentenció a
pagar una multa, y la pagó. Hizo todo esto delante de su
propio tribunal. Dicho juez procedió así porque sabía
que la aplicación de la justicia debe ser imparcial, sin
hacer "acepción de persona". Por lo mismo los habitantes de aquel lugar pueden tener confianza en que ese
juez es justo.—**Broadman.**

---

70. HECHOS PARA SER LIBRES
Jn. 8:32-36; *Rom.* 6:18; 8:2; 1 *Cor.* 8:9; 2 *Cor.* 3:17; *Gál.*
5:1, 13; 2:4; *Stg.* 2:12; 1 *Ped.* 2:16; 2 *Ped.* 2:19.

"Dadme la libertad, o dadme la muerte..."—**Patrick
Henry.** —Del estado de Virginia.— Amante de la libertad
en general. Defensor de los predicadores bautistas que

estaban siendo perseguidos porque predicaban "sin licencia" oficial del gobierno.

"Más vale morir en pie, que vivir de rodillas"—**José María Morelos y Pavón.**

━━━━

71. DIOS EN NUESTRO CORAZON

Is. 9:2; 42:6; 49:6; *Luc.* 1:79; 16:8; *Jn.* 1:4, 7-9; 8:12; *Ef.* 5:6.

Un día viajaba en Londres en un ómnibus que estaba a obscuras. Vino un hombre a examinar nuestros boletos y me dije a mí mismo: "Este hombre no podrá ver nunca si perfora los boletos en el lugar debido." Observándolo con curiosidad noté que se tocó un resortito en el pecho y que brilló en un pequeño globo de cristal una hermosa luz eléctrica. Por supuesto que aquel hombre podía ver en todas partes porque llevaba la luz con él. De la misma manera, cuando el corazón está lleno de Dios, encontraremos a Dios en todas partes.—**F. B. Meyer.**

━━━━

72. SI TIENES UNA MADRE TODAVIA

Prov. 31:15, 21, 28, 30*b*.

¡Si tienes una madre todavía,
Da gracias al Señor que te ama tanto,
Que no todo mortal contar podría
Dicha tan grande ni placer tan santo.
Si tienes una madre . . . sé tan bueno
Que ha de cuidar tu amor su paz sabrosa,
Pues la que un día te llevó en su seno
Siguió sufriendo y se quedó dichosa.
Ella puso en tu boca la dulzura
De la oración primera balbucida,
Y plegando tus manos con ternura,
Te enseñaba la ciencia de la vida.

Si acaso sigues por la senda aquella
Que va segura a tu feliz destino,
Herencia santa de la madre es ella,
Tu madre sola te enseñó el camino!

E. Neuman.

---

73. PROMOTORES DE MISIONES

1 *Rey.* 19:1-18; *Jer.* 38:1-13; *Hch.* 6:8-15; 7:54-60; *Hch.* 16:
16-24.

Hubo una raza de padres que pudo haber levantado
una raza de misioneros. Citaré el ejemplo de una anciana morava. Una amiga la visitó con la tristeza refleján-
dose en sus miradas. "Su hijo —le dijo la amiga—, se
ha ido.

—¿Se ha ido Tomás al cielo? ¿Cayó ocupando su puesto en las actividades misioneras? ¡Cuánto quisiera que
Dios llamara ahora a mi hijo Juan a la obra! Poco después Juan era también misionero y también cayó. En
esta ocasión, la comisión que vino a participarle la noticia a la madre, se manifestaba muy triste; pero antes de
que alguna de las personas que la formaban hubiese abierto sus labios, la anciana exclamó: ¡Ojalá que
él llamara ahora a la obra a mi último hijo, a Guillermo!"
Y Guillermo también fue y cayó, y esta vez la noble
mujer dijo: "¡Cuánto quisiera tener mil hijos que darle
a Dios!"—**Gray.**

---

74. DE PINTOR A MISIONERO

Mat. 4:18-22.

Un joven artista pintor, cierto día, hizo un precioso
cuadro en el que representaba a una mujer y a un niño
perdidos en la noche, batallando con la tempestad.

Cuando se hallaba dándole los últimos toques su inspiración se había cambiado en una profunda emoción, porque, siendo cristiano, sus pensamientos eran: "Yo estoy pintando unas personas aquí perdidas, para alcanzar yo la gloria terrenal... Mejor sería que fuese en pos de ellos para conducirlos a su único Salvador, al cual desconocen."

Dejando su estudio se ofreció como misionero para ir al Africa, pensando en el espantoso estado de los pobres hijos del Continente atormentado por cien enemigos.

Y aquel joven pintor se volvió el abnegado Misionero Obispo Tucker, de Uganda, cuya historia es fuente de inspiración de amor a los perdidos.—**El Faro.**

---

75. LAS BIENAVENTURANZAS DEL PASTOR
Rom. 11:13; 1 *Cor.* 4:1-4; 2 *Cor.* 6:3; *Col.* 4:17; 1 *Tim.* 4:6, 12-16; 2 *Tim.* 2:1, 15, 16; 4:5.

Bienaventurado el pastor que no se deja llevar por los chismes de la semana hasta el grado de introducirlos en su sermón el día domingo: porque él tendrá un mensaje de Dios.

Bienaventurado el pastor que no se ofende cuando alguien habla encomiásticamente de su predecesor, y guarda su lengua de menguar las obras del pastor anterior: porque a todos impresionará bien.

Bienaventurado el pastor que no es muy dado a tratar a las personas del sexo opuesto: porque permanecerá muchos años en la obra del Señor.

Bienaventurado el pastor que tiene bien disciplinado su hogar, cuya esposa se porta con decoro, y se viste y habla con propiedad: porque recibirá bendiciones sin cuento.

Bienaventurado el pastor que no culpa a todos los demás por sus errores y fracasos: porque será un gran director.

Bienaventurado el pastor que no se descuida a sí mismo, ni a su familia, ni el edificio en que predica: porque será respetado de todos.

Bienaventurado el pastor que posee una visión; que, con los ojos bien abiertos, echa mano a todas las oportunidades para impulsar el avance del reino de Dios: porque será deseado por todo el pueblo de Dios.

Bienaventurado el pastor que está enteramente santificado: porque será feliz siempre.—**O. N. Robinson.**

76. ALGUNOS "NO"
Rom. 11:3; 2 *Tim.* 2:1, 15, 16.

No hables entre dientes. Mastica el alimento, pero no la lengua.

No prediques largo. Más vale que la gente se vaya con ganas de oirte más, que de escucharte menos.

No prediques sermones viejos sin revisarlos antes. Los hombres grandes se ven ridículos en ropas de adolescente.

No hagas muchos ademanes. La simplicidad es muy deseable en los lugares elevados, especialmente en el púlpito.

No tengas un tono de voz monótono. Las cuerdas vocales contienen muchas notas, usa todas las que puedas.

No hagas restallar el púlpito con tus gritos. Habla a los hombres en un volumen tan natural como el que usas cuando hablas con ellos.

No hagas oraciones largas. Recuerda siempre al visitante.

No mezcles la política con la predicación.

No descuides la oración privada. Los mejores tubos de tu órgano no pueden producir música a menos que estén llenos con el hálito divino.

No regañes a tu congregación. Dale duro a la gente sólo cuando se interponga entre ti y el diablo.

No toques mucho en una sola cuerda. La variedad es agradable, y la Palabra de Dios contiene una gran cantidad de temas distintos.

No dejes caer la voz al terminar una frase. La gente necesita oir tanto el final como el principio de tus pensamientos.—**El Heraldo de Santidad.**

77. GIPSY SMITH ORO POR SU TIO
Rom. 9:1-3.

Una vez había un niño gitano que más tarde llegó a ser el gran evangelista Gipsy Smith. En aquellos tiempos era prohibido que los niños, especialmente entre los gitanos, hablaran a sus mayores cuando éstos no les hablaban. Pues bien, Gipsy se había convertido al evangelio y tenía muchos deseos de que su tío también se convirtiera; pero no sabía cómo hablarle. Por fin el niño decidió orar y pedir a Dios que le ayudara a hablarle a su tío. Pasó el tiempo, Gipsy seguía orando, por fin, un día su tío se fijó en que los pantalones de su sobrino estaban muy gastados, y le dijo: "Gipsy, ¿por qué tus pantalones están casi agujerados de las rodillas y el resto de ellos está en buenas condiciones?" A lo que Gipsy respondió: "Están gastados de las rodillas porque he estado orando mucho tiempo por ti, tío; pues deseo con todo mi corazón que Dios te haga cristiano."

El tío miró con cariño a su sobrino, y poniendo su brazo en los hombros de Gipsy cayó de rodillas aceptando a Cristo como su Salvador.—**El Expositor Bíblico.**

78. PREDICADOR VANIDOSO
1 *Tim.* 3:1, 2, 6, 7; 4:7, 12, 15, 16; 6:3, 4, 11, 14; 2 *Tim.* 2:15, 23, 24, 25; 3:2-5; *Tito* 1:7-9; 3:8, 9.

El sermón fue una obra maestra. Los comentarios de los feligreses confirmaron lo que yo ya sabía: había estado estupendo. La última persona en salir fue una dama de edad muy avanzada.

—¿Le han dicho a usted alguna vez que es una maravilla? —me preguntó con suavidad.

En el "no" con que le contesté no había el menor vestigio de convicción.

—Pues entonces —me dijo— ¿de dónde sacó usted la idea de que lo es?—**Selecciones del Reader's Digest.**

---

79. LO QUE SOÑO UN PREDICADOR, POR LO CUAL YA NO QUISO MORIR

Marcos 1:16-20.

Un hombre soñó que repentinamente había muerto y había sido transportado al cielo. Estando en aquel mundo glorioso pensaba que estaba en él porque lo merecía. De pronto alguien vino a verlo, lo llevó a las almenas, y comenzó el diálogo siguiente:

—Ven. Voy a mostrarte una cosa—: Mira allá abajo. ¿Qué ves?

—Veo un mundo muy obscuro.

—Fíjate: a ver si lo conoces.

—Por supuesto; es el mundo de donde vine.

—¿Qué ves?

—Que los hombres allá están vendados, y muchos se dirigen a un precipicio.

—Bien: ¿Te quedarás aquí, a gozar del cielo, o volverás a la tierra con el objeto de dedicar un poco más de tiempo a hablarles a esos hombres acerca de este mundo?

El hombre que tuvo este sueño era un predicador que había estado desalentado; y, al despertar, dijo: "Ya no quiero morir; sino trabajar."—**Dwight L. Moody.**

80. LOS MISIONEROS

Mat. 9:37; 13:3; 28:18-20; *Mar.* 16; *Rom.* 11:13; 2 *Tim.* 2:15;
4:5; *Apoc.* 2:10.

Procedentes del Norte llegaron
Los hermanos en noble misión,
Ya que un día su ser dedicaron
Al maestro de gran corazón.

De Jesús el ejemplo siguiendo
Hoy están con presteza y valor;
Por el mundo el mensaje exponiendo
Marcharán imitando su amor.

Adalides del Dios Soberano:
Sin cesar trabajad, combatid,
Que es deber del soldado cristiano
Mantenerse constante en la lid.

De la Biblia su santa doctrina
Predicad con ferviente oración,
El Buen Dios vuestra senda ilumina
Y os dará su especial bendición.

Ya los campos se muestran dorados
Y las mieses maduras también;
Los trabajos serán compensados
A los fieles que esperan y creen.

Un hermoso recuerdo tendremos
De constancia y feliz devoción,
Por vosotros con gozo oraremos
Y de Dios obtendréis protección.

Las iglesias querrán recordaros
En la lucha tenaz contra el mal,
Y el Señor ya sabrá confirmaros
Para el Reino Glorioso, Eternal.

Mensajeros del Cristo sublime,

Portadores de luz y verdad,
Exaltad al Señor que redime,
Por el tiempo y la eternidad.

Teodoro E. Quiros V.

═══

81. OBRA MISIONERA

Is. 55:11; *Ecl.* 11:1; *Mat.* 24:35; 28:18-20; *Mar.* 13:31; *Luc.*
21:33; *Hch.* 1:8; 1 *Ped.* 1:25a.

Un misionero moravo, llamado Jorge Smith, se embar-
có y fue al Africa. Poco tiempo después había conquistado a un pecador para Cristo: una humilde mujer. No
mucho tiempo después fue obligado a salir de allí. Pasados unos meses, moría orando a Dios por los pobres negros. Le parecía que su empresa había llegado al fracaso.

Pero un grupo de hombres llegó más tarde hasta el lugar donde él había orado: encontraron allí una Biblia,
y luego, cerca, a la mujer convertida.

Cien años después de empezada esa obra cristiana en
Africa, esa empresa misionera tiene más de 12.000 convertidos, como resultado, o como grande efecto de una
causa pequeña, si ésta es considerada humanamente.—
El Faro.

═══

82. EL CRISTIANISMO ES MUNDIAL
Hch. 17:6.

Uno de los primeros cristianos de la ciudad de Neesi-
ma, Japón, era un ciudadano de mucha influencia social
y por lo mismo era muy conocido. Cuando las autoridades eclesiásticas de la ciudad supieron que ese señor se
había convertido al cristianismo aceptando a Cristo
como su Salvador, lo citaron para que compareciera
ante ellas y les informara si era verdad o no que se había convertido. Dicho señor se presentó ante esas auto-

ridades, y en el curso de la conversación uno de los oficiales dijo: "Japón tiene suficientes religiones y no necesita ni una más." El nuevo convertido, sin vacilar contestó: "Si la religión de Confucio es suficiente, ¿por qué no se ha extendido fuera de Japón y de China, siendo que Confucio vivió miles de años antes de Cristo? Y si usted dice que el budismo es suficiente, ¿por qué tampoco ha ido más allá de estos países? Además, si la religión de Cristo es mala, ¿puede usted decirme por qué se ha extendido por casi todo el mundo, no obstante que su fundador la predicó únicamente tres años?—**Exp. Bíbl.**

---

83. MINISTRO SIN EXITO: PORQUE PREDICO LA PUREZA

Gén. 37:2d; *Amós* 1:3-15; 2:1-16; 3:1-6; 5:1-27; 5:21-24; 6:1-14; 7:10-17; 8:1-14; 8:4-8.

Conocí a un ministro que no tuvo buen éxito en una iglesia porque sus opositores procedieron de tal manera que él tuvo que renunciar. Y no se trataba de un caso en que faltara una táctica sabia de parte del ministro; sino de una impía dirección de parte de un grupo de oficiales de la iglesia que deseaban determinar los procedimientos que la misma debía seguir. En el alma de los componentes de ese grupo no existían las cualidades de carácter necesarias para apoyar una predicación intrépida, valiente y pura. Pero este mal no abatió ni acobardó a ese joven ministro, pues era como Daniel: estaba decidido a ser sincero, puro, y leal a la verdad, ya fuera que Dios lo librara o no del peligro. Tal valor es raro; y tales profetas son muy necesarios en la actualidad. Quiera el Señor levantar a muchos ministros que sean como ese joven y como el profeta Amós.—**W. R. White.**

84. "PASTOR"
Hch. 20:18, 20, 31.

Pastor, tú que día y noche te entregas a buscar
Al pecador perdido que en el abismo está,
Tú que sufres desvelos sin nunca descansar
Tras esa oveja infiel que descarriada va.
Tú, Pastor, tú que siembras en cada corazón,
Del bendito evangelio la simiente más pura:
¿Qué recibes en cambio de tu constante acción?—;
Tristezas, desencantos, desdenes y amargura...
Mas, ¡ah!, pastor, es cierto que recibes centenas
(de dolores,
Y es cierto que tú viertes el llanto sobre el llanto.
Pero también es cierto que encuentras muchas
flores
Cuyo perfume rico apaga tu quebranto.
Pastor: Sigue escribiendo el libro de tu historia
Y deja en cada página una sagrada huella:
Que el premio lo tendrás allá en la gloria
Y en cada oveja salva tendrás allá una estrella.

Marcos Rodríguez Hernández

---

85. HOMBRES BUENOS EN TIEMPOS MALOS
Amós 5:21-24; 7:10-17; 8:4-8.

De éstos ha habido muchos: Elías, Eliseo, Jeremías, y
muchos otros héroes del Antiguo Testamento; Pedro,
Pablo, Jacobo y otros del Nuevo Testamento. En los tiempos malos, si nos sentimos impulsados por el Espíritu
Santo a hablar, no debemos apagar el Espíritu: hable-
mos con valor, dejando a un lado los dictados de la fal-
samente llamada prudencia. El arrojo de Lutero, Calvi-
no, Knox, Huss, Hubmeier y muchos otros, contribuyó al
éxito de la Reforma. El valor de hombres como Spurgeon
y Parker en Inglaterra; Finney, Moody y muchos otros

en Estados Unidos; Cabrera en España, Li en China,
Cova y Cabrera en Cuba, Teófilo Barocio y Pablo Rodríguez y otros muchos en México; y un sinnúmero más en
todos los países, que no podemos nombrar aquí, que "ins-
taban a tiempo y fuera de tiempo", constituyen la explicación del éxito que ha alcanzado en estos tiempos el
evangelio de Jesús. Seamos prudentes hasta donde sea
posible; pero sigamos la dirección del Espíritu Santo,
cueste lo que cueste, para la honra y gloria divinas.—J.
E. Davis.

86. NO ESTABA LLAMADO

Gén. 12:1-5; *Jos.* 1:1-9; 1 *Sam.* 3:4-10; *Is.* 6:1-10; *Jer.* 1:4-19;
Amós 7:14, 15; *Jon.* 1:1-3; *Mat.* 4:18-22; 9:9-13; *Mar.* 1:16-20;
2:13-17; *Luc.* 5:2-11; 27-32; *Jn.* 1:40-42; *Hch.* 9:1-19.

En cierta ocasión colaboré en un servicio de ordenación. Al candidato se le hizo la siguiente pregunta: "¿Ha
sido usted llamado por Dios?" el interrogado se ruborizó, tartamudeó, miró como si un oficial del tránsito le
hubiera entregado una boleta por haber cometido una
infracción, tragó saliva, y dijo: "Dispense usted: ¿Qué
me decía? El interrogador escogido por la asamblea pro
curó ser bondadoso, y le preguntó: "¿Por qué desea usted entrar en el ministerio? A esto respondió el candidato al ministerio: "Bien..., pues..., este..., es una posición respetable; y yo creo que puedo hacer algo bueno." El interrogador le dirigió una sonrisa para animar-
lo a que continuara; y prosiguió el candidato: "Mi pastor me asegura que uno tiene una vida protegida por
Dios, muy agradable, de cultura, de asociación con la
mejor clase de gente y con los mejores libros. Yo siempre
he deseado una vida de incesantes variedades... con un
sueldo asegurado..."—A. M. Bailey.

87. MI PREDICADOR
Heb. 13:7, 17.

A mi predicador le debo bastante de mi tiempo para ayudarlo en su trabajo dondequiera que él me necesite.

Debo tener confianza en él, de manera que él pueda sentirse libre para servir a la iglesia sin estorbos, sin críticas y sin buscarle los defectos.

Debo respetarlo como embajador que Dios ha enviado para enseñarme una manera de vivir mejor que la manera egoísta y la existencia sórdida que podría yo vivir si no tuviera yo su dirección.

Debo orar para que Dios haga que el servicio de mi predicador sea una bendición para todos los que se ponen en relación con él.—**Un Boletín de Iglesia.**

———

88. ¿QUE ES UN MINISTRO?
1 *Tim.* 4:12.

I. Un ministro del evangelio debe ser un hombre de gran sentido común.

II. Debe tener una mente bien cultivada y una profunda experiencia.

III. Uno que recibe su instrucción directamente de Dios, y que estudia detenidamente al hombre.

IV. Un hombre que ora mucho, lee mucho y estudia mucho.

V. Un hombre que cree que Dios le dio su trabajo, y lo hace como si Dios estuviera vigilándolo, y da toda la gloria a Dios.

VI. Un hombre que permanece bajo la inspiración del Todopoderoso y ha atesorado la Palabra Divina en su corazón para no pecar contra él.—**Adam Clark.**

89. NO HAY EXCEPCIONES
1 *Cor.* 15:55.

Fui a una fábrica a examinar el registro de los muertos y encontré que Elisabeth X murió de este modo y de este otro. Tomé luego un volumen de la Historia de Inglaterra y encontré que la Reina Elizabeth murió así y así. Una misma palabra describía el fin de ambas Elizabeths, la pobre y la reina. El mendigo murió; Guillermo el Conquistador murió; el rey Uzzías murió. Qué universalmente se aplica una misma palabra a todas las clases y condiciones de los hombres.—Rev. **J. H. Jowett, D. D.**

90. LA INFLUENCIA DE LA MUJER
Gén. 1:27-30; 2:18-25; 3:1-21; 4:17-25; 1 *Rey.* 21:5-10, 16-20; *Prov.* 5:3-23; 6:26-35; 7:1-27; 9:13-18; 11:22; 12:4; 14:1; 19:14b; 21:9, 19; 27:15, 16; 31:10-31; *Jn.* 4:5-42; *Rom.* 16:1-15; 1 *Cor.* 7:34b; *Ef.* 5:22-33; *Col.* 3:18-21; 1 *Tim.* 2:9-15; 3:11; 5:9-16; *Tito,* 2:3-5; 1 *Ped.* 3:1-7.

La mujer ejerce una tremenda influencia sobre el hombre: esto es un hecho indubitable. En cada acontecimiento importante de la historia de la humanidad o de los individuos encontramos, cuando estudiamos desapasionadamente, a la mujer ejerciendo su influencia sobre el hombre. La historia y la experiencia se dan la mano en su testimonio a este respecto. De Agripina, la madre de Nerón, se ha dicho que acostumbraba asistir a las reuniones del senado romano oculta tras espeso cortinaje; y un poeta, presentando una hermosa paradoja a este respecto, ha dicho que "Agripina estaba presente aunque ausente, en el senado." Nosotros, usando esta figura, podemos decir que la mujer ejerce tal influencia en la humanidad que en cada uno de sus hechos está presente aunque esté ausente. Es decir, podremos no verla a primera vista; pero si estudiamos bien el asunto la encontraremos ejerciendo su influencia en cada uno de esos acontecimientos.—**El Expositor Bíblico.**

---

91. LA INFLUENCIA DE LA MADRE

Prov. 14:1.

Es la mujer madre la que mayor influencia ejerce en el mundo. A ella ha sido dado por Dios el bendito privilegio de moldear el corazón de sus hijos, educar su carácter, guiar su vida, haciendo de él lo que ella quiere que sea. La madre de Lamartine fue una mujer de profundo espíritu religioso, de gran ternura, que continuamente se ocupaba y preocupaba del porvenir de sus hijos; y el gran poeta francés fue, por la influencia de su madre, hombre religioso, de gran ternura, un hombre eminente tanto por su carácter como por su brillante inteligencia. La madre de Lord Byron fue una mujer frívola, de poco espíritu religioso, que se burlaba de todo, hasta de la cojera de su propio hijo; y el poeta inglés fue, por la influencia de su madre, un hombre incrédulo y burlón, de brillante inteligencia, pero de un carácter brusco y de corazón empedernido. ¡Oh, lo que las madres pueden hacer de sus hijos! ¡Cómo pueden hacerlos hombres nobles, dignos y grandes, u hombres bajos e indignos!—**El Expositor Bíblico.**

---

92. LA MUJER

1 *Ped.* 3:7.

Dice el proverbio persa: "No hieras a la mujer ni con el pétalo de una rosa". Mas yo te digo: "No la hieras ni con el pensamiento."—**Amado Nervo.**

93. LUCHANDO EN ORACION
POR UN AVIVAMIENTO
1 *Sam.* 7:5-17.

Durante diez días antes del día de Pentecostés los apóstoles permanecieron en oración.

Cuando Jonatán Edwards predicó su famoso sermón sobre el tema: "Los pecadores en manos de un Dios airado", había pasado toda la noche anterior en oración.

Los avivamientos más notables de Carlos G. Finney eran aquellos en que Amós Clary y otros hombres humildes lucharon en oración con Dios por el éxito de las reuniones.

Es un hecho histórico que antes de algunas batallas de la guerra civil de los Estados Unidos de la América del Norte, que el Presidente Abraham Lincoln pasó horas enteras en angustiosa oración.

Dios vive y todavía puede oir y contestar la oración del creyente fiel.—**Practical Commentary.**

—————

94. DESARREGLO CON LOS PUÑOS
Y ARREGLO CON ORACION
Sal. 34:15; 85:10; *Prov.* 3:1-2; 3:17; 17:1; *Is.* 48:22; 57:21; *Zac.* 8:12; 8:16; 8:19; *Mal.* 2:6; *Mar.* 9:50; *Luc.* 2:14; 14:32; *Jn.* 14:27; *Rom.* 1:7; 2:10; 8:6; 14:17; 14:19; 15:33; 16:20; 1 *Cor.* 7:15; 2 *Cor.* 13:11; *Gál.* 5:22; *Ef.* 4:13; *Col.* 3:15; 1 *Tes.* 5:13; 2 *Tim.* 2:22; *Heb.* 12:14.

Cuatro campesinos se encontraron fuera de una ciudad cuando iban de viaje. Los llamaremos los señores **A, B, C** y **D.**

El señor **A** y el señor **B** durante mucho tiempo habían estado fuertemente enojados, el uno contra el otro por causa de ciertos límites de sus propiedades, pues eran vecinos, y dichos límites no estaban claramente definidos. Cuando **A** y **B** se vieron no se saludaron, se hicieron reclamaciones recíprocamente, comenzaron a usar un vocabulario insolente y a ofenderse de palabra. Entonces **A** desafió a **B** para que pelearan a puñetazos: **A** comenzó, y **B** devolvió los golpes... Al fin **A** fue derrotado, y cayó al suelo.

Mientras, los señores **C** y **D** estuvieron observando el desarrollo de los acontecimientos; y aunque tenían un problema como el de **A** y **B**, y los niños de uno habían peleado con los niños del otro, el señor **C** dijo a **D**: "Señor **D**, yo creo que debemos orar. Vamos a orar." Después de la oración dijo el señor **D**: "Vamos a ponernos de acuerdo; para arreglar nuestro problema yo haré mi parte y usted hará la suya. Cada uno de nosotros tiene algo de razón y ha cometido unos errores en este asunto." El señor **C** estuvo de acuerdo en esto, y después de haber orado otra vez resolvieron su problema; y el domingo siguiente se sentaron juntos en el templo y juntos adoraron a Dios.—**Adaptado de Higley.**

---

95. REMENDABA ZAPATOS PARA HACER OBRA MISIONERA

Mat. 22:34-40; 28:18-20; *Mar.* 12:28-34; 16:15; *Hech.* 1:8; 20:34; 2 Cor. 8:3; 9:7.

Guillermo Carey era un zapatero remendón antes de ser misionero. Era cristiano, conocía "La Gran Comisión" y la sentía: por lo mismo anhelaba vehementemente que alguien llevara el evangelio a los paganos que vivían en lejanas tierras donde no se había predicado. Tanto era su interés misionero a favor de esos países, que enfrente de su banco de trabajo puso un mapa en el cual los veía con frecuencia, y con tristeza pensaba que en ellos no se habían predicado "Las Buenas Nuevas de Salvación". Después de haber estado durante algún tiempo en comunión con Dios, y de comprender que Dios quería que él fuera, decidió ir, y fue. Pero siguió componiendo zapatos

para sostenerse y al mismo tiempo predicar el evangelio;
y solía decir a algunas personas: "Mi negocio es servir a
Dios; y compongo zapatos para pagar los gastos que se
originan en ese negocio."

96. ORAR ES TRABAJAR
Ef. 6:18, 19.

Un pastor visitaba a una anciana que era miembro de
su congregación. Dicha anciana había estado inválida
durante mucho tiempo.

—Lamento mucho haber llegado a esta hora —le dijo—;
pero he tenido que recorrer todo el pueblo antes de
venir.

—Yo también, señor pastor, acabo de recorrer todo el
pueblo.

—¿Cómo es posible? Usted no puede moverse de la
cama.

¡Ah! —contestó la viejecita—; mi alma no está atada
a la cama, y así todos los días recorro el pueblo con mis
oraciones, sin moverme de aquí.—**Tribuna Evangélica.**

97. MUCHAS CLASES DE SABIOS
Job. 28:28; *Prov.* 2; 3; 4; *Stg.* 1:15.

Existen los sabios según ellos mismos, a los cuales la
Biblia llama necios.

Existen los sabios según los demás, a los cuales la Biblia alaba.

Existen los sabios según los conocimientos, de los cuales la Biblia dice que han de perder toda su ciencia cuando mueran.

Existen los sabios según Dios, a los cuales los hombres
llaman locos, y la Biblia llama nacidos de nuevo.

Esta última es la sabiduría verdadera y real porque

durará para siempre en el cielo.—**Diccionario de Anécdotas y de Ilustraciones Bíblicas,** por Antonio Almudé-
var.

Para ser sabio según el cielo,
has de ser loco para este suelo.

Para ser sabio en el Señor
debo aceptar todo su amor.

───

98. EXAMEN PROPIO PARA SER SANTO
Sal. 139:23, 24.

Juan Wesley dijo que Juan Fletcher era el hombre más
santo que había conocido en Europa y en América; y que
lo era porque diariamente se examinaba para saber si su
proceder estaba de acuerdo con los planes de Dios, para
lo cual se hacía las siguientes preguntas:

1. ¿Desperté espiritualmente y tuve cuidado de guardar mi mente de pensamientos errantes, cuando me le-
vanté esta mañana?

2. ¿Me he acercado a Dios en oración o he dado lugar
a la pereza y a la desidia espiritual?

3. ¿Se ha debilitado mi fe por no haber velado, o ha
sido avivada por haberla puesto en actividad hoy?

4. ¿He andado hoy por fe, y he procurado ver a Dios
en todas las cosas?

5. ¿Me he negado a mí mismo al usar palabras y al
expresar pensamientos poco bondadosos? ¿Me he debilitado espiritualmente al ver que prefieren a otros en mi
lugar?

6. ¿He aprovechado mi tiempo precioso, mis fuerzas y
mis oportunidades según la luz que Dios me ha dado?

7. ¿He guardado mi corazón en un ambiente de gracia, de modo que haya sacado provecho?

8. ¿Qué he hecho hoy por los cuerpos y por las almas
de los santos?

9. ¿He derrochado cualquier cosa por agradarme a mí
mismo, cuando podía haber guardado el dinero para la
casa de Dios?

10. ¿He gobernado bien mi lengua, recordando que en
la multitud de palabras no falta pecado?

11. ¿En cuántas ocasiones me he negado a mí mismo
hoy?

12. ¿Mi vida y mis palabras han honrado el evangelio
de Cristo?—**Ilustraciones Selectas.**—A. Espinoza.

99. CUESTION DE ALTURA

1 *Cor.* 3:16, 17, 6:19, 20; 2 *Cor.* 6:16-18 *Ef.* 2:20-22; *Heb.*
12:14 *Apoc.* 22:11.

En alguna parte oí la siguiente charla entre un eminente cristiano y uno de esos jóvenes indecisos y pre-
guntones que abundan por estos rumbos.

—Dígame, pastor, —preguntó el joven— ¿es malo el cigarrillo?

—¿Es usted creyente?

—Yo sí; pero todavía fumo cigarrillo.

—Oiga esta historia —respondió el pastor—: En la Segunda Guerra Mundial, un aviador salió de su base a fin
de atacar en determinado sitio. Ya lejos de la tierra,
notó que una rata roía las cuerdas del paracaídas. El
aviador en vez de volver a tierra, conocedor como era de
la poca resistencia de las ratas a las alturas, elevó su
aparato, hasta que la rata murió a consecuencia de la
elevación. Así pasa con nosotros, amigo mío. Si las ratas
del vicio están cortando los hilos de nuestra comunión
con Dios, esto implica que volamos bajo, muy bajo, tan
bajo que el ambiente es propicio para las actividades del
vicio. Pero si volamos a considerable altura, como cosa
muy natural, las ratas de los vicios dejarán de perjudi-
carnos porque estallarán a causa de la altura.

Amigo lector, si usted todavía es víctima del vicio,

elévese, elévese, hasta que sus vicios pierdan todo su poder.—El **Testigo.**

---

100. SPURGEON Y LOS ERRORES GRAMATICALES DE MOODY
Luc. 9:59-62.

Moody era un hombre que no sólo cometía errores gramaticales, sino de pronunciación. Alguien, que estaba celoso de su éxito, preguntó a Spurgeon qué pensaba de un hombre que era capaz de pronunciar la palabra "Jerusalén" en dos sílabas. El "príncipe de los predicadores" comprendió a quién se refería y rápidamente repuso: "Que me alegra saber que hay gente con tanta premura para predicar el evangelio que no tenga tiempo de pronunciar todas las sílabas."

---

101. MOODY, EL CIGARRO, Y LA BIBLIA
1 *Cor.* 6:20.

Le preguntaron a Moody si había en la Biblia algún versículo que prohibiera fumar. —No —dijo él—, pero conozco uno que ordena fumar. —¡Cómo! —exclamó el interrogador. Y repuso Moody: —sí, en Apocalipsis 22:11: "El que es inmundo, sea inmundo todavía."

---

102. EL TONTO
Prov. 12:16.

Juan Wesley iba una vez manejando su coche, cuando un incrédulo que lo conocía y hostigaba apareció en su propio coche, del otro lado del camino, e intencionalmente ocupó el centro de la calzada obligando al predicador a pasar peligrosamente junto a la cuneta. —¡Yo no dejo el lugar a los tontos! —exclamó el incrédulo—. Pues yo sí —repuso tranquilamente Wesley, y siguió su camino.

103. HENRY W. BEECHER Y EL "TONTO"
Prov. 15:21.

Henry Ward Beecher recibió en un sobre un pedazo de papel en el cual estaba escrita únicamente la palabra: "TONTO". Seguramente la intención era ofender al señor Beecher; pero el gran predicador se dirigió a la congregación y le dijo: "He recibido muchas cartas en las cuales ha habido algún mensaje, aunque quienes me las han enviado no han firmado con su nombre; pero esta es la primera ocasión en que recibo una carta con firma y sin mensaje; la firma dice: "Tonto".

104. MATEO HENRY ASALTADO
Rom. 12:21.

Mateo Henry, el famoso autor del comentario que lleva su nombre, fue asaltado por unos ladrones que le robaron su cartera. Entonces él escribió lo siguiente en su diario: "Señor, ayúdame a estar agradecido; primero, porque nunca antes he sido robado; segundo, porque aunque se llevaron la cartera, no me quitaron la vida; tercero, porque aunque se llevaron todo lo que tenía yo, no era mucho; y cuarto, porque fui yo quien fue robado y no quien robó."—**Tribuna Evangélica.**

105. OYO EL SERMON Y QUERIA VIVIRLO
Luc. 6:46; *Rom.* 2:13; *Stg.* 1:22, 23, 25.

Cuando una anciana salía de la iglesia, una amiga la encontró y le preguntó: —¿Ya terminó el sermón?

—No —respondió la anciana—, ya lo predicaron, pero

no se ha terminado. Ahora voy a hacer mi parte del sermón, a vivirlo.

Cuando una congregación, por pequeña que sea, reacciona de manera tal por causa de los sermones de su pastor, el beneficio es incalculable.—**El Heraldo de Santidad.**

---

106. PARA NIÑOS Y JOVENCITOS

A DONDE NO PODIAN IR LOS QUE SUBIAN
LOS ALPES
Is. 55:9; 49:15.

Era la mañana de un festival. A una hora temprana los aldeanos se habían congregado en el campo. Sobre ellos las cumbres de los Alpes se elevaban en grandiosa majestad. Los alegres niños estaban jugando en grupos, cuando un fuerte grito llamó la atención de todos. Un águila de la montaña se había precipitado repentinamente y, para horror de los que allí estaban, se elevó con un niño que luchaba por soltarse de sus garras.

En medio del terror y confusión, transcurrió algún tiempo sin saberse quién era, y un profundo gemido se escuchó de la multitud cuando se supo que era un hermoso niño—el único consuelo de una viuda. "¡Mi hijo! ¡mi hermoso niño!" exclamaba, mientras se retorcía las manos en agonía, y con los ojos llenos de lágrimas observaba el vuelo del ave poderosa, mientras que el pastor procuraba en vano consolarla.

Algunos montañeses instantáneamente se lanzaron hacia los peñascos, y todo ojo los siguió mientras ascendían lentamente. Al fin, al desaparecer el águila más allá del abrupto precipicio, se vio que se detuvieron y todos con excepción de dos abandonaron la tentativa. Al fin, como se elevaban peñasco sobre peñasco, dejaron la lucha desesperada, y un gemido de los espectadores manifestaba que toda esperanza había desaparecido.

Con el rostro lívido por la desesperación, la mirada sobre el precipicio, la madre había yacido inmóvil hasta entonces; pero cuando vio que los perseguidores se detenían, con un grito de agonía se lanzó por el ascenso que era casi perpendicular. Arriba, aún hacia arriba, siguió por su peligroso camino, hasta ganar el punto que parecía desafiar ya el avance, y allí los peñascos se elevaban mucho, y amenazadores ante ella; pero donde el esfuerzo fracasó en otros, ella, impulsada por el amor, invocó toda su fuerza, y sin detenerse ante el peligro, sus pies descalzos y tiernos se cogían del liquen, y prosiguió hacia arriba con la admiración y terror de los espectadores. Una y nada más una vez, se detuvo a mirar hacia abajo. A medio camino hacia la cumbre, ¡qué vista tan sorprendente y hermosa contemplaron sus ojos! Allá abajo del valle tortuoso había una densa masa de seres humanos. Ninguno estaba en pie, ni una cabeza cubierta, sino que los señores, jóvenes y niños estaban arrodillados en férvida súplica, a la vez que de la aldea el repique de la campana resonaba en su oído, llamando a los habitantes vecinos a unirse en la oración. Al fin llegó a la cumbre y para su gozo indecible vio a su niño aún con vida en el nido. En ala rápida el águila giraba alrededor en círculo más arriba que ella. Coger al niño, asegurarlo en su seno y atarlo a ella con su chal fue cuestión de un momento.

Encomendándose al Padre amoroso, tornó a descender. Temerario había sido el ascenso, pero más temible y peligroso parecía el descenso. Al llegar al lugar dificultoso, con el cerebro aturdido y con el corazón desvanecido, se detuvo, estrechando a su niño a su seno con estremecimiento. En ese momento su oído escuchó el balido débil de una cabra, guiando a sus cabritos por otro lado. Con una gratitud indecible hacia Dios, cruzó para descender por ese camino antes desconocido, y escuchó los gritos distantes de gozo de los aldeanos allá abajo. Pronto estuvieron a su lado fuertes brazos y estaba salva con su hijo.

El amor le había llevado a la altura donde los escaladores de los Alpes no habían podido subir. Sin embargo, se nos dice que el amor de Dios va más allá.

―――――

107. BEECHER, SU SERMON, Y UN PREDICADOR JOVEN
1 *Tim.* 3:6.

En los Estados Unidos un joven predicó un día un muy elocuente sermón. A la salida se le acercó alguien de la concurrencia y le preguntó cuánto había tardado en prepararlo. "Varios días", respondió el predicador satisfecho. "Pues a mí", contestó el visitante, "me llevó varios años". Y agregó: "Yo soy Henry Ward Beecher."

Beecher, el gran predicador antiesclavista y pastor de Lincoln, había tenido el privilegio de oir predicar uno de sus sermones impresos. Luego escribió una carta al joven exhortándole con todo aprecio a dejar esa costumbre, y años más tarde aquel reconocía su deuda de gratitud al gran hombre de Dios.

―――――

108. SPURGEON, SU CORBATA, Y UNA LENGUA
Stg. 3:5, 8-10.

Spurgeon lucía en cierta ocasión una larga y vistosa corbata de aquellas que estaban muy de moda en la época en que "el príncipe de los predicadores" llenaba los templos y salones de espectáculos más grandes de Londres.

Después de la predicación, se le acercó una señora

que era conocida de él: de esas que son muy devotas; pero cuya mayor preocupación es descubrir los defectos del prójimo.

—Señor Spurgeon —le dijo—, he traído mis tijeras; pues deseo acortarle esa corbata que es muy mundana y demasiado larga para un predicador del evangelio.

—Corte como quiera, señora —fue la respuesta—. Pero antes permítame usar sus tijeras para cortar algo que usted lleva, una cosa que es demasiado larga, y que produce grave daño a su testimonio cristiano.

La mujer sorprendida, no se opuso en absoluto. Y entonces Spurgeon, sonriendo, le dijo:

—Saque la lengua, señora.—**Tribuna Evangélica.**

109. J. WHITEFIELD Y EL NUEVO NACIMIENTO
Jn. 3:3.

El renombrado Jorge Whitefield predicó tantas veces sobre el texto que dice: **"Os es necesario nacer otra vez",** que una persona de su auditorio le preguntó: "¿Por qué predica usted tanto sobre el mismo texto?" La respuesta fue la siguiente: **"Porque os es necesario nacer otra vez."**

110. MOODY Y EL DINERO PARA UNA CAMPAÑA
2 *Cor.* 8:7.

En una ocasión Moody reunió a un grupo de industriales y comerciantes cristianos para hablarles de los problemas financieros de una campaña de evangelización. "Vamos a hacer una reunión de oración ahora mismo", dijo uno de ellos piadosamente, "para pedir al Señor que mande los medios". "No", dijo Moody sin circunloquios; "lo que hay que hacer es levantar una ofrenda ahora mismo".—**Tribuna Evangélica.**

111. AFIRMADO EN EL LODO
Fil. 3:12-14.

Había un hermano que cada vez que testificaba en el culto de oración, decía: "No hago muchos avances en lo que toca a mi experiencia cristiana; pero al menos me siento afirmado y fortalecido."

Un día, al acarrear madera desde su campo de trabajo, su carreta quedó completamente atorada en el cieno de un riachuelo que él tenía que atravesar. Por más que hacía esfuerzos por salir, la carreta se hundía más.

En eso, uno de los miembros de la iglesia, viendo su problema y acordándose del testimonio que su amigo daba ante la congregación, le dijo: "Hermano mío, ahora sí que no ha hecho mucho progreso; pero al menos está usted afirmado."—**El Heraldo de Santidad.**

112. AMONESTACION OPORTUNA A NUESTRO PROJIMO
Gén. 31:42.

Una vez un artista estaba pintando la bóveda de un templo, y con frecuencia daba unos pasos hacia atrás en el andamio, para contemplar su obra. Se encontraba tan absorto contemplando su trabajo, que no se había dado cuenta de que iba a caer en el pavimento que estaba a gran distancia del andamio.

Otro pintor, hermano de aquel, viéndolo en peligro y comprendiendo que una palabra podría apresurar su caída, arrojó una brocha sobre el cuadro que contemplaba el artista que estaba en peligro. Este pintor, sorprendido y enojado, violentamente se dirigió hacia adelante: así se salvó de una caída que hubiera sido mortal. Así también, Dios algunas veces destruye las halagadoras esperanzas de nuestro corazón, para advertirnos el grave peligro en que estamos por causa del pecado, y para salvar nuestras almas.—**Peloubet.**

113. SUEÑO CURIOSO
Prov. 20:1; 23:20, 21.

Un trabajador cierta mañana contó a su esposa el siguiente sueño que él había tenido la noche anterior: "Soñé que se me acercaron cuatro ratas: la primera era muy gorda, las dos siguientes estaban muy flacas, y la cuarta estaba ciega."

El hombre aquel estaba muy preocupado porque, según le habían dicho, era un presagio malo eso de soñar algo acerca de tales animales. La mujer de este trabajador, tan supersticiosa como su marido, tuvo miedo y no sabía cómo interpretar aquel sueño funesto. El hijo de ellos, que era muy inteligente y nada supersticioso, y que no tenía para su padre mucho respeto filial, sirvió de "José" a aquel moderno "Faraón", e interpretó el sueño:

"La rata gorda", dijo el joven, "es el tabernero de la esquina, que se come todo lo que ganas; las dos ratas flacas, somos mamá y yo, que no tenemos qué comer; y la ciega eres tú..." Dicho esto, se escapó rápidamente por temor a una buena paliza que hubiera recibido como premio a su franqueza.—J. R. C.

———

114. POR QUE PUDO LOGRAR TANTO
Rom. 16:9.

Uno de los más destacados ministros de este siglo fue el doctor Jorge W Truett, pastor de la Primera Iglesia Bautista de Dallas, Texas, EE. UU. de A. por más de cuarenta años. Los servicios del doctor Truett eran solicitados en todas partes del mundo. Viajaba mucho, dirigía campañas de evangelización en las grandes ciudades, actuaba como presidente de la Convención Bautista del Sur, era miembro del consejo de varias organizaciones denominacionales, etcétera. ¿Cómo pudo atender tantas actividades, y a la vez pastorear una iglesia que llegó a tener cerca de diez mil miembros?

Hubo un diácono, miembro de la iglesia, que tenía grandes capacidades, dueño de un negocio lucrativo, y este varón de Dios decidió dedicar casi todo su tiempo a ayudar a su pastor. Durante la ausencia del doctor Truett, el señor Roberto Coleman atendía todos los negocios urgentes de la iglesia, visitaba a los enfermos, y hasta dirigía los cultos fúnebres. Cuando el doctor Truett estaba en la ciudad el señor Coleman también atendía a muchos de los detalles de la obra para que Truett tuviera tiempo para hacer los preparativos espirituales que requería ese pastorado. Roberto Coleman era altamente estimado y amado por sus hermanos en la fe. Cuando pasó a mejor vida, la iglesia lamentó su muerte tanto como se lamentó cuando falleció su amado pastor **doctor Truett.**

---

115. EL LIBRO QUE BARUCH ESCRIBIO
Jer. 36:4.

No era fácil producir un libro en los tiempos de Baruch. No existía el papel fino que tenemos hoy día, ni siquiera el papiro que usaban en los tiempos de Cristo y poco antes. El libro de Baruch consistía en pedazos de pieles de animales, especialmente preparadas y cosidas para formar una tira larga, atada a un palo en cada extremo para que se enrollara en uno u otro de los dos palos. La escritura se hacía con tinta, a mano, en columnas paralelas a los palos. En el hebreo, idioma en que Baruch escribía, las líneas corrían de derecha a izquierda. Para escribir las palabras sólo se usaban consonantes, y el lector tenía que suplir las vocales. Sin duda, el libro que Jeremías dictó a Baruch, le costó a éste muchas horas de arduos trabajos, y para que hubiera otro ejemplar del

libro fue necesario que algún escriba hiciera una copia
a mano.

---

116. EXPERIENCIA AMARGA
Dan. 4:29-37.

Un hombre impío se jactaba de que no había nada que
pudiese sujetar su voluntad a Dios y que le impidiera
proceder como él quisiera.

Un domingo, mientras sus vecinos iban al culto, él se
quedó en casa trabajando, para demostrar así que él hacía lo que quería.

Pero durante su trabajo le ocurrió un accidente que le
ocasionó la pérdida total de un ojo y le dañó gravemente
el otro. Durante el tiempo que tuvo que permanecer en
casa para atenderse, reflexionó sobre su estado físico y
reconoció lo peligroso de él. Por el peligro en que había
estado su cuerpo, comprendió el peligro en que se hallaba su alma, si no se humillaba y arrepentía de sus pecados delante del Señor. Así lo hizo, y desde entonces pudo
dar alabanza al Señor por su gracia y misericordia, y por
haberle hecho reconocer su impiedad por medio de aquel
accidente.—**El Atalaya Bautista.**

---

117. UNA OVEJA DESOBEDIENTE
Heb. 12:5-13.

Se relata la historia de una oveja que siempre desoía
a su pastor y se descarriaba con mucha frecuencia. El
pastor por fin se vio obligado a tomar medidas fuertes
para que la oveja aprendiera a obedecer.

En una de estas muchas ocasiones en que el pastor
tuvo que buscar a la oveja descarriada, al hallarla le
pegó en una de las piernas con tanta fuerza, que el ani-
malito quedó perniquebrado. Después el pastor recogió

tiernamente a la oveja y la llevó al redil, donde le dio a ese miembro afectado la atención médica que le correspondía. Durante varios días el pastor, con sus propias manos, dio de comer a la oveja, la acariciaba y la trataba con mucho cariño. Cuando la oveja pudo andar otra vez, cojeaba un poco; pero no volvió a extraviarse. Se dice que siempre andaba muy cerca de su pastor y que lo obedecía en todo lo que le indicaba.

---

118. EL MIEMBRO NEGLIGENTE
Heb. 10:25.

Era la pena del pastor. En vano le hablaba con amor para ayudarlo a ser más fiel a los cultos. Pero todo parecía en vano.

Un día, al visitarlo, lo halló sentado ante el fuego del hogar, calentándose. El pastor, después de saludarlo, se sentó junto a él; y tomando las tenazas se dedicó a tomar todas las ascuas de la hoguera para ponerlas todas separadas unas de otras. El miembro de la iglesia dejó que el pastor hiciera eso y no le dijo nada.

El pastor preguntó: —¿Qué les sucederá ahora, separadas como están? —Se apagarán, —contestó el miembro.

Siguió un momento de silencio. Al fin el hombre habló: —Soy una de estas ascuas, ¿verdad, pastor?

—Exactamente —respondió el pastor.

Entonces aquel hermano dijo: —Vamos a orar a Dios, pastor, para que no lo sea más desde este día. Y desde aquel día este miembro negligente se mostró más fiel a su pastor, a su iglesia, y a su Señor.

---

119. LA DESESPERACION DEL PECADOR
Dan. 5:6.

El artista Washington Alson gastó más de doce años

intentando pintar la escena de la fiesta de Belsasar, y después dejó el trabajo sin terminar. Se dice que la dificultad principal que el genio del artista no pudo vencer, fue la desesperación del rey condenado. Muy bien pudo ser así, porque fue la desesperación de un espíritu perdido, que repentinamente estaba cara a cara con el juicio retributivo de Dios escrito por una mano misteriosa de otro mundo. ¿Cuál artista puede retratar esto en la expresión de un rostro humano?—**Phelps.**

120. LA MANO DE LA ADVERTENCIA
Prov. 14:34.

Hay un escrito de advertencias y destrucción en la pared de cada pecador. Por algún tiempo, este escrito puede ser invisible, como la escritura llamada "simpática", que no se puede ver hasta poner el papel en contacto con el fuego o con ciertas substancias químicas; pero ese escrito está grabado en donde los ojos del pecador lo verán algún día, y está allí como otra amonestación para el arrepentimiento. Las leyes eternas de Dios, y su providencia, son como una mano gigante que escribe el desastre de cada nación que no quiere ser justa. Sería muy bueno que esas naciones pudieran ver el manuscrito antes que estuviera terminado.—**Peloubet.**

121. UN PATRIOTA QUE MURIO POR SU PAIS
Mat. 16:24, 25.

"Lamento tener solamente una vida qué ofrecer por mi país." Estas fueron las últimas palabras de Nathan Hale. Este joven patriota había sido graduado en la Universidad de Yale, había sido maestro de escuela, y capitán en el ejército del general Jorge Washington. Cuando el general Washington necesitó a alguien para conse-

guir informaciones en cuanto al enemigo, Nathan Hale
se ofreció para la peligrosa misión. Logró penetrar en las
líneas de los ingleses, haciéndose pasar como maestro de
escuela, y recogiendo poco a poco la valiosa información que los americanos necesitaban. Cuando trató de
volver al campo militar americano fue capturado y condenado a muerte por ser espía. El joven Nathan Hale lamentó el fracaso de su misión, pero no el sacrificio de su
vida: verdaderamente amaba a su patria.

122. EL PATRIOTISMO HEBREO EN EL DIA DE HOY
Deut. 28:11-13.

El Israel moderno, surgió como estado judío en una
porción de la Palestina, el 15 de mayo de 1948. Esta nueva nación es un monumento al patriotismo de los judíos
de los Estados Unidos, Europa, y de otras partes del
mundo. Muchos judíos han enviado su sostén económi-
co. La razón principal por la cual algunos judíos dieron
principio al plan para establecer una nación hebrea, fue
la persecución de los judíos en Europa. Estos pobres no
tenían ningún lugar al que pudieran irse para obtener
refugio. Los hebreos de los Estados Unidos organizaron
un movimiento para recoger los fondos necesarios a fin
de comprar y desarrollar grandes secciones de Palestina. Ahora, después de pocos años, tienen su gobierno
bien organizado, tienen ejército, marina y una Universidad. Esta Universidad recientemente consiguió los famosos rollos de las Escrituras que fueron descúbiertos
en el Mar Muerto.

123. EL NOBLE Y LAS DEUDAS
Is. 52:3; Sal. 103:3.

Al llegar a una ciudad, cierto noble que andaba viajando, mandó fijar el siguiente anuncio: "Pagaré las deu-

das de cualquiera que venga a verme mañana entre las ocho y las doce de la mañana."

Dieron las once del día sin que nadie hubiese acudido; poco tiempo después fue llegando un pobre hombre que con mucha timidez y como con vergüenza le dijo:

—Señor, ¿es cierto que usted ha prometido pagar las deudas de cualquier persona que venga a verle?

—Sí, efectivamente así es. ¿Cuánto debe usted?

El hombre dijo cuánto era y el caballero extendió un cheque por valor de la cantidad que debía, y le mandó que se sentase hasta que dieran las doce. Media hora más tarde llegó otro y fue tratado de la misma manera. Al dar las doce el noble despachó a los dos.

Al salir a la calle se hallaron con muchos, dispuestos a burlarse de ellos por haber sido tan crédulos y haberse dejado engañar, según ellos creían; pero grande fue su sorpresa al ver los cheques que tenían en la mano.

Entonces corrieron a la puerta de la casa; mas ¡ay! ya era tarde, ya había pasado la hora y la puerta estaba cerrada. Tuvieron que volverse entristecidos por no haber creído.

Esta es una ilustración de las condiciones para obtener el perdón de pecados que es el don gratuito de Dios. Hay un tiempo especificado durante el cual se halla abierta la puerta de gracia. No siempre será así.

Llegará un tiempo cuando será demasiado tarde para poder alcanzar la salvación de Dios. El único tiempo que podemos considerar como nuestro es el de "Ahora", el de "Hoy". La exhortación bíblica es: "Si oyereis HOY su voz, no endurezcáis vuestros corazones" (Hebreos 3:15).

124. DIAMANTE FAMOSO
1 *Ped.* 2:9.

Ha despertado interés mundial el diamante conocido con el nombre de "presidente Vargas", que acaba de ser vendido en Nueva York. El diamante, el mayor del mundo, pesa 726.60 quilates, y está valorado en cerca de un millón de dólares. Este valor ascenderá a muchos millones más cuando sea transformado en 14 lujosas joyas.

---

125. EL CRISTIANO ES UN HIJO DEL REY
Apoc. 1:6.

Se dice que en cierta ocasión el Emperador Napoleón I se encontraba delante de un grupo de soldados, cuando de repente su caballo se desbocó; entonces un soldado raso se lanzó hacia el caballo, y, cogiendo el freno del caballo, pudo pronto detenerlo. Se dice que Napoleón saludó al soldado raso y le dijo: "Gracias, mi capitán". El soldado se sorprendió al oir a Napoleón decirle "capitán", pues él era un simple soldado raso, pero inmediatamente pensó que se encontraba delante de Napoleón, y que si él quería, podía hacerlo capitán. Así que, saludó a su Emperador y le preguntó: "¿De qué regimiento, mi Emperador?" El emperador le contestó: "De mi guardia personal." Aquel soldado raso se presentó como capitán ante el jefe de la guardia personal de Napoleón; el oficial, viéndolo con uniforme de soldado raso, le preguntó: "¿Capitán, por órdenes de quién?" — "Por órdenes de mi Emperador, Napoleón I."

En ese momento dejó de ser soldado raso y llegó a ser capitán. Si este soldado raso no hubiese tenido fe, hubiera dicho: "Mi Emperador me dice capitán, pero yo no soy más que un soldado raso. Por el susto que le dio el caballo, se equivocó y me dijo capitán", y se hubiera ido a tomar su lugar y habría permanecido soldado raso toda su vida.

Todos nosotros por naturaleza somos "hijos de ira", hijos de desobediencia; pero Dios en su infinito amor e infinita misericordia quiere hacernos sus hijos. En el

evangelio de nuestro Señor Jesucristo según Juan 1:12,
encontramos estas preciosas palabras: "Mas a todos los
que le recibieron, a los que creen en su nombre, les dio
potestad de ser hechos hijos de Dios."

Hoy, este día, por la fe puedes ser hecho hijo de Dios,
pidiendo a Dios perdón de tus pecados, aceptando a Cristo Jesús como tu Salvador personal, y dejando que el Espíritu Santo haga su obra regeneradora en tu ser.

> "Ven a Cristo con fe viva,
> Piensa mucho en su amor;
> No dudes reciba
> Al más vil pecador."
>
> "Cree y fija tu confianza
> En su muerte por ti;
> El gozo alcanza
> Quien lo hiciere así."

126. EL INCORRUPTIBLE FABRICIO
Jn. 18:22, 23.

El nombre de Fabricio Lucio, célebre general romano
de los tiempos primitivos de expansión de la República,
ha quedado en la historia como emblema de probidad,
sencillez, desinterés e integridad ciudadanas. Se dice que
"hallándose el famoso general en la más completa pobreza fue nombrado embajador por la República, para
ir a tratar con Pirro, rey de Epiro, sobre asuntos de la
mayor importancia concernientes a su patria. Pirro lo
recibió en su corte con las mayores distinciones y trató
de inducirlo para que secundara sus proyectos, contra-
rios a Roma, ofreciéndole honores elevados y grandes riquezas."

Pirro conocía las valías morales de Fabricio, con quien
había luchado en acciones bélicas sin que hubiera logrado vencerlo. Conocía la entereza de carácter del no-

ble patricio y creyó que si lograba inclinarlo a su favor habría hecho una trascendente adquisición. En efecto, Pirro, haciendo uso de su habilidad, de su talento y sus riquezas, y aprovechando la pobreza de Fabricio, le hizo insinuaciones morbosas, indignas de la elevada moral del ciudadano íntegro.

La contestación de Fabricio fue la siguiente: "Si aún me crees honrado; ¿por qué pretendes corromperme? Y si me crees capaz de dejarme sobornar, ¿de qué puedo servirte?" Tan elocuente contestación hizo retroceder a Pirro y le proporcionó una visión de un hombre cabal, digno de la más alta consideración.—**El Embajador.**

---

127. VIBORAS EN SU SEPULCRO
Hch. 12:21-23.

En cierta ciudad de los Estados Unidos vivió hace tiempo un hombre rico, bien conocido, llamado Zet Pedil, quien no creía en la existencia de Dios; se burlaba de los cultos evangélicos y de los que creían en Dios, con tal vehemencia lo hacía y con un vocabulario tan soez que cuando los creyentes lo veían, temblaban de terror. Un día, este ateo dijo delante de muchos testigos lo siguiente: "Si Dios existe y es verdad lo que dice la Biblia, que mi cuerpo habite entre víboras cuando yo esté en el sepulcro."

No mucho después, en 1908, este ateo murió a la edad de 82 años, y cuando bajaban su cadáver al sepulcro, había en él una enorme víbora. Después de esto siempre se han encontrado víboras alrededor del sepulcro del ateo. El sepulturero dijo que una vez mató cuatro víboras en esta tumba, mientras que en otras no se encuentra ninguna. Otro escribió: "El sepulcro de este hombre está siempre lleno de víboras. En cualquier tiempo que lo visitéis, encontraréis estos animales; el año pasado visitamos ese lugar veinte personas y encontramos veinte víboras." Y se asienta que mientras más víboras matan, más abundan.

En 1931, el director de un periódico escribió lo siguiente: "En abril visité la tumba del ateo Zet Pedil y vimos en él seis víboras negras; mi compañero mató una de ellas a la que fotografiamos. El sepulturero nos dijo que esa mañana él había matado cuatro. Y que hacía algún tiempo habían abierto el sepulcro y lo habían limpiado para extinguir los animales, pero no habían tenido éxito. Y otro hombre dijo: "Es notable que en los sepulcros adjuntos no haya ni una sola víbora, mientras que éste está infestado."

Este hecho, raro y notable, a la vez que verdadero, se ha esparcido por medio de los periódicos y folletos, acompañado por fotografías. Con esto, muchos hombres juiciosos e inteligentes se han convencido de su error; pero otros, desgraciadamente, han seguido en su pecado. Dios contestó el dicho del ateo e hizo que su cuerpo habitara entre víboras. Cuánta razón tenía el Apóstol al decir: "No os engañéis, Dios no puede ser burlado" (Gálatas 6:7).—**Julio Petridis,** en **El Heraldo de Santidad.**

═══

128. TODAVIA NO
Ecl. 12:1; *Mat.* 19:16-24; *Mar.* 10:17-23; *Luc.* 10:25-28; 12:15-21.

"Todavía no", dijo un niño entretenido en sus juegos. "Cuando crezca yo un poco pensaré en las cosas de Dios." Llegó a ser un joven muy robusto.

"Todavía no", dijo el joven. "Cuando vea yo prosperar mi negocio tendré más tiempo para asuntos espirituales." El negocio prosperó.

"Todavía no", dijo el hombre de negocios. "Mis hijos me necesitan ahora. Cuando ellos crezcan y estén bien colocados entonces tendré más oportunidad para pensar en eso." Envejeció.

"Todavía no", siguió diciendo. "Pronto voy a retirarme de mis negocios para que tenga yo bastante tiempo para leer y reflexionar." Así murió.

Dejó para más tarde lo que debía haber hecho cuando era joven. Vivió sin Dios y a consecuencia de esto murió sin esperanza.—**El Sembrador.**

129. ¿A CUAL DE ESTOS DOS HOMBRES TE PARECES?

Luc. 10:25-37.

La noche cuando el vapor "Princes Alice" chocó con el "Bywell Castel", a causa de una densa niebla, y seiscientos excursionistas perecieron de los novecientos o más que iban a bordo, dos barqueros estaban amarrando sus barcos. Al oir el estallido y los gritos uno de ellos dijo: "Estoy cansado, me voy a casa; nadie me verá en la niebla."

Los dos tuvieron que comparecer en la investigación del caso. Interrogado el primero si había oído los gritos contestó que sí. Vuelto a ser interrogado qué había hecho contestó: —Nada señor. —¿No está avergonzado? a lo que contestó: —Señor, la vergüenza nunca me dejará hasta que muera.

Interrogado el otro qué había hecho contestó: —Salté al barco y remé con todas mis fuerzas hacia el barco náufrago. Atesté mi bote de mujeres y niños, y cuando ya era peligroso tomar otra más, me fui remando con este grito: ¡Oh, Señor, quién tuviera un barco más grande! ¡OH, SEÑOR, QUIEN TUVIERA UN BARCO MAS GRANDE!"

Podemos imaginar las palabras dirigidas a estos dos hombres, cuán distintas habrán sido. ¡Oh, que cada lector pueda hacerse un examen delante de Dios y a la luz de su presencia pueda darse cuenta de cómo está aprovechando el tiempo tan precioso que él nos da! Y una santa compasión por las almas perdidas inunde todo nuestro ser, y desde hoy resuelva ponerse a entera disposición del Señor para un servicio más eficiente que honre a nuestro Dios y nos produzca más gozo.—**Adaptado.**

---

130. VOZ ALTA

Un joven en EE. UU. tenía por costumbre "gritar" mucho cuando predicaba. Varias veces fue aconsejado para que lo evitara; pero el consejo no tuvo éxito.

Cierto día, estando predicando nuevamente, comenzó a gritar; hasta que unos amigos que estaban sentados en el fondo del local levantaron un cartel de tamaño apreciable, en el cual estaba escrito: "No te hagas ningún mal; que todos estamos aquí" Hechos 16:20.—**El Despertar.**

---

131. LOS DESIGNIOS DEL SEÑOR
2 *Cor.* 6:4-10

Un soldado anónimo escribió lo siguiente hace casi un siglo:

Pedí a Dios que me hiciera fuerte para sobresalir... me hizo débil para que aprendiera a obedecer humildemente.

Pedí ayuda para hacer obras más grandes... se me dieron dolencias para hacer obras mejores.

Pedí riquezas para obtener la felicidad... se me dio pobreza para que fuera prudente.

Pedí de todo para poder gozar de la vida... se me concedió la vida para que gozara de todo.

No recibí nada de lo que pedí... pero sí todo lo que podía esperar.

A despecho de mí mismo, fueron oídas mis oraciones. Soy entre todos el hombre más bienaventurado.—**Campo Misionero.**

132. EL RABINO Y LA PLATA
Job 31:24-28.

"Un día, el rabino Eglón recibió la visita de un hombre muy religioso, muy rico y muy avaro. El rabino lo llevó a una ventana. ¿Qué ves? —le preguntó. Veo gente —le respondió el rico. Entonces el rabino lo llevó ante el espejo. ¿Y ahora qué ves? —volvió a preguntarle. Me veo a mí mismo —le contestó el otro. El rabino entonces le dijo: Pues, en la ventana como en el espejo, hay un cristal; sólo que el del espejo se halla recubierto por una capa de plata y, a causa de la plata, no se ve al prójimo, sino se ve uno a sí mismo."—**Autor Desconocido.**

━━━━━

133. JUAN WESLEY TRABAJADOR
2 Cor. 11:23a, b.

Juan Wesley viajó más de 400.000 kilómetros a lomo de caballo, haciendo un promedio de 32 kilómetros diarios, durante cuarenta años. Predicó 40.000 sermones; son más de 200 obras las que escribió o para cuya edición ayudó, (entre libros, folletos, himnos, sermones, etcétera), aprendió bien 10 idiomas. A los 83 años se sintió molesto porque no podía escribir más de una hora por día sin perjudicar su vista, y a los 86 se avergonzó de no predicar diariamente más de dos veces. Poco después se quejó, en su diario, de que sentía cada vez mayormente la tendencia a quedarse acostado en su cama hasta las 5:30 a. m.

━━━━━

134. LA MUERTE DE MAZARINO
Mat. 16:26.

Cuando Mazarino, señor de Francia un tiempo, se sintió llegar a las puertas de la muerte, mandó le trajesen todos sus tesoros para verlos por última vez.

Su cámara se convirtió en un joyelero de riquezas y en un museo de arte.

Mirándolo todo con ojos desencajados, crispaba sus manos sobre la ropa de su cama, y gemía: —¡Y pensar que lo pierdo todo! ¡Y pensar que lo he de dejar todo!

Y así murió Mazarino, el avaro.

═══════

135. HACED MAS
Stg. 1:22.

Haced más que oir: **atended.**
Haced más que atender: **comprended.**
Haced más que pensar: **ponderad.**
Haced más que hablar: **decid algo.**
Haced más que existir: **vivid.**
Haced más que sentir: **socorred.**
Haced más que mirar: **observad.**
Haced más que leer: **asimilad.**

—**J. H. Rhoades**

═══════

136. RESOLUCIONES DIARIAS
2 Ped. 3:18.

1. HOY conversaré acerca de Cristo con alguna persona, ya sea creyente, simpatizante o inconversa.
2. HOY compartiré la comunión con Dios por medio de la oración con otro, sobre los asuntos de mutuo interés y para el bien de la obra de Cristo.
3. HOY procuraré sobrellevar las cargas espirituales de otro.
4. HOY manifestaré el amor de Cristo que es el cumplimiento de la ley.
5. HOY buscaré la manera de auxiliar a un hermano menos privilegiado y menos capacitado que yo.
6. HOY trataré de servir a otros en vez de exigir su servicio para mí.

7. HOY permaneceré con la Palabra de Dios hasta que el Espíritu Santo me revele un nuevo manjar para el alma.

====

137. EL LABRADOR Y LA CIGÜEÑA
1 Cor. 15:33; Sal. 1:1.

Quería el labrador coger ciertas grullas, para lo cual tendió sus redes en el campo, pero habiendo caído en ellas una cigüeña, ésta le decía que la soltase, porque era inofensiva y no causaba daños como las otras aves.

—No quiero, dijo el labrador riéndose, —porque tú ibas en compañía de las grullas, que ocasionan graves perjuicios a los campos, y por lo mismo, ya que te juntabas con los malos, sufre la muerte con ellos.

Debemos buscar la compañía de los buenos, porque la de los malos siempre nos será perjudicial.

====

138. LA DISCRECION
Prov. 8:12.

León y Jorge eran dos muchachos que estaban de aprendices en casa de un cerrajero. El maestro acababa de salir y ellos se encontraron solos en la tienda.

—Nuestro maestro —dijo León—, se ha olvidado de cerrar con llave su armario. Ven y miraremos lo que hay dentro; yo he visto una carta abierta y la leeremos.

—No —respondió Jorge—, que haya una llave en el armario o que no, es una misma cosa para los que son honrados.

—Yo no hablo de tocar nada, quiero solamente mirar.

—Pero, León, querer conocer lo que otro quería guardar para sí, es ser indiscreto. El indiscreto que roba los pensamientos y los secretos, es como el ladrón que roba dinero; los dos roban, cada uno a su manera, y los dos se deshonran. Yo no quiero ser indiscreto."

León se ruborizó, comprendiendo que su compañero tenía razón.

El que es honrado lo es con todo lo que pertenece a otro, tanto los secretos como el dinero.

---

139. PREOCUPACIONES DE UN RICO
1 Tim. 6:6-10.

Pheraulas, un persa que de la pobreza se levantó hasta llegar a ser un hombre riquísimo, procuró persuadir a Saciano, joven amigo suyo, de que las riquezas no le habían dado más felicidad ni le habían proporcionado más contento que los que tenía antes de ser rico.

"Tú sabes", le decía, "que ahora no como, ni bebo, ni duermo con más gusto que cuando era pobre. Al tener esta abundancia, lo que he ganado es lo siguiente: tengo más que guardar, que distribuir más entre otros, y que son muchas mis preocupaciones para cuidar lo que tengo. Ahora muchos sirvientes me piden alimento, bebidas, vestidos; algunos necesitan al doctor; otros vienen y me traen una oveja destrozada por los lobos, o un buey que se mató porque cayó en un precipicio, o me informan de una plaga que está afectando al ganado. Así pues, parece que ahora tengo más molestias que cuando era pobre."

Es obligatorio para el que posee mucho gastar mucho en sus negocios, en sus amigos y en los extraños; y cualquiera que se agrada con la posesión de muchas riquezas, puede estar seguro de que sufrirá muchas molestias por tener que gastarlas.—**Pulp. Comm.**

---

140. LA PLEGARIA DEL ARBOL
Sal. 1:3; *Núm.* 24:6.

Tú que pasas y levantas contra mí tu brazo, antes de hacerme mal, mira mi bien.

Yo soy el calor de tu hogar en las noches frías de invierno.

Yo soy la sombra amiga que te protege contra el sol estival. Mis frutos sacian tu hambre y calman tu sed.

Yo soy la viga que soporta el techo de tu casa, la cama en que descansas.

Yo soy el mango de tus herramientas, la puerta de tu casa.

Cuando naces, tengo madera para tu cuna; cuando mueres, en forma de ataúd yo te acompaño al seno de la tierra.

Yo soy pan de bondad y flor de belleza.

Si me amas, como merezco, defiéndeme contra los insensatos.

141. SE DICE DE LA SERPIENTE
Sal. 51:7.

Que su mordedura no es tan mala si hace poco que ha bebido, porque antes de beber se vacía de su veneno.

Sería bueno que arrojásemos toda nuestra malicia antes de elevar nuestras oraciones a Dios, para que él pueda contestarlas, que en ocasiones él no puede hacerlo porque el pecado limita su bondad, quizá este pecado sea el enfado contra alguien a quien no hemos todavía perdonado.—**Spencer.**

142. SOBRE LA ROCA
Sal. 27:5; 40:2.

Después de un naufragio en una terrible tempestad, un marino pudo llegar a una pequeña roca y escalarla, y allí permaneció durante muchas horas.

Cuando al fin pudo ser rescatado, un amigo suyo le preguntó:

—¿No temblabas de espanto por estar tantas horas en

tan precaria situación, amigo mío?

—Sí —contestó el náufrago—, la verdad es que temblaba mucho; pero... ¡la roca no...! Y esto fue lo que me salvó.—**Entre Nosotros.**

═══════

143. SALVO PARA SERVIR A DIOS

Gén. 37:13-28; 39:21a; 41:38-46; 45:4-13. *Ex.* 2:1-10; 3:1-12; 12:29-38, 51; 1 *Sam.* 18:10-16; 19:9-12; 20:30-33; 21:10; 22: 1-4; 24:3, 12-16; 2 *Sam.* 2:4; 5:1-5; *Dan.* 1:3-7; 3; 6; *Jon.* 1; 2:1, 2, 11; 3; *Mat.* 2:1-8, 13; 27:29, 37, 54; 28:6, 18; *Apoc.* 1:4-7; 6:1; 7:9-17; 14:1-3; 19:1-16; 21:21-27; 22:1-3; *Luc.* 22:31; *Mat.* 26:69-75; *Mar.* 14:66-72; *Hch.* 2:14-42; *Hch.* 9:3-6, 13-15; 25:10, 11; 26:27; 28:16-31.

Un niño de siete años de edad quería saber para qué había nacido, y se lo preguntó a su papá. El papá le dijo que él y su mamá habían orado pidiendo a Dios un niño. El pequeño interrogador no quedó muy satisfecho e hizo otra pregunta: "¿Eso es todo?" Entonces el padre explicó lo mejor que pudo a su hijito que Dios tiene un propósito para cada persona y por lo mismo le conserva la vida; y que tal vez Dios quería usarlo de alguna manera. No mucho tiempo después el niño trepó a un árbol y accidentalmente se cayó y quedó herido de gravedad. Todas las personas que lo veían creían que no viviría; pero Dios hizo el milagro de conservarle la vida. Cuando el niño pudo pensar normalmente, dijo: —Papá, tú me dijiste que tal vez Dios quería usarme, ¿te acuerdas? El padre contestó: —Sí, hijito. Y el niño agregó: —Tal vez por esto Dios no quiso que yo muriera en este accidente. —En seguida, con lágrimas en sus ojos, agregó—: Espero poder hacer aquello para lo cual Dios me devolvió la vida.—**Adaptación.**

144. REY QUE HUMILDEMENTE ACEPTA
LA REPRENSION

1 *Sam.* 13:8-14; 15:10-26; 18:6-25; *Sal.* 1; 33:12-22; 40:1-8;
Is. 42:18-25.

Se dice que Enrique el Grande de Francia hallaba mucho placer al conversar con cierto hombre honesto y religioso, del pueblo humilde, quien trataba con mucha confianza a su majestad. Ese hombre dijo cierto día al rey: "Señor, cuando oigo a alguien hablar mal de vos, siempre os defiendo. Sé que sois muy justo y generoso, y que habéis hecho muchas cosas nobles y dignas de alabanza. Pero tenéis un vicio por el cual Dios os condenará, si no os arrepentís: me refiero a vuestro amor ilícito para con algunas mujeres." El rey, según se dice, era demasiado magnánimo para resentirse por esta reprensión; pero por mucho tiempo la sintió en su corazón clavada como una saeta. Después decía a sus amigos íntimos que los discursos más elocuentes de los doctores de la Sorbona nunca le habían impresionado como esta reprensión sincera de su humilde amigo.—**Copiado.**

145. OBEDIENCIA, MEJOR QUE SACRIFICIO
CONTRIBUYENTE; PERO INSATISFECHA
1 *Ped.* 1:18-19.

El escritor de esta ilustración, cuando era joven, conoció a una mujer que había estado ocupando una posición importante durante mucho tiempo y manejando mucho dinero en una empresa que administraba grandes negocios. Esa dama simpatizaba con la verdadera religión, la cristiana; pero por muchos años se había rehusado a rendirse completamente a Dios. Sin embargo, ella se sacrificaba financieramente para ayudar en la obra del Señor, y con frecuencia prometía que daría a algún predicador necesitado, al cual ella indicaría, una cantidad de dinero igual a la que recibiera en la primera carta de negocios en ese día. Esa dama siempre cumplía sus promesas, aunque el hacerlo le costara mucho. Sin embargo, todo eso no le dio la salvación ni le proporcionó gozo en su corazón. Finalmente, cuando ya estaba avanzada en edad, se rindió al Señor. No podemos ser redimidos cuando desobedecemos a Dios y hacemos otra cosa para encubrir tal desobediencia. "El obedecer es mejor que los sacrificios" (1 Samuel 15:22).—**Arnold's.**

146. DESOBEDIENCIA QUE PRODUJO TERRIBLE CATASTROFE
Rom. 5:12.

El 16 de abril de 1947 en Texas City, Texas, EE. UU. de N. A., ocurrió una violenta explosión, la cual fue considerada como la más grande que se ha producido, aparte de las explosiones atómicas que se han efectuado. Tres barcos que contenían explosivos volaron por los aires, y la población de Texas City fue inundada con flameantes desechos que destruyeron casi instantáneamente una fábrica de productos químicos valuada en diecinueve millones de dólares y produjo cientos de incendios. Hubo 551 muertos, 3.000 heridos graves, y una pérdida de cincuenta millones de dólares por los daños producidos en los edificios. Todos estos perjuicios fueron causados por la desobediencia de un marinero o de un estibador que, **violando la prohibición expresa de fumar, fumó,** y arrojó la colilla del cigarro sobre alguna cosa inflamable; entonces se produjo un pequeño incendio que se comunicó a los depósitos de municiones, y después vino lo peor... la catástrofe. Todo, por la desobediencia de un solo hombre.—**A. L.**

147. DETENGASE Y MEDITE
Sal. 46:10.

Por fantástico que parezca, acaso sería una buena idea que, en determinado día, se desconectasen todos los teléfonos, cesasen de funcionar todos los motores, y se suspendiese toda actividad por espacio de una hora; para darle de este modo a la gente ocasión de reflexionar, por unos minutos, en lo que es la vida, y para qué viven, y a qué aspiran verdaderamente.

En momentos difíciles, cuando la ansiedad asedia al corazón, o algún otro pesar nos lo oprime, ningún medio tan seguro como la meditación para lograr una calma relativa. No se sabe de algo que pida menos gasto de tiempo y energía, cuando quiera se trate de recobrar el dominio de nosotros mismos y de sujetar la voluntad al imperio de la razón. A todos, sean cuales fueren nuestra edad y nuestra experiencia, ha de sernos dable emplear en la meditación parte de nuestras horas libres, y el hacerlo así, es condición indispensable para vivir juiciosamente.—**A. F. R.**

148. CON SU PUEBLO
Ex. 17:8-16; 1:29; 7:1; 9:3; *Deut.* 31:8; *Jos.* 1:9; *Mat.* 28:20.

Se dice que en una batalla que dirigía el Duque de Wellington, una parte de su ejército estaba cediendo ante el enemigo, cuando de pronto un soldado vio al Duque entre sus propios combatientes, y el soldado gritó con voz estentórea y jubilosa: "¡Aquí está el Duque! ¡Dios lo bendiga!" Y el mismo soldado, dirigiendo la palabra a uno de sus compañeros, le gritó a éste: "¡Más me gusta ver la cara del Duque, que a toda una brigada!" Los demás soldados, al oir todo esto, volvieron sus rostros hacia el lugar donde estaba el Duque de Wellington: al verlo se reanimaron, recobraron la serenidad y el valor, y decían: "¡El que nunca ha sido derrotado ni lo será está con nosotros!" Y pronto derrotaron al enemigo.

Jesucristo, nuestro General, siempre está con su pueblo: Siempre está con nosotros: "Yo estoy con vosotros todos los días, hasta el fin del mundo", dijo él (Mat. 28: 20). ¡Sigamos luchando por conquistar al mundo: el Señor Jesús está con nosotros!—**Autor desconocido.**

149. EL SEÑOR JUDSON: HUMILDE COMO CRISTO

Job 22:29; *Sal.* 18:27; *Prov.* 3:34; 15:33; 22:4; *Is.* 57:15; 66:2; *Miq.* 6:8; *Sof.* 2:3; *Mat.* 11:29; *Mat.* 20:20-28; *Mar.* 10: 35-45; *Luc.* 1:52; 14:11; 18:14; *Hch.* 20:19; *Rom.* 12:16; 2 *Cor.* 7:6; *Ef.* 4:2; *Fil.* 2:3; *Col.* 3:12; *Stg.* 4:6; 1 *Ped.* 5:5.

Se relata que en una ocasión la esposa del señor Adoniram Judson, le leyó, con el fin de divertirlo, algunas noticias de los periódicos en las cuales lo comparaban con algunos de los apóstoles. El señor Judson estaba sobremanera turbado, y dijo: "No quiero ser como ellos. No quiero ser como Pablo, ni como Apolos, ni como Cefas, ni como cualquier otro hombre. Sólo tenemos un ejemplo supremo, quien tentado en todo como nosotros, nunca cometió pecado. Deseo seguirlo en todo, imitarlo en todo, practicar sus enseñanzas, beber de su Espíritu, andar en sus sendas, y conocer mis debilidades porque él me las indique y sólo él."

¡Oh, que seamos más semejantes a Cristo!— **Autor desconocido.**

150. ALUSIONES DEMASIADO PERSONALES

Ex. 20:1-17; *Deut.* 5:6-21; *Para cada mandamiento en el Decálogo búsquense los pasajes indicados por las referencias.*

El editor de un periódico semanario necesitaba material para llenar unas columnas y, como no tenía otro por

el momento, mandó que sin comentario alguno inserta-
ran el Decálogo. Tres días después el editor recibió
una carta de uno de los lectores de dicho semanario, y
en ella decía: "Favor de cancelar mi subscripción porque su editorial es demasiado personal en contra mía.—
El Expositor Bíblico.

―――――――

151. RICO DESCUIDADO POR SU PASTOR

Sal. 45:12; *Prov.* 13:7; *Jer.* 5:23-28; *Miq.* 6:9-15; *Mat.* 6:19-34;
19:16-26; 19:27-31; *Mar.* 10:17-27; 10:28-31; 12:41; *Luc.* 1:
53; 6:24; 12:15-21; 12:22-31; 18:18-27; 18:28-30; 21:1-4; 1
Cor. 4:8; 1 *Tim.* 6:10; 6:17-19; *Stg.* 2:5-7; 5:1-6; *Apoc.* 5:15-17.

Cierto pastor dijo que en su congregación había un
hombre muy rico; que si éste hubiera sido pobre él le habría hablado acerca de la salvación de su alma; pero que
él como pastor creía que sería presuntuoso hablarle de
eso a dicho rico. Un día uno de los miembros le preguntó
al hombre rico: —Señor X, ¿ha aceptado usted al Salvador? Este hombre, conmovido, y con lágrimas en los ojos,
respondió: —Agradezco a usted que me haya hecho esta
pregunta. Durante mucho tiempo he estado muy preocupado por esto, y siempre pensé que el ministro algún
día me hablaría de este importante asunto. ¡Oh, cuánto
he deseado que me hable de mi Salvador! Si me hubiera
hablado, ¡yo podría haber tenido tranquilidad!

Sigamos el ejemplo del Señor, quien a ricos y a pobres
les anunció las buenas nuevas de salvación; imitemos al
apóstol Pablo, quien dijo: "A griegos y a no griegos, a sabios y a no sabios soy deudor. Así que, en cuanto a mí,
pronto estoy a anunciaros el evangelio ..." (Rom. 1:14-
16).

152. LOS RICOS ESTAN EXPUESTOS
A GRAN PELIGRO
Prov. 30:8-9.

Cierta persona relata lo siguiente: El señor X me conoció porque yo iba al templo de la iglesia a la cual él pertenecía, y en una ocasión le pedí un consejo, y me lo dio. Después transcurrieron algunos años sin que tuviera yo la oportunidad de verlo. Un día ese señor vino a mi casa: nos dimos los saludos de costumbre, y después me preguntó si podría hablarme en lo privado, y le dije que sí. Entramos en un cuarto donde nadie pudiera interrumpirnos. Cuando ya estábamos a solas me dijo: "He sabido que usted está expuesto a un gran peligro." Le dije que yo no lo sabía. En seguida agregó: "Así lo pensaba yo; que no lo sabía usted: por esta razón he venido a verlo. Me dicen que usted se está enriqueciendo...: ¡Cuidado! ¡Está usted en el camino por el cual el diablo algunas veces conduce a millares de personas a la ruina espiritual y las aleja de Dios para siempre!" Siguió hablándome sobre este asunto con tanta solemnidad y sinceridad que me impresionó profundamente. Cuando mi buen visitante y consejero se despidió de mí, me quedé pensando en lo que habíamos conversado y decidí que haría yo lo posible para que el aumento de mis riquezas no me alejara de Dios, sino más bien para que éstas me acercaran a él y para que con ellas ayudara yo a extender su reino en la tierra.—**Anónimo.**

153. ORACION IMPROPIA DE UN PADRE
Mat. 20:22; Rom. 8:26; Stg. 4:3.

Cierto niño, muy pequeño, estaba agonizando y su padre, que lo amaba mucho, se afligía en gran manera y no quería conformarse con que su hijo muriera, aunque con palabras de consuelo se lo aconsejaban sus amigos. El pastor de la iglesia a la cual pertenecía ese padre atribulado le daba iguales consejos y le decía que aceptara la voluntad divina y entregara la vida de su hijo a Dios, principalmente porque no había probabilidades de que el niño sanara. El padre contestaba: "No puedo conformarme. Estoy orando para que Dios me conceda la vida de mi hijo, cualesquiera que sean las consecuencias." Se realizó el anhelo del padre: el niño sanó, se desarrolló, y su padre lo mimaba con exceso. El hijo llegó a ser un perverso: una espina que siempre estaba hiriendo el corazón del padre. Cuando el hijo fue grande se hizo ladrón, robó cosas de valor a uno de sus maestros, y cometió otros muchos delitos; fue llevado a la cárcel y sentenciado a muerte. Tuvo una muerte ignominiosa, y sin que se arrepintiera de sus muchos pecados. Cuando el hijo fue ejecutado, el padre se acordó de lo que le pidió a Dios, y con tristeza, lágrimas y vergüenza confesó su insensatez y su pecado al no haber estado conforme con que se hiciera la voluntad de Dios.—**El Expositor Bíblico.**

---

154. ENDEMONIADOS EN NUESTROS TIEMPOS

Gén. 3; *Lev.* 17:7, 17; *Deut.* 32:17; 1 *Crón.* 21:1; 2 *Crón.* 11: 15; *Job* 1:6, 9, 12; 2:1-7; *Sal.* 106:37; *Mat.* 4:1-11; 13:38; 17:14-18; 5:1-17; *Mar.* 1:12, 13, 23-27; 5:1-17; 7:24-30; 8:33; 9:14-29; *Luc.* 4:1-13; 4:33-36; 8:26-39; 9:37-43; 22:3-6; 22:31; *Jn.* 6:70; 13:2, 27; 8:44; *Hch.* 5:16; 8:7; 10:38; 13:10; 16:16-18; 19:13-18; 1 *Tim.* 4:1-4; 1 *Jn.* 3:8, 10; 4:1; 1 *Ped.* 5:8, 9; *Stg.* 4:7; *Apoc.* 12:7-10.

El señor Hugh White, misionero presbiteriano en China durante muchos años, dice lo siguiente: "La demonología, como se observa en los tiempos presentes, es la misma del tiempo de Cristo. La terminología que se oye en relación con eso es tan idéntica que uno siente que está andando en las calles de Nazaret o de Capernaum. Es muy común experimentar las vejaciones que los demonios le hacen a alguna persona, pues los demonios hablan, van y vienen, derriban al paciente y tratan de matarlo."

El Señor White relata el caso de un hombre endemoniado: "Tenía desmayos, dormía en las cuevas, comía inmundicias, hablaba con sonsonete y maldecía a la gente. La víctima iba a los mercados, se desnudaba, y con todas sus fuerzas gritaba maldiciones. Ahora esa persona está bien, está sana, y es afectuosa: gracias al poder de Cristo." Casos como éste se repiten con frecuencia.—**Christian Life.**

155. TODA ES PARA TI...

Is. 55:1; 58:6-22; *Mat.* 25:40; *Mar.* 10:46; *Luc.* 6:31; *Hch.* 3:1-6, 11; 1 *Jn.* 3:17, 18.

Cuando la península de Corea estaba en sus "buenos tiempos" la vida era extremadamente difícil; tanto así que en una familia un vaso de leche tenía que ser compartido por todos los niños que hubiera en ella, y eso era considerado como un lujo en la alimentación. Cada niño estaba acostumbrado a la escasez de leche, y ya sabía qué tanto debía beber cuando la tenían.

Durante la guerra que hubo en Corea (de junio de 1950 a junio de 1953), muchos niños se extraviaron, y se dio el siguiente caso: Una enfermera de la Cruz Roja encontró a uno de tales niños, y al verlo perdido lo recogió, y dándose cuenta de que estaba hambriento, le dio un vaso de leche. El niño ansiosamente comenzó a beber; de repente dejó de hacerlo, y preguntó a la enfermera cuántos "traguitos" podía beber. La enfermera, conmovida y con lágrimas en los ojos, le dijo: "Toda es para ti; bébela toda."—**Duke K. McCall.**

156. PRISIONERO; PERO CONFIANDO EN DIOS

1 *Rey.* 17:1-16; 2 *Rey.* 6:16, 17; *Sal.* 23:4; 27:1-3; 32:6, 7;
34:4-8, 17: 42:5, 11; 43:5; 46:1, 2, 7, 11; *Is.* 63:9; *Hch.* 8:1-
17; *Rom.* 8:28-39.

En los primeros días de la Segunda Guerra Mundial
los japoneses tomaron prisionero al doctor Theron Rankin, que era misionero bautista en China. Entonces quedó separado de todos sus seres amados: familiares y
amigos, y fue despojado de todas las cosas que eran de
su propiedad personal. No tenía esperanzas de que alguien lo protegiera, ni siquiera un gobierno amigo del
de su país: los Estados Unidos de la América del Norte.
Todo lo que podía hacer era confiar en Dios, en Cristo y
en el Espíritu Santo; lo único que tenía eran las promesas de las tres Divinas Personas. Muchos meses después
un barco neutral sueco, el **Chripsholm,** llevó al doctor
Rankin a su patria. Más tarde dijo que cuando no tenía
más en quien confiar, sino en Dios, en Cristo y en el Espíritu Santo, su actitud hacia sus captores japoneses
cambió, y desapareció el temor que antes había tenido.—
Duke K. McCall.

157. EL ASIENTO VACIO

Ecl. 5:1; *Heb.* 10:25.

**"Tú serás echado de menos, porque tu asiento estará
vacío."** 1 Samuel 20:18.

El asiento vacío habla con elocuencia. A pesar de que
su mensaje no es agradable, todos lo pueden oir.

Al predicador el asiento vacío le dice: "Tu sermón no
vale."

Al que visita la iglesia, le advierte: "Ya ves, vamos
perdiendo terreno."

Al nuevo que busca una iglesia donde asistir: "Vale
más esperar a ver lo que pasa aquí."

Al tesorero de la iglesia: "¡Cuidado! ¡Habrá un déficit!"

A los miembros presentes les aconseja: "Ustedes también pueden ausentarse el domingo próximo."

A los verdaderos fieles les aconseja: "Trabajad, invitad, orad, orad, llenad esos asientos vacíos."

El asiento vacío testifica contra los cultos. Mata la inspiración, ahoga la esperanza. Aleja el celo y es un peso desanimador para toda iglesia.

Por otro lado, el **asiento ocupado** es un ala, es un estímulo, es un incentivo y una inspiración al predicador y a toda persona que ama al Señor Jesús.—**Traducido y aumentado del Moody Monthly,** en **La Luz Apostólica.**

---

158. ORACION DE UN HEROE DE LA LIBERTAD

Rom. 13:1-7.

Jorge Washington, el primer presidente de los Estados Unidos, envió una circular a los gobernadores de todos los estados, en junio de 1873. En el final de su carta decía: "Mi oración más sincera a Dios es que os bendiga y que tenga vuestro estado bajo su protección. Que él se digne inclinar el espíritu de los ciudadanos a la subordinación y obediencia al gobierno, y despertar un sentimiento de amor fraternal de los unos hacia los otros y, en particular para sus hermanos que han peleado en los campos de batalla; y finalmente, que su gracia nos mueva a todos a hacer justicia, a amar la misericordia y a conducirnos con esa claridad, mansedumbre y templanza que caracterizan al Divino Autor de nuestra bendita religión, pues sin imitarlo con humildad nunca podremos esperar que la nación sea feliz."—**El Exégeta.**

159. LIBRES DE CUATRO TEMORES

Amós 7:10-17; *Jn.* 8:31-36; *Hch.* 4:13-20; 5:25-32; *Gál.* 5:1,
13, 14; 2:4; 4:31; *Rom.* 6:18; 8:2; 2 *Cor.* 3:17.

El 6 de enero de 1941 el Presidente Franklin D. Roosevelt pronunció un discurso ante el Congreso de los Estados Unidos de la América del Norte, y entre otras cosas dijo que los Estados Unidos esperaban un mundo fundado sobre cuatro libertades esenciales: I. Libertad de palabra; II. Libertad de cultos; III. Libertad de trabajo; IV. Libertad de eludir el temor. (I. Libertad para expresar sus ideas; II. Libertad para adorar a Dios en la forma preferida; III. Libertad para elegir la forma de trabajar a fin de no padecer necesidad; IV. Libertad de evitar todo aquello que haga que la gente sufra algún temor.)

160. COMUNICACION INCOMPRENSIBLE

Luc. 2:25-35.

En un culto de oración el predicador W. K. Gilliam dio el siguiente testimonio: Volábamos en un aeroplano de la ciudad de Denver, Estado de Colorado, a la de Chicago, estado de Illinois. Por radio se le dijo al piloto que al llegar a esta ciudad no podría aterrizar porque había muchas nubes y las condiciones atmosféricas en general no eran favorables. Cuando llegamos sobre Chicago no veíamos nada, sino únicamente nubes blancas, y permanecimos media hora volando en círculos sobre la ciudad. Repentinamente el aeroplano descendió en línea recta y aterrizamos con precisión en la pista que nos correspondía. La constante comunicación entre el operador de radio del aeropuerto y el piloto, por ese medio que no veíamos ni entendíamos, hizo que pudiéramos descender en el momento y en el lugar más convenientes. Esto puede ilustrar cómo Dios se comunica con el hombre por medio del Espíritu Santo, y también puede ilustrar que podemos tener éxito en nuestra vida espiritual si obedecemos a Dios y al Espíritu Santo, como Simeón los obedeció.—**Arnold's.**

161.   ¿TE HABLA A TI EL PASTOR?

Ecl. 12:11.

Después de mucho tiempo una señora volvió a ir al culto con su hijita. Por causa de su trabajo no podía asistir a los cultos matinales; por eso fue en la noche. El pastor habló en esa ocasión acerca de la negligencia de muchos en cuanto al cumplimiento de sus deberes cristianos: No leen la Biblia, descuidan la asistencia a los cultos, etcétera.

La niñita escuchaba atentamente el sermón y, cuando oyó que el pastor hablaba de la incuria de muchos padres, se volvió a su madre y, confiada, le dijo: "¡Mamita! ¿Te habla a ti el pastor?" Estas palabras fueron un flechazo para el corazón de la madre que permaneció callada. Esa ingenua pregunta de su propia hijita fue para ella un sermón vivo y eficaz.

Sería conveniente que también nosotros tuviésemos a alguien que nos formulara esta pregunta mientras escuchamos el sermón de nuestro pastor. Sin embargo, tantas veces escuchamos el sermón de un pastor con el fin de criticar, o para oir al orador tras el sermón, o para oir por oir porque estamos con el reloj en la mano calculando el tiempo que tarda. Sí, es conveniente que nos preguntemos, a veces, durante el culto: "¿Te habla a ti el pastor?" O para ser más exactos preguntémonos así: "¿No te está hablando Dios a ti por medio del pastor?"—**L. Gross.**

162. HIMNOS A LOS PAJAROS
Deut. 22:7.

Dios te guarde, pajarillo,
flor del bosque, plumas de oro,
nadie mate tus pichones,
nadie toque tu tesoro.
La tormenta no te asuste
en las noches despiadadas,
el viento no te castigue,
no te maten las heladas.
El cazador no te encuentre
cuando te busca en la selva,
la sombra por defenderte
en sus repliegues te envuelva.
Vuela siempre por los aires,
picotea en los jardines,
cuelga el nido en las retamas.
Dios te guarde, pajarillo,
flor del bosque, plumas de oro,
nadie mate tus pichones,
nadie toque tu tesoro.

—**Alfonsina Storni.**

163. DIVINO OASIS
Apoc. 22:17.

Voy cruzando por árido desierto,
De la vida en su rudo batallar;
Fervoroso prosigo con acierto
Hacia el Reino de gozo singular.

Espejismo falaz ya se levanta
Excitando mi sed abrasadora,
Mas de Dios el Oasis se abrillanta
Con el Agua que anima y corrobora,

De la Fuente que salta eternamente,
La que imparte la vida verdadera
Produciendo ese gozo inigualable.

Con su alcance eficaz y permanente,
La que hace la existencia placentera
En el viaje a la patria perdurable.

—**Teodoro E. Quirós V.**

164. CUANDO SEA GRANDE

Ex. 20:12; *Mat.* 15:4; *Mar.* 7:10; *Luc.* 18:20; *Ef.* 6:2, 3.

Mamá, cuando yo sea grande,
voy a hacer una escalera
tan alta que llegue al cielo
para ir a coger estrellas.
Me llenaré los bolsillos
de estrellas y de cometas,
y bajaré a repartirlas
a los chicos de la escuela.
Pero a ti voy a traerte,
mamita, la luna llena,
para que alumbres la casa
sin gastar en luz eléctrica.

—**Alvaro Yunke.**

165. CONFESION

Sal. 51; *Luc.* 15:18; *Sal.* 32.

Pequé, Señor, y debo revelarte
con amargura de alma, mi osadía,
Me abruma mi pecado noche y día,
y pruebas de pesar quisiera darte.

Ninguna excusa puedo presentarte
pues por demás tu Ley yo conocía,

y en lo íntimo del alma bien sabía
que mi pecar habría de enojarte.

Mas, ¡oh, Señor! mi natural humano
a veces, por el mal, ganado advierto:
y al espíritu vence la materia.

Que siempre, Padre, sobre mí tu mano,
al conducirme por camino cierto,
muéstreme del pecado la miseria.

—**R. Taibo Sienes,** España

166. LA CARIDAD
Rom. 12:9.

¡Feliz el que sembró en su corazón
las semillas del bien y la indulgencia
inundando con ellas su conciencia
de ternura, de amor y compasión!

¡Feliz el que ofreció su protección
y derramó su gran benevolencia,
y le brindó su fe y beneficencia
al pobre en su mayor tribulación!

Si olvidó las injurias recibidas,
si no ha devuelto un mal por otro mal
ni la venganza ha sido concebida;

Si la bondad, cual rico manantial,
en su alma vive y con amor se anida
para hallar la paz espiritual.

Andrea Ferry Lugo

167. LEY DE AMOR
Sal. 103:8-13; *Luc.* 15:1-32; 1 *Juan* 4:8, 10, 16, 19-21.

Dios quiere llevar su mundo

por un camino de amor;
si eres mezquino, egoísta,
le estás estorbando a Dios.

Dios le ha trazado a su mundo
suerte y destino de amor;
si tienes rencor o envidia,
te estás oponiendo a Dios.

Si eres duro, si no amas,
estás combatiendo a Dios.
Dios ama, sirve y perdona:
¡Dios es infinito amor!

Gonzalo Baez-Camargo

168. UNA VISITA DE DIOS

La lectura de la Biblia, durante veinte días, mientras
que componía la música para el oratorio, "El Mesías",
produjo un cambio maravilloso en la vida de Jorge Federico Handel.

El gran compositor había llegado a un fatal momento de su vida cuando todo le parecía inútil; ya nadie se
complacía en escuchar sus composiciones musicales; la
inspiración había huido de él, y estaba, digámoslo así,
en bancarrota. Una noche, profundamente desanimado,
regresó a su casa obsesionado por una sola idea: descansar, dormir, olvidarlo todo.

Subió con lentitud las gradas de su humilde estudio,
mecánicamente encendió las velas sobre su mesa de trabajo, y en seguida frunció el seño. ¿Qué contendría aquel
paquete que descansaba sobre el escritorio? Lo abrió, y
al ver la palabra, "Oratorio", lo tiró a un lado. ¿Quién se
estaba burlando de él? Todos sus últimos esfuerzos en
componer oratorios habían fracasado. Rompió en mil

pedazos la carta, pisoteó con cólera el suelo, y luego cayó sobre su cama deseoso de dormir.

Pero el insomnio se apoderó de él; una tempestad agitaba su pecho. Al fin, se levantó, encendió nuevamente las velas y llevó el manuscrito hacia la luz. Leyó el título, "El Mesías", y en seguida las palabras, "¡Consolaos! ¡Consolaos!" Estas le llamaron la atención: era el maravilloso principio de la poesía y, a la vez, un desafío celestial al ánimo apagado del compositor. Apenas había leído las primeras palabras cuando éstas empezaron a traducirse en un lenguaje musical que dilataba, elevándose triunfalmente hacia el cielo. Una vez más Handel oyó tonos musicales después de una larga sequía de inspiración.

Con los dedos temblorosos pasaba las páginas. Se sentía llamado a elevar su voz con gran fuerza en un numeroso coro. Ya oía vibrar los instrumentos al soplo poderoso de las tubas, sostenido por los acordes fulminantes del órgano. Desapareció el cansancio; fue bañado en un mar de tonos musicales que corrían como olas sobre su alma, agitando la inspiración dormida.

Tomó su Biblia y empezó a leer las profecías del Mesías prometido, su advenimiento, y al fin, su ascensión al Padre. El fuego divino ardía nuevamente en su ser; las lágrimas inundaban sus ojos. Tomando la pluma, comenzó a traducir sobre el pentagrama lo que resonaba en su mente y en su corazón. Sus dedos corrían incansablemente y pronto se vieron las hojas de papel cubiertas de extraños signos musicales. La ciudad dormía bajo el manto de una densa oscuridad, pero el espíritu de Handel estaba iluminado por una luz celestial, y su cuarto vibraba de música.

Día y noche estuvo entregado a su tarea, viviendo y respirando una atmósfera de ritmo y tono. Cuanto más se acercaba el fin de su composición, con mayor violencia le azotaba el temporal de esta furiosa inspiración.

Ya pulsaba las cuerdas del clavicordio, ya cantaba, ya escribía con ligereza hasta agotar la fuerza de sus dedos. Nunca antes había vivido una similar batalla musical.

Quedaba sólo una palabra para ser ungida de la iluminación —el amén— dos sílabas, pero esas dos sílabas debían ser construidas sobre un monumento que alcanzara los cielos. El compositor dilató la primera sílaba hasta sentir que llenaba no solamente una catedral, sino también la misma cúpula del cielo.

Al fin, después de veinticuatro días, un milagro en el mundo de la música, fue terminado el oratorio. La pluma cayó al suelo y Handel durmió por diecisiete horas. Al levantarse, se sentó al clavicordio y tocó con desbordante alegría la última parte de "El Mesías". Una vez que hubo terminado, un amigo le dijo, "¡Nunca en mi vida he escuchado cosa parecida!"

Handel, con la cabeza inclinada, respondió: "Dios me ha visitado."—**El Mensajero Pentecostés.**

---

169. DIONISIO, DAMOCLES Y LA ESPADA
Dan. 5:22-31; *Stg.* 4:13-16; 5:1, 2; *Luc.* 12:15-21; 1 *Cor.* 5:6; 6:10; *Gál.* 5:19-21.

Reinaba en Siracusa Dionisio, quien tenía un vasallo y cortesano adulador que se llamaba Damocles.

Se dedicaba particularmente Damocles a pronunciar delante de Dionisio largos discursos acerca de la felicidad de los monarcas. Cansado ya Dionisio, y deseando corregir a su cortesano, hizo un gran banquete y ordenó a Damocles que ocupara el lugar del rey, vestido con ropas reales como si fuese el verdadero rey. Damocles estaba orgulloso de tanto honor.

Pero en lo mejor del banquete, el rey lo interrumpió ordenándole que levantara la vista sobre su cabeza. ¡Y lo que vio Damocles! Una espada filosa y aguda pendía precisamente sobre su cabeza, sostenida apenas por un hilo bastante débil que de un momento a otro podía reventarse. Damocles se llenó de terror, y suplicó al rey que lo librara de semejante peligro. El rey lo hizo con la condición de que Damocles de allí en adelante no volviera a importunarlo con sus adulaciones.

___

170. "TUMBAS FAMOSAS"

1 *Cor.* 15:20.

Son famosas las pirámides egipcias porque contienen los cuerpos momificados de los antiguos potentados egipcios. La Abadía de Westminster, en la ciudad de Londres, Inglaterra, es renombrada porque en ella descansan los restos de los nobles y notabilidades inglesas. El Cementerio de Arlington en la ciudad de Washington, Distrito de Columbia, EE. UU. es reverenciado porque es el honroso lugar donde descansan los restos de muchos americanos prominentes. Entre la tumba de Cristo y estos lugares que se acaban de mencionar existe una diferencia tan grande como la que existe entre la noche y el día. Estos lugares son famosos y atraen visitantes de cerca y de lejos por lo que contienen; mientras que la tumba de Cristo es famosa por lo que NO CONTIENE.— **Revista Evangélica.**

___

171. EL PRECIO DE LA ACTIVIDAD

1 *Cor.* 3:13, 14.

La historia nos relata acerca de un anciano soldado romano que sirvió a su patria cuarenta años: diez como soldado raso y treinta como oficial. Había tomado parte en ciento veinte combates y había sido herido gravemente cuarenta y cinco veces. Había recibido catorce coronas cívicas por haber salvado la vida de varios ciudadanos, tres murales por haber sido el primero en entrar en la brecha, y ocho áureas por haber rescatado el estandarte de una legión romana de manos del enemigo. Tenía en su casa como botín de guerra ochenta y tres cadenas de oro, sesenta brazaletes, dieciocho lanzas de oro, y veintitrés jaeces.

Que el cristiano sea igualmente fiel a su Salvador y luche en favor de él, y la gloria y el valor de su premio excederán en mucho al de este anciano soldado romano.—**El Expositor Bíblico.**

172. ¡PERDONADO!

Rom. 3:25.

Un cierto rico escocés había prestado en vida mucho dinero a varias personas. Siendo que era muy considerado, trataba con cariño a sus deudores y cuando se daba cuenta de que era imposible que le pagaran, ponía debajo de la cuenta su firma junto con la palabra: "Perdonado".

Después de su muerte, su esposa se dio cuenta que era mucho el dinero que amparaban las notas perdonadas y se dio a la tarea de cobrarlas. Tuvo que principiar juicios legales hasta que el juez; al examinar uno de estos casos le preguntó:

—Señora, ¿es esta la firma de su esposo?

—Sí —contestó ella—, de eso no hay duda.

—Entonces —dijo el Juez— no hay nada que obligue a estas gentes a pagar cuando el mismo esposo de usted ha escrito la palabra "Perdonado".

Si Cristo nos ha perdonado nuestros pecados, en vano se ufana el diablo por traérnoslos a la memoria. "Ahora, pues, ninguna condenación hay para los que están en Cristo Jesús. (Rom. 8-1.)—**Corazón y Vida.**

173. EL HIJO DESOBEDIENTE

En una selva sombría
Un nido en un árbol vi,
Y desde el nido, **pií, pií,**
Un pajarillo decía.
Su buen padre que lo oía,
—Voy, le dijo cariñoso;
Voy a volar presuroso
Ricos granos a traerte,
Espérame sin moverte
Y procura ser juicioso.
Al ver el nido dejar,
Dijo el cándido polluelo:
—¡Cuánto lo envidio! ¡Cuánto anhelo
El viento también cruzar!
Quiso en el acto volar
Y el ala tendió imprudente,
Mas descendió de repente
Y horrible muerte encontró.
Siempre el cielo castigó
Al hijo desobediente.

José Rosas.

174. LA VEJEZ
Lev. 19:32.

Cuando la vejez ingrata.
arranca nuestros cabellos
o va colocando en ellos
débiles hilos de plata;

Cuando la vista perdida
vaga en vano por doquiera,
buscando la primavera
venturosa de la vida;

Cuando el hombre, en fin, su incierto
rumbo sigue, y triste ve
que tiene bajo su pie
un hondo sepulcro abierto.

Hay un instante, hija mía,
en que se pierde la calma,
y brota dentro del alma
la negra melancolía.

¿Has visto en la tarde hermosa,
cuando el sol se va ocultando,
cómo la sombra luchando
está con la luz dudosa,

Y al moribundo destello
del astro que desaparece,
el mundo entero parece
más bello, mucho más bello?

Pues así el hombre distingue
su sol, su luz, su esperanza,
entre una muerte que avanza
y una vida que se extingue.

Si algún anciano doliente
cruza por tu lado un día,
y descubres, hija mía,
las arrugas de su frente,

Nunca con frases livianas
muevas el labio indiscreto,
nunca faltes al respeto
que se merecen sus canas.

Crepúsculo de la vida
es la cándida niñez;
y puesta de sol, la vejez
que va a la existencia unida.

Obediencia al destino
que en empujarle se empeña,
cada anciano nos enseña
nuestro inseguro camino.

Camino que sólo Dios
nos traza, pues ignoramos
si de esos viejos marchamos
al par, delante o en pos.

La mundanal arrogancia
fácilmente se derrumba,
y de la cuna a la tumba
es muy breve la distancia.

El viejo tiene su pie
junto a esta tumba sombría:
préstale amparo, hija mía,
mira cuán débil se ve.

Si hoy con intento siniestro
apoyo al viejo negamos,
cuando en su edad nos veamos,
¿Quién será báculo nuestro?

Copiado

175. LAS COSAS PEQUEÑAS
Prov. 4:23; Rom. 12:11a.

El gran artista Miguel Angel tardó mucho tiempo en dar los últimos toques a una de sus obras más famosas. Cierto amigo que lo visitaba casi todos los días le preguntaba siempre:

—¿Qué has hecho hoy?

A lo cual el maestro contestaba:

—Hoy he perfeccionado ese detalle en la mano, he mejorado la sombra en aquella arruga, he arreglado la luz en aquella parte del vestido, etcétera.

—Pero esas son bagatelas, dijo un día el visitante.

—Ciertamente, contestó Miguel Angel; pero la perfección se hace de bagatelas; y la perfección no es una bagatela.

La vida del cristiano está hecha de pequeños detalles, las pequeñas cosas de cada día. No hay cosa tan pequeña que no merezca nuestra atención. Puede parecer una bagatela, pero no olvidemos que de esas bagatelas está hecha la vida, y la vida no es una bagatela.—**Avivamiento.**

176. PACIENCIA
Heb. 12:1.

Como la gota que la peña horada,
cayendo levemente noche y día,
así consigue ver con alegría
la paciencia, su obra terminada.

Nadie le estorba ni arrebata nada,
al perseguir su objeto con porfía;
prosigue su labor, y en Dios confía
hasta llegar al fin de la jornada.

Con gotas de agua formáronse los mares,
con menudas arenas, el desierto,
con minutos, períodos seculares.

Con la paciencia y derrotero cierto,
el peregrino llega a sus hogares
y el navegante al suspirado puerto.

Autor Desconocido.

177. UN BUEN AYUDANTE DE JESUS
Sal. 1:3; *Prov.* 4:18; *Mat.* 5:14; *Ef.* 5:19; *Col.* 3:16.

Hace más de doscientos años que los cristianos no tenían bonitos himnos como los tenemos ahora. Todo lo que existía, en cuanto a canto se refiere, eran algunas malas versiones de los Salmos e himnos mal arreglados.

Un muchacho que siempre asistía a los cultos, salía disgustado de los himnos, hasta que un día fue y le dijo a su padre:

—Padre, ¿por qué cantan himnos tan feos en el templo?

—Si no te gustan —le contestó duramente el padre—, escribe otros mejores.

Isaac Watts, que así se llamaba el muchacho, no se disgustó sino que ese mismo día escribió un himno y lo llevó para que lo cantaran en la iglesia. El himno gustó tanto, que rogaron al muchacho que escribiera otros, a lo cual él accedió gustoso. Escribía himnos cada vez que sentía deseos de hacerlo, y continuó escribiendo durante toda su vida. Uno de los himnos más hermosos que escribió y que se ha traducido a muchos idiomas es: "Al Contemplar la Excelsa Cruz". Otro de sus hermosos himnos es: "Dominará Jesús el Rey".

Este muchacho, a los siete años estudiaba gramática y latín; a los nueve aprendió el griego; a los diez el francés; y a los trece el hebreo. A los quince aceptó a Cristo como su Salvador y a los veinticuatro predicó el primer sermón y continuó predicando y escribiendo himnos hasta una edad avanzada, pues murió a los setenta y cuatro años de edad.

Que la vida de este gran siervo de Dios pueda servir de ejemplo a todos los niños, y que entreguen su vida al Señor ahora que están en la flor de la vida, pues quién sabe cuántos irán a ser personajes distinguidos en la obra del Señor como lo fue Isaac Watts.

178. OPORTUNIDAD DE LA MADRE
Prov. 31:28.

Hace algunos años visité un famoso cementerio especialmente con el objeto de observar los monumentos y entre ellos vi un monumento humilde que me llamó la atención. Me fijé en él por su peculiaridad. En el mármol estaba grabada una mano, cuyo dedo índice señalaba hacia el cielo y tenía esta palabra grabada en la mano: "Madre".

Esta palabra fue suficiente para relatar la historia de amor, de sacrificio, de obra y fidelidad cristiana. La vida de esta madre había sido una señal que indicó el camino hacia Dios y hacia el cielo.—**L. G. Brougthon.**

179. TODO EL CORAZON Y LAS DOS MANOS
Mat. 18:1-5; 19:13-15; *Mar.* 10:13-16; *Luc.* 18:15-17; 1 *Cor.* 13:4-7, 13.

Meditaba en su cuarto de estudio un predicador, buscando una ilustración sobre el amor.

De pronto entró en el cuarto su hijita pequeña, diciendo:

—Papá, siéntame un poco sobre tus rodillas.

—No, hijita, no puedo ahora; estoy muy ocupado —contestó el padre.

—Quisiera sentarme un momento en tus rodillas, súbeme, papá —dijo ella.

El padre no pudo negarse a una súplica tan tierna, y tomó a la niña y la subió a sus rodillas, y dijo:

—Hijita mía, ¿quieres mucho a papá?

—Sí que te quiero —contesta la niña—, te quiero mucho, papá.

—¿Cuánto me quieres, pues? —preguntó el padre.

La niña colocó sus manecitas en las mejillas de su padre, y apretándolas suavemente, contestó con afecto:

—Te quiero con todo mi corazón y con mis dos manos. Esta respuesta encerraba en pocas palabras lo que debe entenderse por una dedicación completa, y dio al predicador el ejemplo que buscaba.

———

180. EL MARTIRIO DE JACOBO

Hechos 12:2.

Dice el historiador Eusebio: "En cuanto a este Jacobo, Clemente, en el séptimo libro de sus Hipotiposis, relata una historieta digna de referirse; la menciona tal como la recibió de sus antecesores. Dice que el hombre que llevaba a Jacobo al suplicio, cuando le vio dar su testimonio se conmovió tanto que confesó ser cristiano también. Luego los dos fueron llevados juntos. En el camino al cadalso suplicó a Jacobo que lo perdonara; y después de meditar un momento Jacobo, le dijo: 'Paz sea contigo', y lo besó. Así fueron decapitados juntos." (Historia Eclesiástica, libro II, Cap. 9).—**EL EXPOSITOR BIBLICO,**

———

181. A SALVO DE INCENDIO POR SER "PUEBLO ESPECIAL"

Deut. 7:6-8.

La mañana del viernes 30 de noviembre de 1956 los periódicos de Hsinchu, Formosa, tenían un titular con grandes letras negras, el cual decía: "EL INCENDIO MAS GRANDE EN LOS ULTIMOS SESENTA AÑOS". Lo que más nos interesa de esta noticia es que por donde tenía que propagarse el incendio había cinco hogares cristianos. Cuando la alarma sonó, el cielo estaba enrojecido por el reflejo de las llamaradas y las calles estaban llenas de negro humo. Mientras los bomberos combatían el fuego, uno de los cristianos estaba telefoneando a los otros miembros de la iglesia, y pronto un grupo de éstos se reunió en el lugar del incendio. La situación parecía desesperada. Entonces de todo corazón y a una voz todos ellos clamaron: "Señor, haz que tu santo nombre no sea deshonrado."

Repentinamente, ante los asombrados ojos de miles de espectadores, el fuerte viento que había estado soplando cambió de dirección. Las llamas, que ya habían alcanzado una de las cinco casas de esos cristianos, súbitamente se alejaron de ella y comenzaron a devorar, una por una, ocho de las otras casas que se creía que estaban a salvo. Los cristianos vieron, precisamente delante de ellos, contestadas sus oraciones, y en coro gritaron: "¡Aleluya!"

Cuando se acabó el incendio en esa calle que antes había sido muy transitada, solamente quedaban montones de escombros y de cenizas. Solamente las casas y los talleres de trabajo de cinco familias cristianas permanecían intactos. Muchas de las personas que no eran cristianas únicamente dijeron: "¡Su Padre celestial los protegió!" Pero otras personas criticaron y dijeron: "Los cristianos gritaron ¡Aleluya! cuando se estaban quemando las casas de las gentes que no son cristianas."

Pero el Magistrado de Distrito se encargó de callar a los que murmuraban, con estas palabras: "Yo os diré una cosa. Cuando los cristianos estaban orando a su Dios, vosotros los budistas estabais orando a vuestros ídolos. Pero el Dios de los cristianos contestó, y vuestros dioses no contestaron. ¿Qué tenéis que decir por esto? No puedo creer que ellos hayan orado pidiendo que sus casas quedaran a salvo y las vuestras fueran destruidas. Esas cosas sucedieron como tenían que suceder; y, ¿quién es capaz de predecirlas?" El pueblo aceptó la explicación del magistrado y se fue conforme.—**The Missionary Standard,** Julio de 1957; en Arnold's Commmentary, 1959, p. 153.

182. LA INTERPRETACION DEL BAUTISMO
Mateo 3:16; *Juan* 3:23.

Un ejemplar de Los Hechos de los Apóstoles llegó a poder de un coreano, quien quedó muy impresionado al leer dicho libro. Ese coreano llamó a los campesinos de la villa donde vivía y comenzó a enseñarles lo que decía el libro. Entonces enviaron a unos mensajeros para que, mientras duraba el estudio, fueran a traer a unos misioneros. Como éstos no pudieron ir les enviaron unos ejemplares del Nuevo Testamento. Cuando los campesinos coreanos recibieron esos libros se pusieron a estudiarlos a conciencia, y notando que se hacía alusión a un "rito lavatorio", como decían ellos, al cual se sometían los creyentes en Cristo Jesús, se reunieron para discutir y decidir cómo debían practicar ese "rito" o ceremonia. Oraron mucho sobre este particular, y al fin decidieron que cada uno se fuera a su casa y reverentemente se sumergiera simbólicamente en el agua, en el nombre del Padre, del Hijo, y del Espíritu Santo.—**Exp. Bíbl.**

183. CONSAGRANDOSE EN EL AGUA BAUTISMAL
Mat. 3:13-17; *Mar.* 1:9-11; *Luc.* 3:21,22.

En Cuba las iglesias bautistas casi siempre requieren que el candidato al bautismo conteste ciertas preguntas frente a la congregación y a veces mientras está en el agua esperando la inmersión. El pastor de la iglesia, antes de administrar el bautismo, pregunta al candidato qué hará en el futuro como mayordomo de la gracia de Dios. ¿Permitirá a Jesús que sea el Señor en todos los asuntos de su vida? El candidato responde: **"Sí, señor."** El pastor y la congregación oyen la respuesta como si hubiera sido dirigida a Jesús mismo: "Sí, Señor." Ya sea que digamos esto con palabras habladas o en silencio, nuestro bautismo significa "Sí, Señor: Yo haré todas las cosas que tú me mandes."—**Duke K. McCall.**

184. LA TENTACION SIGUE A LAS BENDICIONES
Jn. 6:14, 15.

Como un pirata acomete a un buque cargado de riquezas, así Satanás asalta a un alma que ha sido carga-
da de bendiciones espirituales, para robárselas. El diablo
siente envidia cuando ve que un alma está gozando de
las bendiciones de Dios. El traje de colores de José despertó la envidia de sus hermanos, y éstos conspiraron
contra él.—T. Watson.

185. ATAQUE FINAL DE SATANAS
1 Ped. 5:8, 9.

Pocas horas antes de su muerte, Juan Knox despertó
y cuando se le preguntó la causa de un suspiro muy profundo que se le oyó, dijo: "Durante mi frágil vida sostu-
ve muchos altercados y luchas con Satanás; pero ahora
ese león rugiente me ha atacado de una manera furiosa
y ha usado toda su habilidad para devorarme. Antes, con
frecuencia, él había puesto mis pecados ante mis ojos
tentándome a desesperar y a ofuscarme con las fascina-
ciones del mundo; pero con la espada del Espíritu que es
la Palabra de Dios, no pudo prevalecer. Ahora me ha
atacado de otra manera: esta serpiente astuta se ha es-
forzado para convencerme de que no merezco el cielo ni
las bendiciones eternas por el fiel desempeño de mi ministerio. Pero doy gracias a Dios porque Dios mismo me
ha capacitado para vencer y ahuyentar a este enemigo
tan fiero."—McCrie.

186. VIUDA TRABAJADORA QUE LLEGA A SER GANADORA DE ALMAS
Mar. 1:16-20.

El ministro había predicado un sermón muy impresionante acerca del trabajo de ganar almas. Después de esto una mujer se le acercó y le dijo: "Yo soy una pobre viuda, tengo varios niños, y tengo que trabajar tejiendo desde muy temprano por la mañana hasta muy noche. ¿Qué tiempo me queda para ganar almas?"

El pastor la miró bondadosamente, y le dijo: "¿Quién le trae la leche?" Ella contestó: "El lechero." El pastor preguntó: "¿Quién le trae el pan?" Ella respondió: "El panadero." El pastor, sonriente, la miró y le dijo: "Hermana, que Dios la ayude."

La mujer se fue a su casa, y como ya era de noche se acostó; pero no pudo dormir ni olvidar las palabras de su pastor, y estuvo pensando en su deber de ganar almas. La mañana siguiente se levantó más temprano que de costumbre, y no sacó la botella vacía. Cuando el lechero llegó y no vio dicha botella tocó en la puerta, salió la señora y con voz temblorosa le dijo al lechero: —Escúcheme usted un momento por favor. Quiero hacerle una pregunta: ¿Alguna vez ha pensado en el lugar a donde irá cuando muera?

El lechero la miró con ansiosa mirada, y le dijo: —Esta pregunta ha estado molestándome durante las dos últimas semanas. La señora le dijo: —Entre usted, y le diré algo sobre este asunto. En ese lugar y en ese momento aquella señora condujo a su lechero a Cristo, y él lo aceptó como su Salvador. En el corto espacio de un año aquella señora ayudó a veintiséis personas a que aceptaran al Señor Jesús como su Salvador personal.—**The Flame,** Inglaterra.

***

187. LA CEGUERA: UNA BENDICION
Rom. 8:28.

El célebre doctor Moon, espantado, supo por boca de su buen amigo, famoso como oculista, que antes de dos semanas iba a quedar totalmente ciego.

Para colmo de su pena, la joven que él amaba de corazón le confesó que no podía avenirse a unir su destino a una pobre vida de ciego, y le devolvió su palabra. Durante unas semanas, ciego ya, su pena fue inmensa. Pero, siendo un creyente, al fin aceptó la dolorosa voluntad de su Dios. Algún tiempo después ideó la escritura para ciegos, la que más tarde Braille perfeccionó.—**Dic. Anéc. Ilustr.**

188. HACIENDO AMIGOS DE LOS ENEMIGOS
Rom. 12:21.

Algunos cortesanos reprocharon al emperador Segismundo, porque en lugar de destruir a sus enemigos conquistados, los favorecía. "¿No destruyo efectivamente a mis enemigos", contestó el ilustre monarca, "cuando los hago mis amigos?"

Cuando se le preguntó a Alejandro el Grande cómo había podido en tan poco tiempo conquistar tan vastas regiones y ganar un nombre tan grande, contestó: "Usé tan bien a mis enemigos que los obligué a ser mis amigos con una consideración tan constante que están unidos para siempre a mí."—**Gray.**

189. DONDE ESTA EL TESORO ESTA EL CORAZON
Mat. 6:21; 7:6.

Una vez se le contó a Lutero de cierto hidalgo que estaba enteramente sumergido en las tinieblas de la avaricia, tanto que cuando sus amigos le suplicaron que pensara en la Palabra de Dios contestó: "El evangelio no paga intereses." Luego dijo Lutero: "¿No tiene grano?" Y les contó esta fábula:

En cierta ocasión el león hizo un banquete e invitó a todas las bestias del campo a que asistiesen. Entre los invitados había algunos puercos. El banquete consistía en platos delicados y deliciosos, pero los puercos preguntaron: "¿No hay grano?" "De la misma manera", continuó Lutero, "en nuestros días hay hombres carnales. En el banquete del Señor les ofrecemos los platos más exquisitos, la salvación eterna, la remisión de los pecados y la gracia de Dios, pero semejantes a los puercos nos preguntan: '¿No hay dinero?'—**Spurgeon.**

190. LA FE DE UN NIÑO
Sal. 37:5.

Un pobre muchacho alemán, que deseaba ser recibido en una escuela morava, escribió una carta, la cual dejó en el correo, dirigida al "Señor Jesús en el cielo." La carta decía más o menos como sigue: "Mi Señor y Salvador Jesucristo: he perdido a mi padre. Somos muy pobres, pero yo sé que tú dices en tu palabra que lo que pidiéramos a Dios en tu nombre, él nos lo dará. Yo creo lo que tú dices, Señor. Ruego pues, a Dios, en tu nombre Señor Jesús, que dé a mi madre los medios necesarios para colocarme en la escuela morava: ¡Me gustaría mucho seguir estudiando! Te lo ruego; y te amaré aun más."

El administrador de correos, viendo la dirección tan extraña, abrió la carta. Fue leída en una reunión de la Sociedad Morava, y la baronesa de Leppe aceptó la responsabilidad de ser la protectora del muchacho y lo envió a la escuela como él deseaba.

191. LA FE ILUSTRADA
Jn. 6:37b.

Estaba ardiendo una casa. Todos se habían salvado, excepto un niño, en el segundo piso. La escalera estaba llena de llamas y humo y no había salida sino por la ventana.

—¡Papá, papá! ¿Cómo escaparé? —gritaba el niño.

—Aquí estoy —gritaba el padre—: déjate caer, te recibiré en mis brazos; tírate, Carlitos, yo te recibiré.

Carlos salió a gatas por la ventana, pero allí quedó agarrado, porque tenía miedo, sabiendo que era muy largo el trecho hasta la calle.

—Suéltate, déjate caer —gritaba el padre.

—No puedo verte, papá.

—Pero yo sí te veo: aquí estoy; ten confianza, suéltate, que yo te salvaré.

—Tengo miedo de caer.

—Suéltate, tírate —gritaban otras voces—, tu padre te recibirá con toda seguridad; no tengas miedo.

Acordándose de la fuerza y del amor de su padre, el niño recobró la confianza y se dejó caer. A los pocos instantes se halló salvo en los brazos de su padre.

---

192. LA RELIGION ESPIRITUAL SUPRIMIDA
2 *Tes.* 2:4.

Con el deseo de ser perfecto, Pedro de Valdo siguió el consejo de un sacerdote: Fue y vendió sus posesiones, y después de dar una porción a su esposa y a su hija, repartió lo demás entre los pobres. En el año 1179 Pedro de Valdo pidió permiso al Papa para predicar y tuvo que someterse a un examen. Una de las preguntas que tuvo que contestar, fue si creía en la madre de Cristo. Contestó que creía los datos históricos con respecto a ella; pero que no creía en ella como objeto de la fe para la salvación. El papa le rehusó el permiso para predicar. Sin embargo, Pedro de Valdo salió a predicar y reunió un buen grupo de creyentes que llegó a ser el blanco de la persecución de parte de la Iglesia Católica Romana.

193. HONRANDO EL DIA DEL SEÑOR
Ex. 20:8-11.

Se cuenta de Eric Liddell, quien ganó la carrera de cuatrocientos metros en los juegos olímpicos celebrados en París, que cuando supo que su carrera iba a correrse en el día del Señor rehusó competir. diciendo: "Me opongo a los deportes en domingo", y así se eliminaba a sí mismo.

La prensa deportiva de Europa lo criticó, y recibió el escarnio y la crítica de todas partes, aun de los periódicos de su propio país. Pero la actitud de tan notable atleta tuvo su efecto y la carrera se corrió días después, entre semana.

El dice: "Recuerdo que cuando me disponía yo a correr en las pruebas finales, el instructor me dio una notita. La abrí y leí las palabras: 'Yo honraré a los que me honran.' Esta fue la promesa de Dios. El me ayudó y yo gané." Y el público que lo había condenado cambió su opinión y le dio un gran aplauso.—**Youth's Companion.**

194. MAGNIFICA SIEMBRA
Heb. 4:12.

Un médico curó a un indostano de una severa enfermedad; y cuando lo envió del hospital a su casa le dio una Biblia. Tres años más tarde el misionero visitó la aldea en que vivía aquel que había estado enfermo, y encontró a todos los habitantes adorando al verdadero Dios. Aquella Biblia había sido la única instructora que habían tenido. Muchos casos semejantes han ocurrido en los campos misioneros.

195. NUNCA OYO UN SERMON
Deut. 5:1.

Un hombre agonizante dijo una vez, desesperado, al

ministro de la iglesia a cuyos cultos había asistido por veinte años: "nunca oí un sermón." Y explicó que durante la predicación había estado haciendo planes para sus negocios.

Hay oídos muy delicados que pueden oir sonidos como los que producen ciertos insectos y que son casi inaudibles para la mayor parte de los hombres. El ojo educado de un astrónomo puede distinguir una estrella doble en donde un novicio no puede ver sino una o ninguna. De igual manera, para cualquiera que eduque su alma es posible la percepción de las verdades más altas.

196. UN HEREJE
Rom. 7:21.

En el tiempo de Mario el perseguidor, llegó uno de sus agentes a la casa de una mujer cristiana que había ocultado a uno de los siervos de Cristo, y le preguntó: —¿En dónde está ese hereje? La mujer cristiana dijo: —Abra aquella petaca y verá usted al hereje. El perseguidor abrió la petaca y sobre la ropa vio un espejo. —¡No hay aquí ningún hereje! —respondió encolerizado. —Ah —le dijo ella—, ¡observe usted el espejo y verá allí al hereje!

Cuando tomamos nosotros el espejo de la Palabra de Dios, puede ser que en lugar de ver a otros que hayan desobedecido las leyes divinas, veamos a nosotros mismos culpables de no haber puesto atención a las enseñanzas de nuestro Señor.

197. LA ELECCION DE UN PUEBLO
Jn. 5:40.

A pesar de que Jesús demostró su gran poder al transformar a un endemoniado en un ciudadano sano y útil, los gadarenos "comenzaron a rogarle que se fuese". Así son muchos hoy día: en lugar de recibirlo, le suplican que se vaya de sus términos. Prefieren vivir en el pecado. "A lo suyo vino, y los suyos no le recibieron."

===

198. FE VICTORIOSA
1 *Jn.* 5:4.

En la historia antigua, hay el relato de un valiente capitán cuya bandera estaba casi siempre en la primera línea de batalla; su espada era temida por sus enemigos, porque era el heraldo de la matanza y de la victoria. Su rey le pidió una vez que le mostrara su espada. La tomó, con cuidado la examinó, y la devolvió con el siguiente mensaje: "No veo nada maravilloso en esta espada. No puedo entender por qué un hombre le puede tener tanto miedo." El capitán envió la respuesta: "Vuestra Majestad se ha dignado examinar la espada; pero no le envié el brazo que la maneja. Si hubiera examinado ese brazo, y el corazón que dirige al brazo, habría entendido el misterio."

===

199. REMEDIO PARA EL TEMOR
Jn. 16:33.

En el año 1735 Juan Wesley viajó desde Inglaterra a la Colonia de Georgia en las Américas. En medio del Atlántico el buque encontró una tempestad que puso en peligro la vida de los tripulantes y de los pasajeros. Juan Wesley se encerró en su cuarto; pero allí pudo oír el canto de un grupo de moravos que, no teniendo recursos para pagar la comodidad de unos camarotes, tuvieron que quedarse en la cubierta y sufrir la furia de la tempestad. Después el señor Wesley preguntó a uno de los moravos cómo ellos y sus niños podían cantar en circunstancias tan terribles. El moravo le contestó con una

pregunta: "Señor Wesley, ¿conoce usted a Jesucristo?
Para el creyente, Jesús echa fuera el temor."

=====

200. ALUMBREMOS
Mat. 5:14-16.

Supóngase que voy a arreglar mi casa, que pido al al-
macén tres cajas de velas, y digo: "Quiero tener mi casa
muy bien iluminada y voy a mandar estas velas a la des-
pensa y no voy a encenderlas nunca." ¿Para qué sirven
las velas si no es para encenderlas y que den luz? Así
Cristo les mandó a sus discípulos que no pusieran sus luces debajo de un almud, sino que las pusieran en el sitio
en que pudieran alumbrar más.—**Henry Ward Beecher.**

=====

201. FIDELIDAD EN LA OBRA MISIONERA
2 Cor. 6:3-10.

"Por cuatro años", dice el doctor W. R. Hotchkiss, "he
vivido solo en el Africa. Treinta veces he sido atacado
por las fiebres, tres veces atacado por leones y varias veces por rinocerontes; no pocas veces los nativos me han
tendido emboscadas y por cuatro meses no he visto una
pieza de pan, teniendo que limitarme a comer todas las
cosas, desde hormigas hasta rinocerontes; pero permí-
tanme que les diga que con todo gusto pasaría otra vez
por todas estas experiencias, a cambio del gozo de llevar
la palabra **Salvador** y hacerla brillar en la obscuridad
que envuelve a alguna otra de las tribus del Africa Cen-
tral."—**W. S. Ament.**

=====

202. SERVICIO
Rom. 12:11.

El servicio es trabajo bautizado, ungido, y consagra-
do para altos fines.

Guillermo Carey, remendando zapatos en ese pequeño cuarto de Leicester, aunque jamás fue un hábil obrero, con todo eso remendándolos lo mejor que podía, poniéndoles buena piel y fuertes suelas y tacones, y cosiéndolos bien y consagrando su afán al servicio del reino de Dios, era tan cabal en los negocios del Padre como lo fue el doctor Guillermo Carey, el distinguido erudito oriental cuando traducía la Biblia a los idiomas de la India, predicaba el evangelio y bautizaba a los convertidos en el Indostán. Esa pequeña zapatería con sus martillos y leznas y recortes de suela representaba un departamento de los negocios del Padre celestial.—**Selecto.**

___

203. EL CANTICO DE MARIA

Luc. 1:46-55.

1. **Cántico de alabanza.** "Engrandece mi alma al Señor."

2. **Cántico de alegría.** "Mi espíritu se regocija en Dios."

3. **Cántico Mesiánico.** "Mi Salvador."

4. **Cántico de humildad.** "Ha mirado la bajeza de su sierva."

5. **Cántico de bienaventuranza.** "Me dirán bienaventurada."

6. **Cántico de potencia.** "Me ha hecho grandes cosas el Poderoso."

7. **Cántico de santidad.** "Santo es su nombre."

8. **Cántico de misericordia.** "Su misericordia es de generación en generación."

9. **Cántico de justicia.** "Hizo valentía con su brazo."

10. **Cántico de cumplimiento.** "Como habló a nuestros padres . . ."

204. EL CANTO DE MARIA
Luc. 1:46-55.

El canto de gratitud conocido como el **Magnificat**, es el primer suspiro de la fe, es el primer himno cristiano del evangelio de la gracia. En ese canto María sigue el modelo de Ana, al nacer Samuel, el gran profeta y reformador espiritual de Israel. Su canto es de humilde gratitud, "porque ha mirado la bajeza de su sierva", como sucede con todo aquel que reconoce su condición y la grandeza del dador de i n m e r e c i d o s favores.—**A. Gutiérrez C.**

205. LUGAR PARA JESUS
Luc. 2:7.

La señorita Mildred Cabell cuenta de un hotel singular donde ella respiró una deliciosa atmósfera de paz. Respondiendo a una pregunta, la propietaria, en cuyo rostro se revelaba la más grande amabilidad, dijo: "Cuando tomamos este hotel, acabábamos de dejar a Jesús entrar en nuestro corazón, y cuando inspeccionamos todas las cosas, mi esposo y yo llegamos a la conclusión de que no había lugar para Jesús y al mismo tiempo para muchas otras cosas que los hoteles siempre tienen. Así pues, suprimimos el salón de billares, el salón de baile y el salón de juego, y perdimos muchos clientes. Algunas veces nos sentíamos fuertemente tentados, porque nos parecía que ganaríamos mucho dinero en caso de que no nos apegáramos a estas reglas; pero siempre que esto sucedía caíamos de rodillas y decíamos: 'Señor, en este hotel habrá siempre lugar para ti', y procuraremos obedecer fielmente lo que dices: 'No hay lugar para mí y para esas cosas al mismo tiempo.' "

206. UNA DISPUTA ARREGLADA
1 *Jn.* 5:20.

Dos individuos discutían acaloradamente sobre la divinidad de Cristo, cuando de improviso uno de ellos con toda la firmeza de su voz, dijo: —Si Cristo era divino la Biblia debía decirlo con toda claridad y de una manera explícita.

El otro, aprovechando un momento, le contestó a su contrincante: —¿En qué forma expresarías tú la divinidad de Cristo, para que fuera más cierta?

—Yo diría que Jesucristo es el Dios verdadero.

—No pudiste seleccionar mejor las palabras, pues en Primera de Juan 5:20, hablando sobre Cristo, dice: "Este es el Dios verdadero y la vida eterna." Así terminó satisfactoriamente para ambas partes la disputa entre dos amigos.

207. BUENOS Y MALOS DESEOS
Gál. 4:19.

Pregunté a un estudiante qué era lo que más deseaba tener en la vida, y me contestó: "Libros, salud y quietud." Hice la misma pregunta a un usurero prestamista y me dijo: "Dinero, dinero, y más dinero." A un pobre que encontré le dirigí la misma pregunta, y sin vacilar me dijo: "Pan, pan, pan." Un beodo que iba por la acera donde yo caminaba, al hacerle yo esta pregunta, me dijo: "Un poco más de aguardiente." Luego, dirigiendo mi vista hacia donde estaba una multitud, les pregunté lo mismo, y me contestaron todos: "Riqueza, fama, placeres."

Un tanto desilusionado, porque no me satisfacía ninguna contestación, pregunté a un anciano que tenía fama de muy bueno, qué era lo que más ambicionaba en la vida, y éste contestó con toda ·calma y dulzura: "Primeramente deseo encontrar a Cristo; en segundo lugar, parecerme a Cristo, y en tercer lugar, ser como Cristo."— **Seleccionado.**

---

208. LUTERO DESALENTADO
1 *Rey.* 19:9-18; *Mat.* 14:31; *Mar.* 16:15-18; *Hch.* 9:15; 18:9.

Se refiere de Martín Lutero la siguiente anécdota.

"Una vez estaba yo penosamente intranquilo por mis propios pecados, por la maldad del mundo, y por los peligros que rodeaban a la iglesia. Entonces mi esposa, vestida de luto, se acercó a donde estaba yo, y con gran sorpresa le pregunté quién había muerto. Con sus respuestas tuvimos el diálogo que sigue:

—¿No sabes? ¡Dios en el cielo ha muerto!

—Pero, ¿cómo puedes decir semejante desatino, Catalina? ¿Cómo puede Dios morir? ¡El es inmortal!

—¿Es cierto esto?

—¡Indudablemente! ¿Cómo puedes dudarlo? ¡Tan cierto como que hay Dios en el cielo, es que él nunca morirá!

—Y, entonces ¿por qué estás tan desalentado y abatido?"

Comprendí cuán sabia era mi esposa y dominé mi pesar.—**Exp. Bibl.**

---

209. VALOR MINISTERIAL ANTE EL GOBERNANTE
2 *Sam.* 11; 12; *Jer.* 22:1-4; 36:20-32; 37:11-21; *Mat.* 3:1-12; *Mar.* 2:1-8; *Luc.* 3:2-17; *Hch.* 4:13-20 22:22-30; 23:1-5; 26:24-28.

El Rdo. Pedro Cartwright, valiente evangelista metodista, en los primeros días de la existencia de esta denominación fue invitado a predicar en una de las iglesias de la ciudad de Nashville, Estado de Tennessee, Estados Unidos de Norteamérica. Cuando iba a comenzar su sermón, el pastor de esa iglesia le dijo al oído y en voz muy baja: "Acaba de entrar el señor Andrés Jackson: Tenga cuidado de no decir algo que lo ofenda." (En aquel tiempo el señor Jackson era el Presidente de ese país.) Se dice que el señor Cartwright comenzó su sermón más o menos de esta manera: "Me acaba de decir vuestro pastor que el Presidente señor Andrés Jackson, está en la congregación y que debo tener cuidado con lo que hable yo para no ofenderlo; pero yo digo esto: Si Andrés Jackson no se arrepiente de sus pecados y no cree en el Señor Jesucristo, Dios condenará su alma de la misma manera que condenará la de un negro de Guinea." Se dice que desde aquel día el señor Jackson fue un buen amigo de aquel evangelista.

210. RARA BIBLIA EDITA RUSIA
Apoc. 22:18, 19.

MOSCU, 18 de octubre. (A. F. P.)—Una biblia para "creyentes y no creyentes" acaba de ser editada en la Unión Soviética, con tiro de 150.000 ejemplares. La obra tiene 408 páginas y está redactada en una forma popular "accesible a todos". Constituye en realidad una crítica detallada del Viejo y del Nuevo Testamentos.

Excelsior.

México, D. F.

Dom. 19 Oct. 58.

211. EL AMOR DE DIOS: MISTERIO GLORIOSO
Rom. 9:13.

Un caballero que pensaba que el cristianismo no era más que una colección de problemas difíciles, dijo en cierta ocasión a un anciano ministro: —Es una declaración sumamente extraña: "a Jacob amé, mas a Esaú aborrecí".

—Muy extraña —replicó el ministro—, pero dígame, ¿qué es lo que en ella le parece más extraño? —Oh —replicó—, eso de que aborreció a Esaú.

—Vea usted —respondió el ministro—, cómo son las cosas, y cuán diferentemente estamos constituidos. Lo que a mí me parece más extraño es que haya podido amar a Jacob. No hay misterio más glorioso que el del amor de Dios."

212. HERENCIA PERSONAL
Gál. 2:20d.

La gran dificultad es que la gente lo entiende todo en general, y no lo aplican a sí mismos. Suponed que un hombre viniera y me dijera: —Moody, la semana pasada murió en Europa un hombre que dejó una herencia de cinco millones.

—Bien —le contestaría yo—, no lo dudo; es cosa que ocurre con alguna frecuencia. Y ya no pensaría en ello.

Pero suponed que me dice: —Pero es a usted a quien ha dejado su dinero. —Entonces comienzo a sentirme interesado; presto atención y pregunto: —¿A mí?

—Sí, usted es su heredero. —Entonces quiero se me den todas las explicaciones. Del mismo modo, podemos pensar que Cristo murió por los pecadores; que murió por todos; pero no por alguno en particular. Pero cuando llego a comprender la verdad de que la vida eterna es mía, y que todas las glorias del cielo son mías, entonces es cuando comienzo a sentirme interesado.—**D. L. Moody.**

213. HOGAR FELIZ
Ef. 4:32.

Si un hogar quiere ser feliz, los miembros que lo componen deben observar las siguientes reglas:

1. Ser gentiles y pacientes.

2. Nunca contestar con palabras airadas.
3. Practicar el perdón y el olvido de las pequeñas ofensas.
4. Procurar hacerse simpáticos.
5. Aceitar la maquinaria de las relaciones mutuas en el seno del hogar, con el aceite de la oración.
6. No olvidar establecer y practicar el culto de familia.
7. Evitar la contradicción entre los padres, pues ello tiene que ser de fatales consecuencias.—**Heraldo Cristiano.**—Habana, Cuba.

214. ¡TODO ES NEGOCIO!
Hch. 3:6; Mat. 10:8.

Un grupo de cristianos evangélicos estaba celebrando una reunión al aire libre en el centro de una plaza pública. Unos cuantos centenares de oyentes formaban el auditorio compuesto de adeptos y curiosos entre los cuales había quienes aprobaban lo que se decía y quienes manifestaban su disconformidad. Uno de los del grupo exclamó: "¡Todo es negocio!", y un segundo añadió: "Por la plata baila el mono." Muchos se echaron a reir celebrando la ocurrencia y creyendo que con eso ya deshacían todo lo que el orador afirmaba.

Hay en el mundo hombres de sentimientos tan ruines y mezquinos, que no pueden creer que haya personas que defiendan una causa con sinceridad. Como ellos no abrigan ningún sentimiento altruista, se figuran que todos los que defienden un ideal lo hacen buscando algún interés material. Son seres que viven para el estómago, y, por lo tanto, incapaces de apreciar una obra hecha en bien de la sociedad en general.

Seguramente no era por negocio que los apóstoles de Cristo dejaban todo lo que tenían para lanzarse a la conquista espiritual del mundo, ni fue por negocio que los reformadores del siglo XVI rompieron con la tiranía papal, exponiendo su vida y perdiendo sus bienes, para proclamar de nuevo el Evangelio de Cristo que los curas habían ocultado. No ha sido por negocio que las huestes innumerables de mártires sucumbieron en las arenas de los anfiteatros devorados por las fieras, o quemados vivos en los autos de fe de la Inquisición. Felizmente, en el mundo siempre hubo, y hay, seres capaces de abrigar sentimientos nobles y de luchar desinteresadamente en defensa de la verdad y de la justicia.

215. CONFIANZA EN NUESTRO DIOS VIGILANTE
Sal. 121.

Se cuenta que en cierta ocasión una pobre mujer demandaba del sultán de Turquía una indemnización por la pérdida de su propiedad.

—¿Cómo la perdiste? —se le preguntó.

—Me dormí y los ladrones vinieron y me robaron.

—Pero ¿por qué te dormiste? —le preguntó el sultán.

—Me dormí, porque creí que vos estabais despierto.

Al sultán le agradó aquella respuesta y la confianza que en su gobierno expresaba, y ordenó que se le pagase lo que había perdido.

Se espera que los gobiernos humanos vigilen en interés de sus gobernados; pero multitud de veces fracasan. No así el gobierno de Dios. Jamás duerme.

216. LA SUFICIENCIA DE DIOS
Fil. 4:19.

Iba a mi casa la otra tarde, después de un día de trabajo duro; me sentía cansado y deprimido, cuando repentinamente, como un relámpago, vino a mi mente el versículo: "Bástate mi gracia." Llegué a mi casa, y busqué el texto en original, que dice: "Mi gracia es suficien-

te para ti." "Lo creo, Señor", dije, y no pude menos que
reir de contento. Jamás antes había entendido lo que
significaba la santa risa de Abraham. La incredulidad
me parecía tan absurda. Es como si un pececillo, sintien-
do sed, tuviese temor de que si bebía se secara el Támesis, y el río le dijese: "Bebe, sardinita, mi caudal es suficiente para ti." O como si un ratoncillo en los graneros
de Egipto, después de los siete años de abundancia, te-
miese morir de hambre. José podría decirle: "No temas,
ratoncito, mis graneros son suficientes para ti." Me ima-
ginaba también a un hombre en lo alto de la montaña
pensando dentro de sí: "Respiro tantos más cuantos pies
cúbicos de aire, cada año; temo agotar el oxígeno de la
atmósfera", pero la tierra le diría: "Respira, hombre, y
respira a pulmones llenos; mi atmósfera es suficiente
para ti." ¡Oh, hermanos, sed grandes creyentes! Tal fe
llevará vuestras almas al cielo, y traerá el cielo a vuestras almas.—**Spurgeon.**

---

217. CRISTIANOS NOTABLES POR SU ESPIRITU DE ORACION
Luc. 18:1.

"El Marqués de Renty, para quien Cristo era lo más
precioso, en una ocasión en que se entregaba a
sus devociones, indicó a su criado que lo llamara después
de media hora. Este, al ir a cumplir con la orden que había recibido, vio tal expresión de santidad en el semblan-
te del Marqués que no se atrevió a hablarle. Sus labios se
movían pero no se oía ningún ruido. Esperó hora y media, y cuando lo llamó, el Marqués dijo que el tiempo que
había pasado en comunión con Cristo, le había parecido
muy corto.

El notable misionero Adoniram Judson dijo, refiriéndose a la oración:

Arregla tus negocios, si es posible, de manera que puedas dedicar tranquilamente dos o tres horas del día no simplemente a ejercicios devocionales, sino a la oración secreta y a la comunión con Dios. Esfuérzate siete veces al día por alejarte de las preocupaciones mundanas y de los que te rodean, para elevar tu alma a Dios en tu retiro privado. Empieza el día levantándote a media noche y dedicando algún tiempo en el silencio y la obscuridad a esta obra sagrada. Que el alba te encuentre en esta misma ocupación, y haz otro tanto a las nueve, a las doce, a las tres, a las seis y a las nueve de la noche."

"Ten resolución en su causa. Haz todos los esfuerzos posibles para sostenerla. Considera que tu tiempo es corto y que no debes permitir que otros asuntos y compañías te separen de tu Dios."

Un predicador escocés decía: "Mi deber es pasar las mejores horas en comunión con Dios. No puedo abandonar en un rincón el asunto más noble y provechoso. Empleo en orar las primeras horas de la mañana porque durante ellas no hay ninguna interrupción. No descuido el buen hábito de orar antes de acostarme; pero tengo cuidado de que el sueño no me venza, y cuando despierto en la noche debo levantarme a orar."

---

218. NUESTRAS TRIBULACIONES NO SON LAS MAYORES
Hab. 3:17-19.

E. Stanley Jones narra lo siguiente: "En cierta ocasión regresaba a mi casa después de una larga gira, y naturalmente estaba ansioso por llegar. Pero perdí las conexiones del tren en cinco estaciones, y no pude menos de preguntarme si los ferrocarriles habían preparado una conspiración para impedirme llegar, pues yo no había provocado ninguna de esas dificultades. Recuerdo que en mi perplejidad oraba: "Señor ¿hay algo que quieres enseñarme mediante estas demoras? Te ruego que me lo enseñes y déjame llegar a casa." Por fin, con veinticuatro horas de retraso llegué a la estación de Silapur en el tren de media noche. En esta época del año, febrero, casi nunca llueve; pero precisamente al poner un pie en la estación estalló una terrible tormenta. Tomé un pequeño coche nativo carente de toda protección, y tardamos dos horas en recorrer los tres kilómetros de la estación a mi casa. Estaba calado hasta los huesos y hacía frío. Pero al llegar a la misión vi una luz en el corredor ¡Cuán acogedora parecía! El misionero que habitaba en la casa fue a mi encuentro en cuanto salté del coche, y corrí por la galería, empapado y compadeciéndome por la serie de inconvenientes que culminaban con esta llegada tan poco feliz. Las primeras palabras del misionero fueron: "No he cerrado los ojos en toda la noche." Me detuve y no pude menos de pensar: "Todos los hombres creen que sus tribulaciones son las peores, y muchas veces los obreros del Señor son los más propensos a ello; muchas veces cedemos a tal tentación cuando nos referimos a todas las cargas que gravitan sobre nosotros. Hay que afrontarlo todo con buena voluntad y entereza y recordar que no hay ningún mérito en testificar cuando todo va bien."

═══

219. UN AMIGO QUE DURA
Jn. 14:1.

Una señorita tenía un perro al que quería mucho; pero un día el animal enfermó y al poco tiempo murió.

La muchacha se puso muy triste; se sentía muy sola sin su perro; pero en eso llegó una amiga a quien ella amaba con todo su corazón, y en su compañía se sintió contenta; se consoló de la pérdida del perro que había sido su fiel guardián; pero la amiga contrajo una grave enfermedad que le costó la vida, y la aflicción de la muchacha fue tan grande que no hallaba consuelo.

Para distraerse un poco salía a su jardín donde tenía un rosal muy hermoso, pero para colmo de su tristeza notó que la planta estaba marchita y seca.

Entonces, casi con desesperación lloraba y se quejaba de su triste suerte diciendo: "Nada me dura; se murió mi perro fiel, mi amada amiga se fue al viaje de donde no se vuelve, y ahora mi bello rosal se ha secado."

En una de tantas veces un señor que la oyó quejarse de su mala suerte le dijo: "Señorita, usted no conoce a Jesucristo, un amigo que nunca muere; en su compañía hay placeres que nunca se acaban.

Es verdad que todas las cosas de esta vida son pasajeras; pero las cosas del Señor Jesús duran para siempre."

220. ES CUESTION DE VIDA
Heb. 2:3.

Una persona cuenta lo siguiente: "Durante mis vacaciones estaba yo veraneando en una costa pintoresca cuyas peñas bañan sus pies en el mar, y ofrecen cuevas preciosas en que puede uno disfrutar a sus anchas, al abrigo del calor, las bellezas y el esplendor del Océano.

Cierto día, absorto en la lectura de un libro, había permanecido mucho tiempo a la entrada de una de esas cuevas, sin pensar en el flujo de la marea que iba subiendo. De repente noté que era preciso no sólo dejar el lugar, sino irme corriendo para librarme de un baño forzoso, y tal vez de ser pasto de los peces. Las puntas diseminadas de la roca iban desapareciendo. El agua subía rápidamente y pronto todo estaría cubierto hasta el pie de la larga pared perpendicular de roca, por la cual era imposible trepar. No había que perder un momento y sin vacilar partí como una saeta. Pero acordándome de que mi libro había quedado en la cueva hice alto para volver atrás, cuando llegó a mis oídos este grito: "Corra usted **¡por su vida!** No hay un instante que perder." Obedecí, y dejando mi tesoro corrí otra vez para salvarme. La lucha contra las olas y la arena inundada empezaba. El viento soplaba también y me daba con fuerza en el rostro. Mi sombrero se escapaba; maquinalmente traté de asegurarlo en mi cabeza. La misma voz exclamó: "¡Déjelo todo! **No piense sino en salvar su vida."** Lo abandoné al viento... Mis botas se iban llenando de agua; se hicieron tan pesadas que me arrastraba en lugar de saltar. Mis fuerzas se iban agotando. Más estridente oí la voz: "¡Déjelas; quíteselas!" Logré quitármelas, y poniéndomelas bajo el brazo eché a correr." ¡No! ¡Tírelas! **Es cuestión de vida."** Las dejé caer y seguí. Los guijarros me laceraban los pies y me manaba la sangre; sentí que no resistiría mucho y grité: "¿Qué haré?" "Ya voy", dijo la misma voz, y un brazo robusto cogió el mío. El amigo desconocido me ayudó y juntos subimos la roca. Pronto me hallé en lo alto del peñasco respirando con fuerza y considerando el tremendo peligro del que acababa de salvarme; esto me hizo pensar en el peligro de la condenación divina a que están expuestas nuestras almas. ¿Qué es menester hacer para salvarse? Creer en Cristo y confiar en Dios.

_____

221. PAGAR EL MAL CON EL BIEN
Rom. 5:8.

Una familia misionera fue asaltada en China durante los llamados "tumultos vegetarianos", y los padres y tres hijos fueron muertos. Los cuatro niños restantes pudieron escapar después de haber visto asesinados a sus seres queridos. Se encontraron nuevamente y decidieron que su venganza sería ésta: se irían todos y obtendrían la mejor preparación posible, y luego volverían a China para dar su vida en servicio a ese país que tan injusto había sido con el resto de su familia.

Las hijas de una mujer viuda que vivía en Australia fueron asesinadas en la misma ocasión que las cinco personas antes mencionadas. Cuando llegó la noticia a la madre, su respuesta fue que como no tenía otras hijas que dar, se daría a sí misma. Así, a los setenta y dos años de edad, vendió cuanto tenía, fue al lugar donde sus hijas habían muerto, aprendió la lengua del país, estableció una escuela, dio veinte años de servicio, y cuando murió fue enterrada junto a sus hijas. Estos cinco sobrevivientes de esa desgracia tan cruel e injusta, no se dejaron vencer por su dolor, lo utilizaron y lo hicieron servir. En lugar de dejarse arrastrar por la rueda del carro de las circunstancias crueles, subieron sobre el carro y lo dirigieron a un destino glorioso. (J. S. J.)

222. EL NEGRO INGLES

1 *Ped.* 2:9, 10.

A un predicador que iba viajando de Dieppe a Londres, le tocó sentarse al lado de un hombre de color, extrañamente vestido con un traje indígena. Deseando saber a qué país pertenecía, le preguntó varias veces por su nacionalidad, recibiendo siempre la misma respuesta: "Ciudadano británico." Aunque no lo era de origen, como bien claramente lo revelaba su persona, lo era de derecho.

Vendrá tiempo cuando no habrá diferencia entre cualquier redimido y el más glorioso de los ángeles de Dios. Lo mísero de nuestra condición natural servirá tan sólo para realzar la misericordia de Dios que quiso, a pesar de todo, hacernos ciudadanos distinguidos del Reino de los Cielos.

223. ¿COMO PUEDEN LAS IGLESIAS CRISTIANAS PROMOVER LA PAZ?
Rom. 12:18.

Al mismo tiempo que de la oración, hay que depender de la educación, enseñando a los niños que no sólo deben amar a su país, sino también a los demás países del mundo; "hay que infundirles el entusiasmo de hacer tan grande su nación, que todos los demás la amen en vez de temerla y aprendan de ella la generosidad y la cortesía hacia las naciones más débiles". Esta labor debe empezar con los niños pequeños y seguir con los jóvenes y con todos; así se hará ambiente contra la guerra y en favor de la paz.

224. COMO ASISTIO CRISTO A LA IGLESIA
Apoc. 2:20.

Hace algún tiempo que leí lo siguiente: Un sábado por la noche el pastor de una iglesia estaba preparando su sermón para el domingo por la mañana. El cansancio lo rindió y se quedó dormido. Soñó que estaba ya ante su auditorio predicando en el templo. Cuando había leído la cita que le iba a servir de base para el sermón, notó que había entrado una persona nueva; su rostro revelaba cierta tristeza; sus ojos eran de una mirada dulce pero al mismo tiempo muy penetrante.

El auditorio estaba lleno, y el desconocido no encontraba asiento y nadie se movió a ofrecerle un lugar; al fin encontró un rinconcito y se sentó a oir la predicación; el predicador no pudo separar su vista de aquel oyente. Cuando terminó el culto, se bajó prestamente del púlpito para ir a saludar al visitante; pero no lo alcanzó; preguntando si alguien lo conocía, y le dijeron: "Fue Cristo quien asistió a la iglesia." En esto despertó muy impresionado y se preguntó a sí mismo: Si Cristo viniera en persona a mi iglesia, ¿aprobaría lo que estoy haciendo y lo que hace mi congregación? Y desde ese momento se propuso ser más fiel obrero del Señor. Queridos hermanos: ¿Estará Cristo en nuestra iglesia? Si nos mandara un mensaje ¿qué clase de mensaje sería?

---

225. EL MARTIRIO DE POTIN
2 *Tim.* 2:12.

Potín era un anciano de una iglesia y hombre de edad muy avanzada.

Los enemigos se apoderaron de él cuando dirigía la iglesia de Liján en calidad de obispo o pastor. Tenía más de ochenta años y se encontraba enfermo; como apenas podía sostenerse y respirar a causa de sus enfermedades, aunque la proximidad del martirio le daba nuevas fuerzas, se vieron obligados a llevarlo al tribunal. La enfermedad y la edad ya habían deshecho su cuerpo; pero su alma quedaba erguida para servir al triunfo de Jesucristo. Mientras los soldados lo conducían, era seguido por otros soldados de la ciudad y de todo el pueblo que daba voces contra él, como si hubiera sido el mismo Cristo.

Pero nada pudo abatir al anciano, ni impedirle confesar lealmente su fe.

Interrogado por el gobernador acerca de quién era el Dios de los cristianos, le contestó que si fuera digno, lo conocería.

En seguida fue bárbaramente golpeado sin que tuvieran ninguna consideración a su avanzada edad.

Los que estaban cerca lo herían a puñetazos y a puntapiés; los que estaban lejos le tiraban la primera cosa que hallaban.

Todos se habrían creído culpables de un gran crimen, si aquella crueldad no hubiera tenido por objeto vengar el honor de los dioses.

Apenas respiraba cuando fue llevado a la prisión, donde entregó su alma dos días después. **La Marcha del Cristianismo.**

> "No te dé temor sufrir por Cristo,
> Los reproches o el dolor;
> Sufre con amor tus pruebas todas
> Cual sufrió tu Salvador.
> No te dé temor morir por Cristo,
> Vía, verdad y vida es él;
> El te llevará con su ternura,
> A su célico vergel."

―――――

226. EL JINETE PERDIDO

Isa. 55:6.

Al oir cierto hombre que habían sido descubiertos unos ricos depósitos de oro en una serranía lejana, juntó sus pocas posesiones, consiguió un buen caballo y emprendió un largo viaje por lugares desconocidos, en busca de fortuna. Después de dos días de camino llegó a un tramo donde tenía que atravesar un desierto. Era una mañana hermosa, despejada y fresca, y emprendió esta jornada con muy buen ánimo; pero al acercarse el medio día, el cielo se cubrió de nubes grises y a poco empezaron a caer ligeros copos de nieve; poco a poco empezó a caer más y más nieve y la tarde se iba oscureciendo rápidamente. De repente el jinete hizo un descubrimiento terrible: ¡Su caballo se había extraviado! Este acontecimiento lo hizo pensar en la muerte. ¿Encontraría alguno su cuerpo? ¿Cómo sería recibida la noticia de su muerte por sus familiares? Sus pensamientos no se detuvieron allí; trató de penetrar el velo del más allá. Ante su vista se presentaba la eternidad: a un lado veía el cielo y al otro lado podía ver el infierno. El Hijo de Dios a quien toda su vida había despreciado, era su juez. Por su mente pasaron todas sus acciones y se preguntó a sí mismo cuál sería el fallo del juez. ¿Iría al cielo? El bien sabía que no era digno de tal cosa. Entonces, ¿a dónde? Había desechado la invitación de misericordia que el Señor Jesús hace al pecador y por eso le aguardaba el infierno. No había alternativa. Mientras así pensaba dejó de nevar, pero se intensificó el frío. Sentía ya el jinete el sueño fatal que amenaza a los que están en peligro de morir helados.

Entonces cayó de rodillas, y le pidió a Dios que le prolongara la vida para servirle; en ese momento se rindió a Cristo y fue fiel por todos los días que Dios le concedió después de esa dura experiencia.

---

227. SIN ARREPENTIMIENTO COMPLETO NO ENCONTRARIA PAZ

Sal. 51:17.

Guillermo Dawson refirió en cierta ocasión esta historia para ilustrar cuán humilde debe mostrarse el alma antes de que pueda hallar la paz. Dijo que en unos cultos de avivamiento, un jovencito que estaba acostumbrado a las peculiaridades de los metodistas, dijo a su madre al volver de uno de los cultos: —Madre, don Fulano de Tal está arrepentido y buscando la paz con Dios; pero no la encontrará esta noche. Y preguntó la madre: —¿Por qué dices eso, hijo?

—Porque sólo tenía doblada una rodilla, madre; y no hallará la paz mientras no doble las dos.

Y en verdad, mientras la convicción de pecado no nos humille por completo, y hasta que perdamos toda confianza en nosotros mismos no podremos hallar al Salvador.

228. AUMENTO EL PESO, Y NO PUDIERON LEVANTARLO

Gén. 6:3.

Un famoso hombre de ciencia refiere que en el curso de sus experimentos en las montañas, era con frecuencia bajado a grandes precipicios. Se metía en un cesto, y sus sirvientes lo bajaban con cuidado valiéndose de una cuerda, no sin haber probado anticipadamente si tenían bastante fuerza para levantarlo de nuevo. Un día tuvo que descender a una profundidad mayor que nunca antes, y hubo necesidad de emplear toda la cuerda Cuando terminó su trabajo, y dio la señal para que lo alzasen, los criados cogieron la cuerda, pero a pesar de todos sus esfuerzos no pudieron levantarlo, y hubo necesidad de esperar a que otras personas a las que fueron a llamar, viniesen a ayudarlo.

La causa era que no habían tomado en consideración el peso de la cuerda, que se añadía al del hombre.

De igual manera, un hombre de cincuenta años tiene gran dificultad para rendirse a Cristo, pues tiene que levantar el peso de sus anteriores negativas. Decís "no" y vuestro corazón se endurece, y se hace más obstinada vuestra voluntad, y si por fin os perdéis, la culpa no será de Dios.—**Chapman.**

---

229. DEFRAUDANDO A DIOS
Ecl. 12:1.

Un caballo se escapó de la cuadra una mañana, y no volvió sino hasta por la noche. Cuando el amo lo reprendió, el caballo replicó: —Pero al cabo he vuelto sano y salvo, y usted tiene aquí su caballo. —Es verdad —contestó el amo—, pero mi campo no ha sido arado. Así también, si un hombre se convierte en edad avanzada, Dios tiene al hombre, pero en su obra habrá sido defraudado por el hombre. Y el hombre se habrá defraudado a sí mismo.—**S. S. Chronicle.**

═══

230. INDIFERENCIA
Gén. 19:17.

No hace mucho que una familia entera pereció en un incendio en su propia casa. No fueron consumidos por las llamas, sino sofocados por el humo. No se vio llama alguna, ni ninguna otra señal alarmante podía observarse desde la calle; pero esto no obstante, la muerte hizo presa de todos ellos, tan ciertamente como si hubieran sido convertidos en cenizas.

Así es de fatal el pecado en sus consecuencias; pocos son destruidos por sus formas manifiestas y repugnantes o en sus llamas infernales, pero hay multitudes que perecen sofocadas por el humo de la indiferencia y por el adormecimiento espiritual.—**J. N. Norton.**

═══

231. BUSCANDO A SU PADRE.
BUSCANDO A SU HIJO
Luc. 15:20.

Un día un caballero se encontró en una calle de una gran ciudad a un muchachito que veía a todos lados como en busca de alguien, y al parecer muy asustado. Acercándose el caballero a él le preguntó qué le ocurría; el niño le dijo que andaba en busca de su padre que se le había perdido. —¿Es tu papá un señor de tales y tales señas?

—Sí, señor —respondió el niño.

—Entonces no tengas cuidado, acabo de encontrarlo en la calle próxima y también él te anda buscando; no tardarás en encontrarlo; tú lo buscas y él te busca y tendrán que hallarse." —Así Dios busca al pecador, y si éste también busca a Dios, sin duda lo hallará.

232. VALIENTES O MIEDOSOS, SEGUN EL CASO
Apoc. 6:16, 17.

El burgomaestre Guericke construyó un barómetro gigantesco con un tubo de treinta pies de altura, parte del cual sobresalía por encima de su casa en Magdeburgo. El índice del barómetro era la figura de un hombre que en tiempo bueno, aparecía sobre el techo; pero cuando se avecinaba una tormenta, se metía cuidadosamente en la casa en busca de seguridad y abrigo. ¡Tipo de tantos religiosos y políticos! Cuando el sol brilla y la brisa acaricia suavemente el paisaje, ¡cuán erguidos y valientes parecen! Pero apenas se juntan las nubes, y se deja oir el trueno, ¡cómo desaparecen sus cabezas!

233. FE Y TEMOR
Heb. 11:6

En la galería de arte de Manchester puede verse un famoso cuadro de Briton Riviere, intitulado "In Manus Tuas, Domine", acerca del cual el artista dijo: "Si mi cuadro no lleva una lección para la época presente, sean cuales fueren nuestras dudas y temores, diré que he fracasado." El cuadro habla del triunfo de la fe. Representa a un joven caballero revestido de su armadura, montado en un caballo blanco, cuya cabeza inclinada, nariz temblorosa y miembros trémulos denotan un intenso terror. Al pie del cuadro se ven tres perros de caza que también miran con terror hacia adelante, donde se extiende el desierto con sus peligros y terrores desconocidos. El caballero siente temor como los brutos que lo acompañan; pero hay en él algo que lo eleva sobre ellos y sobre su miedo: es la fe. Levantando su espada, dice: "En tus manos, Señor", y prosigue su camino. Por la fe domina su temor, y dice: "Aunque ande en valle de sombra de muerte, no temeré ningún mal."—**J. Burns.**

234. EFECTOS DEL ALCOHOL

Prov. 23:29-35

Un eminente político sustentó una plática de temperancia en la Primera Iglesia Bautista de esta ciudad, El Paso, Texas, y demostró con hechos que la mayoría de los criminales son víctimas del alcohol. Para mostrar el efecto mortífero que este enemigo del hombre hace en su organismo, llenó un vaso de alcohol puro y luego vació un huevo. ¿Sabes qué sucedió? A los cuatro minutos el huevo estaba bien cocido. Otro oficial de la ciudad informó que una comisión había investigado las causas de la delincuencia juvenil en esta misma ciudad, y que descubrieron que el 85 por ciento de las ofensas contra la ley fueron ocasionadas por el uso de bebidas alcohólicas o de drogas narcóticas.

―――

235. AMIGOS EN LA ADVERSIDAD Y EN LA VICTORIA

1 Sam. 18:1-4; 19:1-7; 20:24-42; 23:15-18.

Es célebre la amistad que ligaba a los dos guerreros griegos Pelópidas y Epaminondas. Tanta era, que en la batalla de Mantinea unieron sus escudos para poder pelear juntos y ayudarse mutuamente. Lucharon así durante algún tiempo y estuvieron derrotando a sus enemigos, hasta que Pelópidas cayó herido y, derramando mucha sangre por las heridas, estaba a punto de morir. Entonces Epaminondas decidió seguir peleando al lado del cuerpo de Pelópidas, aunque él mismo tuviera que morir junto a su amigo, de quien creyó que moriría en ese lugar. Epaminondas, también herido gravemente, permaneció luchando allí hasta que llegaron otros compatriotas que rescataron a los dos amigos moribundos. Desde aquel día esa amistad llegó a ser proverbial. Después fueron ascendidos a generales del ejército Tebano, con igual autoridad, y nunca existió ninguna rivalidad ni envidia entre ellos.—**Adaptado.**

===

236. LA MEJOR CAUSA

Apoc. 2:10.

El más grande héroe filipino de la segunda guerra mundial fue un civil llamado José Abat Santos, presidente del Supremo Tribunal de Justicia de las Filipinas. Su historia es interesante:

Santos fue educado en los Estados Unidos donde recibió gran influencia cristiana. Después de sus estudios en la Universidad de Harvard, volvió a su país, donde lo colocaron en uno de los puestos más elevados de la magistratura. Fue también vicepresidente de la Asociación Cristiana de Jóvenes.

Cuando los japoneses tomaron Corregidor, aprehendieron a Santos, dándole oportunidad de escoger: Cooperar con los nipones renunciando a los principios cristianos o enfrentarse a la muerte. Santos no vaciló: escogió la muerte. Antes de morir dijo a su hijo que lloraba: "No llores, hijo mío, es un privilegio que hoy es concedido a pocos hombres, morir por una causa como ésta."

Su causa era Cristo y la democracia cristiana. Su influencia fue tan grande que su pueblo llegó a solidarizarse con los aliados en la lucha contra el paganismo japonés.

===

237. VENENOS

Hay venenos que poseen apariencia engañosa, pues su aspecto que es aparentemente agradable, atrae numerosas víctimas. Tenemos por ejemplo el caso de una planta llamada "alojetón" que se encuentra en los pequeños desiertos. Además de ser atractiva a la vista se le puede extraer agua. Al ganado le gusta mucho esa planta, y le ocasiona la muerte segura. Para ilustrar este hecho se recuerda un caso pasado con un estanciero norteamericano.

John Ward, de Idaho, dirigiéndose al campo para ver su rebaño, se encontró con un cuadro desolador: Ochocientas setenta y seis de sus ovejas habían muerto, víctimas del terrible "alojetón". Centenares todavía estaban vivas, pero estaban tambaleantes y a punto de morir. Un veterinario de la localidad dijo que nada podría hacer, pues no había antídotos para el "alojetón".

Este hecho nos recuerda la advertencia del sabio Salomón: "No mires al vino cuando rojea, cuando resplandece su color en la copa, se entra suavemente; mas al fin como serpiente morderá y como áspid dará dolor." (Proverbios 23:31, 32).

---

238. "SANTIFICADO SEA TU NOMBRE"
Exodo 20:7.

Voltaire se dio cuenta de que el doctor Samuel Clarke siempre pronunciaba el nombre "Dios" con un aire de contemplación y de respeto. Confesó la impresión tan extraordinaria que esto le produjo, y le preguntó: —¿Por qué usted siempre menciona con tanta reverencia el nombre de la Divinidad?

—Insensiblemente me he acostumbrado a hacerlo así a causa de mi larga amistad con Newton, respondió seriamente Samuel Clarke.

Entonces Voltaire agregó: —Esta costumbre, en verdad, es una que todos los hombres deben tener.

La conclusión de Voltaire era, y es, correcta. Si creemos en Dios y en lo sagrado de la religión debemos tratarlo con reverencia.—**Exp. Bíbl.**

239. AL CRITICO DE ALEJANDRO EL GRANDE
Gál. 6:12.

Un soldado persa se ocupaba en denigrar al jefe supremo de sus enemigos: a Alejandro el Grande. Un capitán que lo oyó, lo amonestó: "Soldado: Se te está pagando para que luches noblemente contra Alejandro; no para que lo denigres."

Cuando alguno venga a contarnos los defectos de otro hermano, digámosle: "Hermano: tú estás salvo de tales defectos para que luches noblemente en oración y con simpatía cristiana, no contra tu hermano, sino contra sus defectos."—**Dic. de Anéc. e Ilust. Bíbls.**

240. DOS CLASES DE CONSEJEROS

Desde luego reconocemos que Jetro fue un buen consejero de Moisés, y que Moisés, como gobernante, procedió sabiamente al aceptar y poner en práctica los buenos consejos de Jetro. Jetro insistió en que Moisés pidiera la aprobación de Dios para poner en práctica esos consejos.

El caso de Roboam no es igual al anterior. Roboam tuvo problemas como gobernante. También tuvo buenos consejeros, les pidió su consejo, se lo dieron, no les hizo caso, los despreció, los consideró como consejeros malos. Tampoco pidió a Dios su consejo. Al no poner en práctica los buenos consejos de sus buenos consejeros, se arruinó en lo personal. Asimismo, Roboam tuvo malos consejeros, les pidió su consejo, se lo dieron, a los consejeros los consideró buenos, aceptó como buenos esos consejos y los puso en práctica; pero no pidió a Dios su consejo, y se arruinó en lo personal. Lo peor es que arruinó al Reino de Israel: hizo que se dividiera. (1 Reyes 12).

Es indispensable que los gobernantes tengan sabiduría para proceder en todo: hasta para elegir sus consejeros, y para aceptar y poner en práctica los buenos consejos. Véase Santiago 1:5.

241. COMO LLEGO MARTIN LUTERO A SER REFORMADOR
2 *Tim.* 3:16, 17.

Un día, cuando Martín Lutero era estudiante, estaba en la biblioteca de su universidad buscando algunos libros, cuando tropezó con un extraño volumen que le llamó mucho la atención. Era un ejemplar de la Biblia en Latín. Grande fue su asombro, porque siempre había creído que los fragmentos de la Biblia que se leen en los cultos de la iglesia a la cual él pertenecía, eran la Palabra de Dios completa. Su interés por este libro fue tan grande, que dijo que deseaba por sobre todas las riquezas, una Biblia. Poco después entró en un monasterio de frailes agustinos y el Vicario General le regaló una Biblia que estudió con gran cuidado. Este estudio le facilitó el camino para su propia iluminación espiritual y para el gran trabajo de reformación que él emprendió. Esto demuestra el efecto que produce la lectura de la Palabra de Dios en el corazón de los hombres.

242. REGRESO A LA RELIGION
Isa. 55:7.

La guerra mundial hizo que una multitud de jóvenes tornara a la religión. Un soldado dijo al Deán de Manchester: "Algún tiempo antes de la guerra, acostumbraba ir a la iglesia; pero le diré a usted, señor, lo que pasa ahora: aquí en las trincheras, tornamos a la religión con una bomba."

243. "¿A DONDE DEBO ENTRAR?"
2 *Tim.* 2:15.

En una de las grandes batallas de la Guerra Civil, en Estados Unidos de N. A., un recluta que había perdido su compañía durante una gran confusión, se aproximó tímidamente al general Sheridan y le preguntó que a dónde debía entrar. —¿Entrar? —rugió el general con una voz de trueno tan terrible que aterrorizó al ya asustado recluta, más que todo el cañoneo y el estruendo de los mosquetes—, entra a dondequieras; se está combatiendo en toda la línea.

Cualquiera vida resplandecerá de belleza, y se levantará en grandeza si en todo servimos conscientemente al Señor.—**Ian Maclaren.**

===

244. SABIOS METODOS DE REFORMA
Stg. 4:7.

El mejor método de combatir el mal, es atacarlo en su propio terreno y con sus propias armas. El modo, por ejemplo de combatir la intemperancia, es hacer la vida sobria, hermosa y llena de interés.—**H. Van Dyke.**

===

245. NO SOLAMENTE LISTO A SUFRIR POR CRISTO, SINO A MORIR POR EL
Mat. 16:24, 25.

En Munich, en 1527, Jorge Wagner fue puesto en la prisión por causa de su religión, y se usaron con él todos los medios para hacer que se retractara. Cuando estaba en el camino al patíbulo, la procesión se paró delante del Palacio para escuchar la lectura de sus herejías, y uno de los teólogos le preguntó: —Jorge, ¿no tiene miedo de morir? ¿No le producirá gozo volver con su esposa y sus niños? El replicó: —¿A quién prefiero más bien ir? —¡Retráctese y podrá volver a ellos! —gritó imperativamente su interlocutor.

Antes de llegar a la hoguera, se encontró con su esposa y sus niños, quienes le rogaron que se retractara y volviera con ellos; pero él contestó: —Mi familia es tan preciosa para mí que todas las riquezas del Duque no podrían comprarla; pero de ella me separo por el profundo amor que tengo a Dios.

El teólogo le preguntó: —¿Verdaderamente cree en Dios tan profundamente como ha dicho? —Sería muy difícil ir a una muerte tan terrible si no tuviera esta fe.

Un sacerdote ofreció decir misa por él después de su muerte, y Jorge replicó: —Orad por mí ahora: que Dios me dé paciencia, humildad y fe, porque después de la muerte no necesito oraciones.—**C. L. Neal.**

246. ALGUNOS DUDARON
2 *Cor.* 5:7.

Estando sentado recientemente en una sala pública en Birghton, en donde un escéptico estaba arengando a los presentes acerca de los absurdos del cristianismo, no pude menos que complacerme viendo la facilidad con que su orgulloso razonamiento se puso en vergüenza. Citó el escarnecedor estos pasajes: "Yo y mi Padre somos uno"; "yo en ellos y tú en mí"; y agregó: "hay tres personas en un Dios". No encontrando a sus oyentes dispuestos a aplaudir su blasfemia, se volvió a un caballero y, con una blasfemia, le dijo:

—¿Cree usted semejantes paparruchas?

El caballero respondió:

—Dígame usted cómo arde esa vela.

—¡Vaya! pues la estearina, el algodón y el aire atmosférico producen la luz.

—Entonces todos ellos constituyen una luz, ¿no es así?

—Sí.

—¿Me dirá usted cómo están los unos en los otros, y sin embargo no son sino una luz?

—El incrédulo se quedó en silencio por un momento, y después rápidamente dijo:

—No, no puedo.

—Pero, ¿lo cree usted?

El interpelado no pudo decir que no. Los oyentes hicieron en el acto la aplicación riéndose de su tontería, y luego cambió la conversación.

Esto debe recordar a los jóvenes inexpertos, que si ellos creen sólo lo que pueden explicar, sus sentidos no les sirven de nada, porque están rodeados de las maravillosas obras de Dios cuyos caminos son inescrutables.— **Copiado.**

---

247. LA NIÑA Y SU CARGA

Romanos 15:1, 2.

Cierta amable señora, yendo de paseo, topó de pronto con una niña que en sus brazos llevaba a un pequeñuelo, tan gordito, que la señora pensó: "Debe pesar más que ella." Se acercó amablemente, y le dijo:

—Hija mía, ¿no te parece que este niño es demasiado pesado para ti?

Y la pequeña, sonriendo feliz, le contestó:

—¡Oh, no, señora! ¿No ve usted que es mi hermanito?

Hermanos: ¿Sobrellevamos así, las cargas de nuestros hermanos más débiles, y cumplimos la ley cristiana, como nos amonesta el apóstol?—**Dic. Anéc. Ilustr. Bíblicas.**

---

248. DE HIJO A PADRE, Y DE PADRE A HIJO

1 *Tim.* 3:4 y *Ef.* 6:1-4.

En cierta familia era costumbre hacer el culto familiar alrededor de la mesa del desayuno. Una mañana, con el Nuevo Testamento abierto, el padre buscó el capítulo seis de Efesios. Esa mañana todo parecía propicio para reforzar su autoridad paterna, pues leyó el conocido versículo: "Hijos, obedeced a vuestros padres en el Señor." El hijo, de dieciséis años, estaba al otro lado de la mesa; y el padre, considerando la oportunidad demasiado buena para perderla, dijo: "Hijo, este es un buen texto; escúchalo otra vez: "Hijos, obedeced a vuestros padres en el Señor." Y prosiguió la lectura cayendo ingenuamente en el versículo siguiente: "Y vosotros, padres, no provoquéis a ira a vuestros hijos." Entonces el muchacho de dieciséis años, sin pestañear ni sonreirse, dijo: "Papá, ese es un buen texto; léelo otra vez." — **Copiado.**

---

249. UNA IGLESIA AGONIZANTE
2 Cor. 9:6-8.

Se relata la historia de un pintor a quien se le pidió que hiciera un cuadro que representara una iglesia agonizante. Entonces él en lugar de pintar en el lienzo unas ruinas desteñidas, dibujó un edificio moderno, con todo el esplendor de su grandeza. Las puertas estaban abiertas de par en par y en el fondo se podía ver un púlpito hermoso y ricamente labrado, el magnífico órgano, y las hermosas persianas de colores por las que entraban rayos de bella palidez, produciendo una condición propicia para el recogimiento. A la entrada de una de las puertas, que estaba sostenida por unos pilares de arquitectura gótica, estaba colocada una caja adornada con relucientes joyas, para las ofrendas de los aristócratas que allí asistían. Sobre la caja había un letrero que decía: "Ofrendas para Misiones Extranjeras"; pero en la abertura por donde habían de entrar las monedas se veía una telaraña que cubría no sólo la abertura, sino casi toda la caja y parte del letrero.

Los miembros de alguna iglesia que dejan criar telarañas en las cajas que se destinan para ofrendas de misiones, jamás experimentarán toda la riqueza y sensación de dulzura espiritual.—**El Expositor Bíblico.**

———

250. EL PREDICADOR FIEL
2 Cor. 2:2, 3.

—¿Cómo puede lograr tanto progreso en su iglesia? —preguntaron a un famoso pastor de Boston.

He aquí la respuesta:

—Porque yo predico dos veces a la iglesia cada domingo, y sus cuatrocientos miembros predican un sermón en el mundo cada día.—**Dic. Anéc. Ilust. Bíbl.**

———

251. LA IGLESIA FRIA
Apoc. 3:15, 16.

Un día Roberto Burns, el poeta nacional escocés, de paso por una ciudad extranjera, sintiéndose solo, buscó la compañía de sus hermanos en la fe y entró en un templo. Pero siguió sintiéndose solo, ya que nadie le demostraba simpatía alguna.

Antes de partir, escribió, en la primera página en blanco de un himnario, el siguiente cuarteto:

Un viento helado sopla en este templo.
Una simpatía más fría me heló.
Un pastor de hielo su palabra ha dado...
¡Ni aunque todo hirviese, volvería yo!
—**Dic. Anéc. Ilust. Bíb.**

———

252. PREDICACION EFECTIVA
Jn. 4:28, 29.

Recientemente leí en un periódico acerca de un predicador que pronunció unos sermones directamente para el bien de un ateo que estaba asistiendo a sus servicios.

Poco después de la predicación de estos sermones, el ateo fue convertido y manifestó ante la iglesia que había aceptado a Cristo como su Salvador. El ministro le preguntó: "¿Cuál de mis sermones le quitó sus dudas?" Su respuesta fue clara: "Oh, no fueron sus sermones los que me decidieron. Lo que me hizo pensar fue una mujer pobre que salía del templo al mismo tiempo que yo y en los escalones tropezó e iba a caerse cuando extendí mi mano para ayudarla, me dio las gracias y, mirándome a la cara, me preguntó: 'Señor, ¿ama usted a nuestro bendito Salvador?' Esta pregunta me hizo reflexionar y ahora puedo decir que amo a Jesucristo."—**A. Maclaren, D. D.**

253. INSTA A TIEMPO Y FUERA DE TIEMPO
2 Tim. 4:2.

Se dice que al principio de la Primera Guerra Mundial, un clérigo de la Iglesia de Inglaterra compareció ante Guillermo Taylor, obispo, y capellán general del ejército británico, para pedir colocación como capellán. Se dice que el obispo Taylor lo miró intensamente por un momento y sacando su reloj de bolsillo le dijo: "Imagínese que yo soy un soldado moribundo, que sólo tengo tres minutos de vida, ¿qué tiene que decirme?"

El clérigo quedó confundido y no dijo nada.

Entonces el obispo le dijo: "Ahora tengo dos minutos de vida, ¿qué puede decirme para el bien de mi alma?" Aun con esto, el clérigo permaneció callado. Entonces el obispo volvió a decirle: "sólo tengo un minuto de vida, ¿me dirá algo?" Entonces el clérigo sacó su libro de oración, pero el obispo le dijo: "No saque ese libro, pues no es oportuno para esta ocasión." Y puesto que el clérigo no pudo decirle nada al soldado moribundo, fracasó en su deseo de ser capellán del ejército.—**J. Wilbur Chapman.**

254. DAD A DIOS LOOR
Sal. 148:13.

Después de la batalla de Agincourt, que fue ganada por Enrique V, se dice que este rey estaba pensando que esta victoria traería grandes honores a él y a sus soldados, y queriendo reconocer la providencia divina en ella, ordenó al capellán que diera lectura a un salmo de David; cuando el capellán leyó las palabras: "No a nosotros, oh Jehová, no a nosotros, sino a tu nombre da gloria" (Sal. 115:1), el rey bajó de su caballo e hizo lo mismo la caballería y todos a un tiempo, desde el rey hasta el último soldado, se postraron tocando sus rostros en el suelo.

¡Oh!, ante la historia del amor del Salvador y su obra libertadora, ¿no nos postraremos delante de él esta noche? Todas las huestes celestiales y terrenales claman: "No a nosotros, oh Jehová, no a nosotros, sino a tu nombre da gloria."—**Talmadge.**

―――――――――

255. UNA PALA CRISTIANA
Mat. 5:16.

Cierto individuo entró a una ferretería con objeto de comprar una pala. El dependiente le enseñó una y nuestro amigo, colocándola en el suelo, se paró sobre ella al mismo tiempo que preguntaba: —¿Es esta una buena clase de pala? —Mi amigo —le contestó el dependiente—, evidentemente usted no sabe nada de palas. Esta está hecha por Jorge Griffith. Griffith es un buen cristiano y sus palas son cristianas y usted puede estar completamente seguro de que todo lo que vea con ese nombre es de buena clase.

Así como en esta pala, podemos poner el cristianismo en todas nuestras obras y todas nuestras palabras.

256. NORMAS DE UNA IGLESIA NEOTESTAMENTARIA
Hch. 2:43-47.

He aquí un resumen de las leyes de Cristo sobre este asunto, que requieren un conocimiento práctico:

1. La unidad, suficiencia y única autoridad de las Escrituras como regla de doctrina y forma de gobierno;

2. Evidencia ostensible de regeneración y conversión como requisito para ser miembro de la iglesia;

3. La inmersión únicamente como contestación al mandamiento de Cristo de ser bautizados y a la significación simbólica de la ordenanza;

4. El orden de las ordenanzas: el bautismo y la cena del Señor, como de institución divina, así como las ordenanzas mismas;

5. El derecho que cada miembro de la iglesia tiene de votar en el gobierno y disciplina de ésta;

6. Cada iglesia, aunque mantiene compañerismo con otras iglesias, es responsable únicamente ante el Señor Jesucristo; y

7. La libertad de conciencia individual, y la total independencia entre la iglesia y el estado.—**A. H. Strong.**

257. UNIDOS EN CRISTO
Ef. 5:19.

Un hindú y un neozelandés se encontraron en un buque misionero. Ambos habían sido convertidos del paganismo. Eran hermanos en Jesús; pero no podían hablarse porque ninguno conocía el idioma del otro. Entonces señalaron sus Biblias, y se estrecharon la mano. De pronto, una idea feliz pasó por la mente del hindú, quien con voz llena de gozo, exclamó: "¡Aleluya! El otro rápidamente contestó: "¡Amén!" Habían podido hasta hablarse, usando del lenguaje celestial.

258. UNION VOLUNTARIA
Rom. 12:16.

Un matrimonio discutía. La esposa, quien quería que el marido la obedeciese, le dijo: "¡Vergüenza habría de darte ver a nuestro perro y a nuestro gato siempre tan unidos!" A lo que él contestó: "¿Sí? A ver... prueba a unirlos con una cuerda y verás lo que pasa." La unión debe ser por convicción, no por vencimiento, o no será tal.—**Dic. Anéc. e Ilus. Bíbl.**

259. EL TEXTO PREDILECTO DE UN ERUDITO
Mat. 5:16.

Un erudito en griego del Nuevo Testamento, cuando hacía estudios de **postgraduado** en la Universidad de Cambridge, una vez escribió a la dama que más tarde fue su esposa: "Si yo tuviera que recomendarte un texto bíblico para tu estudio particular, texto que contuviera un sumario de la vida cristiana, el primero sería aquel hermoso texto que está en nuestro libro 'Servicio de Comunión', y que dice: **'Alumbre vuestra luz delante de los hombres, para que vean vuestras obras buenas, y glorifiquen a vuestro Padre que está en los cielos.'** ¿Cuál honor más grande puede ser concedido a los pobres, débiles, y pecadores mortales, que hacer algo para la gloria de Dios? ¿Cuál distinción humana puede ser comparada con ésta? ¿Cuál título honorífico o cuál recompensa pueden ser iguales al privilegio de permitírsenos ver que el Reino de nuestro Padre progresa por medio nuestro?—**Peloubet.**

260. IGUALES; PERO DIFERENTES
2 Cor. 12:5.

El carbón y el diamante son del mismo material: de

carbón. El carbón absorbe la luz; el diamante la refleja.

Hay cristianos que son semejantes al carbón y los hay que son semejantes al diamante. Al examinar sus creencias, son iguales; pero al examinar su experiencia religiosa... y al observar su vida, sus costumbres, su utilidad en la iglesia y en la sociedad... ¡no son iguales! Uno es opaco y otro es luminoso. Cada cristiano debe examinarse para saber si es carbón o si es diamante.

261. OBRA PERSONAL DE UN MAESTRO
Mar. 16:15.

El señor D. L. Moody, poderoso evangelista laico de los Estados Unidos, por medio de sus labores ganó a muchos miles de almas para Cristo. Su maestro de escuela dominical en Boston, el señor Kimball, hombre de negocios, lo ganó para Cristo. "Me acuerdo", dice Moody, relatando este hecho, "que llegó mi maestro y se puso tras el mostrador donde yo estaba trabajando, y poniéndome la mano en el hombro, me habló de Cristo y de mi alma, y debo confesar que hasta entonces no había pensado en que tuviese un alma. Cuando me dejó aquel hombre, me quedé pensando: ¡Qué cosa más extraña! He aquí un hombre que apenas me conoce, y llora pensando en que mis pecados pueden llevarme a la perdición, y yo no he derramado nunca una lágrima por todo esto. No recuerdo lo que me dijo, pero todavía hoy me parece sentir sobre mí el peso de aquella mano. Poco después conocí la salvación." ¿Qué parte tuvo este fiel cristiano, casi desconocido, en la gloriosa obra del gran evangelista?

262. EL EVANGELIO PERSONAL
Mat. 4:18, 19.

El doctor Rubén Torrey enumera estas ventajas del trabajo personal:

1. Todos lo pueden hacer.
2. Se puede hacer en todas partes.
3. Se puede hacer en cualquier tiempo.
4. Alcanza a todas las clases sociales.
5. Da en el blanco.
6. Produce grandes resultados.

———

263. NUESTRO TRABAJO DEBE SER LIMPIO
Mat. 23:15.

"Hacer prosélitos es una obra digna de un fariseo; pero nuestro propósito debe ser llevar a los hombres a Dios."—**C. H. Spurgeon.**

———

264. PARALITICA, ORANDO POR LAS MISIONES
1 *Tes.* 5:17.

Una antigua maestra de escuela llegó a estar paralítica, y dijo a Dios: "¿Cómo puedo servirte, Señor, en esta condición en que estoy imposibilitada?" Y le pareció que Dios le decía: "Todavía puedes orar." Entonces ella pensó que esto era su gran comisión. Desde entonces la antigua maestra de escuela se puso a orar de una manera especial: ocupaba las mañanas orando por la obra misionera que se hace en un lado del globo terráqueo; y las tardes, orando por la obra misionera que se hace en el otro lado.—**B. L. Olmstead.**

———

265. SEPULTADOS CON CRISTO
Col. 2:12.

Cuando era yo joven y apenas había comenzado mi ministerio prediqué un sermón sobre el bautismo. Después del culto una mujer se me acercó, diciendo: Cuando me bauticé el ministro me condujo en el río hasta que las aguas nos llegaron a las rodillas. Entonces él me vació sobre la cabeza una taza de agua. Bajamos al agua, subimos del agua, y tuve agua por encima de mí. ¿No cree usted que esto satisface los requisitos para el bautismo?

Contesté a la señora más o menos de la siguiente manera: "Hermana, vamos a leer Romanos 6:4 para averiguar lo que es un bautismo." Habiendo leído el pasaje, le pregunté qué era el bautismo, y me contestó que era un sepelio. Entonces comenté: "Mi padre, como director de una agencia funeraria, testifica que ha sepultado a miles de personas; pero en ningún caso ha plantado el cadáver en la tierra hasta las rodillas, para luego echar sobre su cabeza una taza de arena y anunciar que así el cadáver ya fue sepultado."

En esa misma tarde aquella señora expresó su deseo de ser bautizada como Jesucristo fue bautizado. Si admitimos que el bautismo es un sepelio, toda forma que no sea la inmersión y la emersión del creyente nos parece inadecuada.—**F. W. Patterson.**

=====

266. LA CENA DEL SEÑOR
1 *Cor*. 11:23-33.

Los bautistas sostenemos que son tres las condiciones imperantes que preceden al privilegio de la cena del Señor: (1) **La regeneración.** Ninguna persona inconversa puede con propiedad y derecho comer y beber en el acto que conmemora la muerte de Cristo. Han de ser personas muertas al pecado y vivientes para Dios, nacidas de nuevo mediante la operación del Espíritu. (2) **El bautismo.** Sepultados con Cristo en el bautismo, hecha su profesión de fe en aquél. Ninguna persona, por buena y manifiestamente regenerada que sea, está en condición, según el orden divino, de tomar la cena si no está bautizada. Sin el bautismo no puede entrar en la comunión de la iglesia, en la cual exclusivamente ha de ser disfrutado el privilegio de tomarla. (3). **La buena conducta es también necesaria.** La vida cristiana íntegra y consecuente, y el proceder piadoso entre los santos, y a la vista del mundo. Aunque sea la persona realmente regenerada, y bautizada como es debido, si a pesar de todo esto fuere su conducta desordenada, violare sus compromisos que ha pactado, viviere en el pecado, y ocasionare el reproche para la profesión cristiana, pierde el derecho de sentarse a la mesa del Señor. Hemos de acercarnos a la mesa del Señor con vidas limpias y con móviles idóneos.

267. EL CAMELLO QUE ENTRO Y NO QUISO SALIR
1 *Tes.* 5:22.

Se dice que donde se deja entrar el pecado como suplicante, se queda como tirano.

Una leyenda árabe dice que cierto molinero un día fue sorprendido por un camello que metió la cabeza por la puerta de la tienda en que estaba durmiendo, y que le dijo: "Afuera hace mucho frío, permíteme meter tan sólo las narices." El árabe le dio permiso de hacerlo así; pero pronto había metido todo el cuerpo, lo cual no era muy agradable al molinero, quien comenzó a quejarse diciendo que el cuarto era muy chico para los dos. Entonces el camello respondió "Si tú estás incómodo puedes salirte; yo, por mi parte, voy a quedarme donde estoy."

Hay pecados, que a manera de ese camello, sólo quieren un lugarcito en el corazón humano, y cuando se les da, se meten y ocupan todo el corazón, después no quieren salir y dicen: "Aquí nos quedamos, suceda lo que suceda; no saldremos para nada."

268. UNA FAMILIA FELIZ
Ef. 6:1-4.

Un viajero en Alemania vio una cosa singular en una fonda donde se hospedó. Después de la comida, el dueño colocó en el suelo un tazón grande de caldo, y silbó de una manera especial. Vinieron al cuarto un perro y una rata grandes, un gato, y un cuervo. Todos estos animales se acercaron al tazón y, sin molestarse unos a otros, pacíficamente comieron juntos. Después el perro, el gato y la rata se acostaron cerca de la lumbre, mientras el cuervo brincaba por todas partes. El dueño de la casa había disciplinado a estos animales de tal manera que ninguno hacía daño alguno a otro.

Si un perro, un cuervo, un gato y una rata pueden vivir juntos, es posible que las personas, especialmente hermanos y hermanas, vivan juntos sin molestarse unos a otros.—**El Exp. Bíbl.**

269. IGUALDAD ANTE DIOS
Santiago 2:9-11.

Se dice que en una ocasión el Duque de Wellington se disponía a participar de la Cena del Señor, y se arrodilló. En esos momentos un labriego hizo lo mismo junto al gran personaje. Entonces un diácono, de los encargados de distribuir los elementos de la Cena, se acercó al labriego y le dijo que se alejara del Duque; pero éste al darse cuenta de tal orden, puso uno de sus brazos en un hombro del campesino y le dijo con voz suave: "Hermano, permanezca donde está, pues somos iguales en la mesa del Señor."—**Copiado.**

270. UN CHINO QUE AMO A UN EXTRANJERO
Levítico 19:33, 34.

Hace varios años un humilde miembro de la raza china dio su vida para salvar la de un niñito que era hijo de unos misioneros que habían sido asesinados por los comunistas.

El conocer las nobles obras de personas de otras razas nos ayuda a vencer nuestro prejuicio racial.—**New Century Leader.**

---

271. ANTIJUDIOS
Rom. 12:3.

Una de las causas de la Segunda Guerra Mundial fue el concepto que los nazis alemanes tenían de sí mismos: creían que ellos eran una raza superior a todas las del mundo, que otra raza cualquiera era inferior a la de ellos, que ellos eran los "superhombres" y por lo mismo debían dominar a todo el mundo. Impulsados por esas ideas organizaron una inhumana y cruel persecución en contra de los judíos a fin de exterminarlos. Según los cálculos que se han hecho se sabe que antes de la Guerra mencionada y durante ella murieron asesinados varios millones de judíos.

---

272. EL DIOS DE TODAS LAS NACIONES

Un solo Dios, una sola raza, una sola ley, un solo destino. Después de la Segunda Guerra Mundial se celebraba una conferencia para firmar un pacto de paz entre el Japón y los Estados Unidos del Norte. El señor Dean Atchison, quien presidió la conferencia, la despidió con las siguientes palabras: "Termino esta conferencia con palabras que en muchos idiomas, en muchas formas, y en muchas religiones, han acarreado consuelo y fortaleza: 'Y la paz de Dios, que sobrepuja todo entendimiento, guardará vuestros corazones y vuestros entendimientos en Cristo Jesús' ".—**Broadman Com.**

273. LAS BENDICIONES DEL TRABAJO
Prov. 6:6-11.

Una madre trabajó y sufrió mucho para criar a su numerosa familia. Uno de los hijos llegó a ser gerente de una gran empresa. Cuando la madre quedó viuda ese hijo la invitó a vivir en la casa de él: Proveyó para ella un hermoso departamento y le asignó algunos sirvientes para que la cuidaran.

Después de algunas semanas notaron que la madre salía a compras y se quedaba fuera de la casa todo el día. Notaron que siempre pedía al chofer que la dejara en cierta esquina a las ocho de la mañana y la recogiera a las cuatro de la tarde, tres días de cada semana y siempre los mismos días. Descubrieron que ella había conseguido trabajo como ama de casa. La madre explicó a su hijo que no quiso ofenderlo, pero que en verdad no estaba contenta al no tener ningún trabajo qué hacer. Debemos recordar que el trabajo es honroso, que es una bendición, y que la pereza voluntaria es un pecado.

---

274. LA RESPONSABILIDAD DE LOS PATRONOS
1 Tes. 4:6.

Dos hombres, ambos dueños de fábricas, discutían algunos de sus problemas. Uno se quejaba de que la producción en su fábrica iba disminuyendo. Dijo que aunque había aumentado el número de horas de trabajo a sus obreros, inclusive a las mujeres y a los niños, de doce a catorce horas al día, la producción iba de mal en peor. El otro señor, que tenía una conciencia más sensible, le protestó que estaba matando a sus obreros con cargas demasiado pesadas. El primero repuso: "Y ¿qué importa? Puedo conseguir otros empleados." Semejante actitud de parte de muchos jefes ocasionó la organización de sindicatos o gremios para la protección de los derechos del obrero.

=====

275. LOS MOVILES PARA TRABAJAR
1 *Cor.* 3:9.

Un extranjero se detuvo para observar cómo trabajaban algunos canteros. A tres de ellos hizo la misma pregunta: —¿Qué hace usted, señor?"

El primero le contestó: —Estoy cortando una piedra.

El segundo dijo: —Estoy trabajando para ganar mi sueldo de quince pesos al día.

El tercero, con entusiasmo contestó: —Estoy ayudando a edificar un templo donde la gente podrá adorar a Dios.

Si todos estos tres obreros recibieron igual sueldo, ¿cuál recibió la mejor recompensa?

=====

276. HONRADEZ SINCERA
2 *Cor.* 8:21.

Se narra que hace años, cuando la esclavitud existía en los Estados Unidos, en un mercado de esclavos un joven negro estaba en venta. Un señor benévolo se acercó a él y le preguntó: "Si yo te compro, ¿te portarás con honradez? El muchacho repuso sinceramente: "Seré honrado, me compre usted o no."

=====

277. VENTAJA DE LA HONRADEZ
2 *Cor.* 8:21.

Un mendigo pidió una limosna al doctor Smollet, y este le dio por equivocación una moneda que tenía el valor de veintiseis pesetas. El pobre pensó que el doctor le había dado eso por equivocación y lo siguió para devolverle la moneda. Luego el doctor Smollet se la devolvió, con otra como premio por su honradez, diciéndole: "¡En qué vivienda habita la honradez!"

---

278. POR SUS FRUTOS LOS CONOCEREIS
Mat. 7:20.

Cierto hombre que vendía leña a sus vecinos los defraudaba cortando las piezas como diez centímetros menos largas de lo que debían ser. Un día circuló el rumor de que este leñador se había convertido a Cristo. Nadie creía el informe. Decían que ese tipo no cambiaría. Sin embargo, un hombre, para satisfacer su curiosidad, fue a una tienda donde aquel leñador había entregado un montón de leña. Midió las piezas y descubrió que medían como diez centímetros más de lo que debían. Luego el hombre volvió al grupo que discutía el asunto, y les dijo:
—Es cierto. Yo sé que el leñador se convirtió.

—¿Cómo lo sabe usted? —le preguntaron. —Porque acabo de medir la leña que él cortó ayer y todos los palos miden más de un metro de largo.

---

279. ¿QUIEN DICES TU QUE SOY YO?
1 *Jn.* 5:12.

A un hombre que no podía leer, y que se ganaba la vida remendando zapatos viejos, le preguntó un ministro arriano, cómo sabía él que Cristo era el Hijo de Dios: pregunta difícil para los hombres no regenerados.

—Señor —contestó—, siento mucho que me haya usted hecho esta pregunta delante de mis hijos, aunque creo que puedo darle una contestación satisfactoria. Pues, señor, cuando comencé a interesarme por mi espíritu, y a entristecerme por causa de mis pecados, acudí a usted pidiéndole su consejo, y usted me dijo que me asociara con otras personas y pasara el tiempo tan alegre como pudiera.

—Es cierto —contestó el ministro impío.

—Seguí su consejo —continuó el remendón sin letras; pero mientras más me divertía, más aumentaba mi miseria. Al fin me persuadieron a que oyera a uno de aquellos ministros evangélicos que vinieron al pueblo predicando a Jesucristo como el Salvador. En la tremenda agonía de mi alma oré a él, pidiéndole que me salvara y me perdonara mis pecados; y ahora tengo la convicción de que me los ha perdonado de gracia; y por esto yo **sé** que él es el Hijo de Dios.—**Grey.**

<hr>

280. AYUDANDO A LOS NECESITADOS
Mat. 10:8.

Un día vi unas películas y unos retratos en los que se procuraba representar con claridad el trabajo que se hace por medio de unos misioneros cristianos entre los leprosos. Es seguro que no hay nada atractivo en ese trabajo, el cual puede ser escogido por vocación, excepto el deseo de agradar a Dios y el de servir o auxiliar a los prójimos que están sufriendo esa desgracia. Además del deseo de aliviar los sufrimientos del cuerpo, los obreros cristianos tienen el propósito de dirigir esos corazones dolientes a Cristo.

El doctor Víctor C. Heiser, de la Fundación Rockefeller, ha dicho: "No recuerdo que en toda mi experiencia de médico la ayuda física y el consuelo hayan venido de parte alguna, directa o indirectamente, sino por conductos cristianos." Tal es el testimonio que da una de las autoridades en "enfermedades orientales". Este es uno de los aspectos del amor cristiano, manifestado en el servicio caritativo.—**Arnold's Commentary.**

281. "EN CUANTO LO HICISTEIS"
Mat. 25:40.

A través de los siglos estas palabras de Jesús han sido
la inspiración para prestar servicio en su nombre. Se
han dado alimentos y medicinas a personas que tienen
hambre y a personas que están enfermas. Los extranjeros han sido recibidos con bondad, y los prisioneros han
sido visitados con compasión. Santos altruistas han buscado el rescate de los borrachos y de los abandonados
moralmente. Hombres y mujeres heroicos han ido hasta
las partes más apartadas del mundo a predicar el evangelio a los perdidos. Pero no olvidemos la advertencia:
"En cuanto no lo hicisteis..." ¿Estamos dejando pasar
oportunidades de hacer algo por Aquel que hizo tanto
por nosotros?

282. EL ENFERMO
Mat. 25:36.

Estando un obispo de la Iglesia Metodista Episcopal
del Sur a bordo del vapor "New Orleans" vio una noche
a un hombre ir furtivamente a un cuarto, abrir y cerrar
la puerta precipitadamente, pasando algo al interior
pero sin entrar. Sospechó que era un caso de fiebre ama-
rilla y después de instar a los oficiales del buque se le
informó que se trataba de un sacerdote católico que había contraído esa espantosa enfermedad.

Insistió en que se le dejara entrar al cuarto y cuando
abrió la puerta, el repugnante olor del cuarto lo detuvo
por un momento. Al entrar encontró a un hombre a punto de morir. Por veinticuatro horas no se le había dado
más que una taza de agua. ¡Pero cuál fue la sorpresa del
obispo al encontrar no a un sacerdote católico, sino a un
bien conocido ministro de su propia denominación! Lo
cuidó y fue el instrumento de Dios para que recobrara la

salud. Arriesgó su vida para salvar la de un extranjero enfermo; pero inesperadamente salvó a un amigo. Alguna agradable sorpresa semejante espera a aquellos a quienes Jesús dirá en su venida: "Enfermo y me visitasteis".—**Arnold.**

283. A LA LEY Y AL TESTIMONIO
Mat. 25:46.

Un venerable ministro predicó un sermón sobre el asunto del castigo eterno. Al siguiente día varios jóvenes calaveras convinieron en que uno de ellos lo iría a ver y procuraría arrastrarlo a una disputa con el propósito de burlarse de él y de su doctrina. El joven fue a la casa en la cual se le introdujo al estudio del ministro y principió la conversación, diciendo: —Creo que hay una pequeña discrepancia entre usted y yo, señor, y pensé visitarlo hoy para procurar arreglarla.

—¿Cuál es esa discrepancia? —dijo el ministro.

—Pues que usted dijo en su sermón que los malos irían al castigo eterno, y que yo no creo que sea así.

—Oh, si esto es todo —dijo el ministro—, no hay disentimiento entre usted y yo. Si lee Mateo 25:46, encontrará que tal disentimiento es entre usted y el Señor Jesucristo, y le aconsejo que lo arregle en el acto."—**Comper Gray.**

284. LA PALABRA VERIDICA
Gál. 5:8.

D. L. Moody predicaba en cierta ocasión con respecto al valor de la Palabra de Dios en la vida del hombre. Repentinamente, fue interrumpido por la estentórea voz de uno de los concurrentes que dijo: —No creo ni una palabra de esas fábulas de viejas que usted dice que es la Biblia.

—Señor —replicó el orador—, hay un versículo en la Biblia que se verá obligado a creer: "Todo lo que el hombre sembrare, eso también segará." El hombre que siembra trigo, no recogerá patatas ni maní. Tomemos como ejemplo el cantinero: siembra borrachos y recogerá borrachos.

El hombre se sentó, en circunstancias que el auditorio aplaudió al orador. Moody naturalmente no conocía al hombre, pero sí los concurrentes a la conferencia. Se trataba de un conocido ateo, dueño de una cantina. Todos sus hijos, tanto varones como muchachas, eran borrachos.—**De "Poder"**.

═══════

285. PARA TODOS
Luc. 15:30.

En un diario de Ontario, Canadá, apareció el siguiente aviso:

"El lector quizá encuentre algunas erratas de imprenta en este diario. Tenga en cuenta que son intencionadas. Este diario trata de imprimir algo para todo el mundo y hay personas que siempre buscan las faltas.—**"La Biblia en la América Latina"**.

═══════

286. EL SERMON LEIDO
2 Tim. 2:15.

Un pastor protestante leyó su primer sermón estando presente Bernard Shaw. Terminada la ceremonia religiosa, el pastor preguntó a Bernard Shaw su opinión acerca del sermón.

"Le haré tres objeciones" dijo Shaw: "En primer lugar, lo ha leído. En segundo término, lo ha leído mal. Y,

por último, la verdad es que no valía la pena leerlo."—
"La Biblia en la América Latina".

═══════

287. LA ORACION DE UN BOXEADOR
2 Cor. 10:3-6.

La historia quizá no sea cierta; pero se cuenta que en cierto lugar un boxeador se convirtió al evangelio, y dejando las cuerdas del ring, se hizo predicador. En cierta ocasión en que se le hizo tarde para acudir a una cita cruzaba por un atajo para acortar el camino, de pronto le salió el dueño y con palabras duras le insultó y lo retó a pleito, no conociendo quién era. "Bien", dijo el predicador, "vamos a pelear si usted gusta; pero permítame un momento, pues ha de saber que yo jamás hago algo sin antes orar". Y diciendo y haciendo, ante la estupefacción del retador, se quitó el sombrero y comenzó a orar diciendo:

"Señor, tu sabes que fui boxeador, y sabes a cuántos les deshice los ojos y las narices a bofetones; tú sabes cuántas costillas quebré a golpes a mis contrincantes, y a cuántos mandé a la otra vida con sólo la fuerza de mis puños. No permitas que mate a este hombre, no dejes que se me vaya la mano y..."

"Basta ya", le interrumpió el otro. "No es necesario que luchemos, pase usted por mi terreno las veces que quiera", y sin más decir, se retiró presuroso. Por demás está decir que nuestro predicador siguió su camino tranquilamente y llegó a tiempo para predicar su sermón.— **Luz del Alba,** Santa Ana, El Salvador.

═══════

288. ERROR DEL NEGRITO
Jer. 2:22.

Un negrito que había visto cómo su mamá blanqueaba las telas de lino, cubrió su cara con espuma de jabón y se

acostó a recibir el sol, esperando volverse blanco. Quedó
así tendido por un par de horas pero sin resultado. Fue
para él un gran desengaño descubrir que su cara permanecía tan negra como siempre. Quejándose a su madre,
dijo esta:

—Niño, ¿piensas que se pueda blanquear tu piel desde
afuera? Lo negro está por dentro, viene de adentro.

Verdad es esta que deben tener presente los reformistas y educadores del hombre exterior, sin tener en cuenta la necesidad de un corazón nuevo.—**El Faro**

289. FIDELIDAD RECOMPENSADA
Luc. 16:10.

Cierto famoso filántropo incrédulo, ordenó a sus empleados un sábado, que el domingo por la mañana fuesen
al puerto para descargar un buque recién llegado. Un joven escribiente suyo contestó tranquilamente: —Señor
G., no puedo trabajar los domingos.

—Ya conoce usted el reglamento —le contestó el señor G.

—Sí señor, lo conozco, y aunque soy el sostén de mi anciana madre, no puedo trabajar los domingos.

—Bueno, pues, suba usted al despacho y el cajero le
entregará su cuenta— dijo el señor G.

Por espacio de tres semanas anduvo el joven buscando trabajo. Cierto día se presentó un banquero al incrédulo señor G., preguntándole si podía recomendarle
persona honrada y fiel para cajero de un banco que iba
a abrirse. El incrédulo mencionó al joven que había despedido, recomendándolo como persona a propósito.

—Pero —dijo el banquero—, usted lo despidió.

—Sí señor —respondió el señor G—, lo despedí porque
no quería trabajar los domingos. Pero un hombre que
puede perder su puesto por no violentar su conciencia,

servirá bien de cajero de confianza.—**(Revista Homilé-tica).**

---

290. TESTIGOS MUDOS
Luc. 7:40-46; 10:31, 32.

Cierto predicador vio entre los oyentes sentados en los últimos asientos un hombre con el sombrero puesto. Indicó el caso al diácono. Este se acercó al hombre para pedirle que se quitara el sombrero. Así lo hizo.

—Gracias a Dios, dijo el hombre, pensaba que esto surtiría efecto. Hace seis meses que asisto a los cultos de esta iglesia, y usted es la primera persona que me ha dicho una palabra... ¡Cuánta frialdad y egoísmo!— **El Faro.**

---

291. FUERA DUDA
1 *Jn.* 5:13.

—¿Qué? —exclama el viajero al hablar con cierto trabajador—. ¿Usted ha andado cuatro millas cada día por más de sesenta años para atender a su trabajo? ¿Por qué no se ha mudado usted para vivir más cerca del taller?

—Bueno, respondió el obrero, no estaba bien seguro si el trabajo resultaría permanente o no.

¡Cuánto tiempo de incertidumbre! Esto nos recuerda el estado de algunas personas que siempre esperan que sean salvas, pero nunca están seguras de su salvación. Lástima.

---

292. LA VOLUNTAD DE DIOS
Hch. 21:12-14.

Se dice de una buena mujer, que al caer enferma, le preguntaron si quería morir o vivir, a lo cual contestó:
—Lo que Dios quiera.

—Pero —dijo uno de los presentes—, si Dios lo dejara a tu voluntad para decidir ¿qué escogerías?

—Oh, si Dios me dejara a mí escoger, yo lo volvería a dejar a él decidir.—**El Faro,** México, D. F.

293. DOMINI SUMUS
1 *Cor.* 6:20.

El gran reformador Martín Lutero viajaba a pie muy a menudo. En cierta ocasión pidió alojamiento en una rústica casa de campesinos. Sin saber quién era, lo recibieron bien y lo trataron tan bien como pudieron.

Al saber quién era rehusaron toda paga, pero le pidieron encarecidamente que se acordara de ellos en sus oraciones y que escribiera con tinta encarnada en su pared alguna inscripción de recuerdo.

Prometió hacerlo y escribió: **Domini Sumus.** El campesino le preguntó qué significaban aquellas palabras, y Lutero explicó que tenían doble sentido. —Significan —dijo—, "Somos del Señor", pero pueden también significar: "Somos señores". Lo uno entra en lo otro: siendo propiedad del Señor Jesucristo a gran precio adquirida, no debemos ser esclavos de Satanás ni de hombre sino señores verdaderamente libres que no sirven al pecado sino al Señor Jesús.

Buen recuerdo. Pongámoslo en la pared de nuestro corazón.—**El Faro.**

294. TRES CLASES DE ATEOS
Sal. 53:1-4.

Juan Link se hallaba un día sentado junto a una mesa con varios jóvenes que se entretenían conversando acerca de Dios en forma burlona, del ser o no ser, de la muerte y de otros temas de carácter religioso, titulándose a sí

mismos de ateos, con marcada complacencia. Después
de escucharlos un breve tiempo silenciosamente, Link
les dijo: "Señores, hay tres clases de ateos. Hay ateos
que han llegado a serlo estudiando los diversos sistemas
de filosofía tanto antiguos como modernos, los que los
han llevado por caminos errados, y al fin confundidos
han negado a Dios. No sé si alguno de ustedes se ha des-
viado de Dios por sus estudios filosóficos". Todos lo negaron tímidamente.

"Bueno, la segunda clase la componen aquellos que no
tienen juicio propio, sino que semejante a los papagayos
van repitiendo lo que más oyen, y que como los monos
imitan a otros para no estar fuera de moda. Espero que
ninguno de ustedes pertenezca a esta clase." Todos lo
negaron con cierta indignación.

"Muy bien, la tercera clase se compone de aquellos que
tienen mala conciencia, en cuya vida y conducta hay
algo corrompido, de manera que se ven en la necesidad
de desear que no haya un Dios santo y justo. Porque en-
tienden muy bien que si lo hay, la escena debe ser espantosa cuando después de la muerte deban comparecer
ante su presencia. Por eso se consuelan con la afirma-
ción de que "¡No hay Dios!" ¡Así que: seguid pecando!
Mis caballeros, una cuarta clase no la hay." Con estas palabras Link se levantó y salió saludando cortésmente.—
Albores.

295. SOCIA DE SU MADRE
Prov. 13:4.

Era una jovencita de figura robusta la que marchaba
con dificultad llevando un cubo de agua. Había pasado
frente a nuestra puerta tantas veces esa mañana, que
por curiosidad le dijimos:

—Estás muy atareada hoy.

—Sí, señora.

La cara redonda debajo del sombrero ancho se volvió y nos miraba. Estaba pecosa y cubierta de sudor, pero aún así, alegre.

Sí, señora; se requiere mucha agua para lavar la ropa.

—¿Y la traes toda del arroyo de allá abajo?

—¡Oh, no! La tenemos usualmente en la cisterna, pero hace algún tiempo que no llueve.

—¿Y no hay otro que pueda traer el agua?

—Nadie, excepto mamá, y ella está lavando.

—Ya comprendo; tú eres una buena muchacha al ayudar de este modo a tu mamá.

Era este un cumplimiento bien pensado y merecido; pero la niña aguadora no lo consideró así, pues se notó en seguida en sus ojos grises una mirada de sorpresa, y en su voz un tono casi de indignación, mientras respondía:

—Pues, por supuesto que la ayudo. Siempre procuro compartir el trabajo con ella. No tiene a nadie más que lo pueda hacer. Mamá y yo somos socias.—**Guía del Hogar.**

---

296. ¡DEMASIADO TARDE!
Ex. 20:12.

La pobre madre estaba moribunda. En todas direcciones habían salido telegramas llamando a sus hijos junto a su lecho. Buscando los más veloces medios, volaban ansiosamente estos jóvenes, deseando y rogando que la vida de la querida enferma fuese prolongada hasta su llegada. "¡Oh Señor, que lleguemos a tiempo para dar una última mirada, un último apretón de manos, una última caricia!"

Llegaron, en silencio se reunieron alrededor de su lecho. Miraban esas manos gastadas que tanto trabajaron por ellos, la frente surcada de arrugas a causa de la diaria tarea por los suyos, los ojos en los cuales nunca vieron más que cariño y dulzura. No pudieron evitar la angustia de sus corazones, ni acallar un sollozo.

Inclinándose el mayor, besó la cara de la anciana y le dijo: —Madre querida, tú has sido tan buena con nosotros que queremos decirte cuánto te amamos y agradecemos.

Los ojos casi cerrados ya, se abrieron y su rostro se iluminó: —Gracias, hijo, me conmueve saberlo, **nunca me lo dijiste antes**—, fueron sus últimas palabras.

La moraleja de este triste relato es muy sencilla: si amas a tu madre, vé y dícelo hoy. No esperes hasta mañana, pudiera ser tarde.—**Guía del Hogar.**

---

297. NO DIEZ VOLUNTARIOS: ¡TODOS!
Jos. 24:15.

En cierta ocasión Napoleón Bonaparte se paró delante de sus soldados, y dijo: "Deseo diez hombres para que desempeñen una misión peligrosa, en la cual probablemente morirán. ¡Adelante, voluntarios!" No solamente diez hombres, sino todos los cien que estaban allí, dieron un paso al frente en respuesta a la petición de su emperador. —¿Cuántos cristianos son voluntarios para servir a su Señor. como lo fueron Caleb y aquellos soldados de Napoleón?

---

298. DIOS PRODUCIRA LA IMPRESION EN CHINA
Sal. 60:12.

Roberto Morrison fue uno de los primeros misioneros ingleses que predicaron el evangelio en China, y trabajó en ese país entre los años 1807 y 1834. Una vez alguien le preguntó si realmente él esperaba producir alguna impresión que contribuyera a la destrucción de la idolatría en el gran imperio chino. A esta pregunta, Roberto Morrison contestó: "¡No, señor; mas espero que Dios la hagal" —Caleb creía que por medio de él y sus soldados, Dios podría destruir a los anaceos, y así lo expresó (Núm. 14:8); pero los derrotistas no creían eso, y en sus lamentos ni siquiera mencionaron el nombre de Dios (Núm. 13:27-34).

299. PEQUEÑOS EJERCITOS HEROICOS
Jue. 7:6, 7.

Algunas victorias notables han sido ganadas por pequeños ejércitos. Oliverio Cromwell seleccionó a sus hombres hasta que no le quedó sino un regimiento de mil fornidos puritanos que temían a Dios y sabían por qué estaban combatiendo. Estos "ironsides" (hombre fuertes, enérgicos, valientes, terribles en los combates) que lucharon en la guerra civil inglesa, nunca fueron derrotados.

Garibaldi, el héroe italiano, con mil hombres escogidos salió de Génova por la noche, eludió a la flota, fue a Sicilia, derrotó a un ejército de diez mil, y en tres meses libertó de la opresión a la isla de Sicilia.

Leonidas, y sus trescientos espartanos, en el año 480 a. de J. C. defendieron el desfiladero de Las Termópilas durante dos días, y rechazaron un enorme ejército que Jerjes arrojó en vano contra ellos; pero un traidor reveló a Jerjes el paso secreto de la montaña que lo conduciría a la retaguardia de Leonidas y sus trescientos.

300. IRLANDESES NECESITADOS:
AYUDADOS Y AYUDANDO

Se dice que durante los años de 1845 a 1860 llegaron a los Estados Unidos de la América del Norte más inmigrantes procedentes de Irlanda, que los que han llegado de todo el mundo desde 1776. Esos irlandeses dejaron su patria porque desde 1845 una plaga comenzó a arruinar sus campos de patatas, el mal iba aumentando cada año, y esa gente casi estaba muriendo de hambre. En esos quince años providencialmente llegaron más de 1.800.000 refugiados irlandeses: cuando se necesitaban muchos hombres que trabajaran en el campo. Después han contribuido, de distintas maneras, al progreso de este gran país. Se dice que actualmente hay como veinte millones de norteamericanos descendientes de irlandeses.—**Arnold's.**

301. HUNGAROS QUE SUFRIAN FUERON AYUDADOS POR UNOS PAISES

Recordamos las deplorables condiciones de hambre, enfermedad y muerte a que estuvieron sometidos los patriotas húngaros en los meses de octubre y noviembre de 1956, porque deseaban su libertad y porque el gobierno ruso los subyugó por la fuerza de las armas. Entonces miles y miles de húngaros lograron salir de su país y refugiarse en Austria. Como el gobierno y el pueblo austriacos, aunque muy hospitalarios, no podían sostener a todos los refugiados, entonces el gobierno y el pueblo de los Estados Unidos de América, Inglaterra, Argentina y otros países, por conducto de la Cruz Roja Internacional y de instituciones religiosas, enviaron dinero, medicinas, ropa y alimentos para los húngaros necesitados y los invitaron a refugiarse en sus respectivos países. Muchos pudieron llegar a esos países sin que les costara el transporte en aeroplano o en barco o en ferrocarril; recibieron facilidades para ser considerados como inmigrantes; y en las ciudades donde se establecieron recibieron demostraciones de simpatía y pronto consiguieron trabajo para sostenerse honrada y decentemente.

302. UNA MADRE CHINA CUMPLE SU PROMESA
A DIOS

(En relación con 1 Samuel 1:1-28)

Un pastor chino refiere que una mujer china, cristiana, era miembro de la iglesia que él pastoreaba. Esa señora no tenía hijos, y oró fervorosamente a Dios pidiéndole un niño. Dios contestó esas oraciones, y le concedió el hijo que había pedido. Entonces fue al templo, y delante de la iglesia que estaba allí reunida dio gracias a Dios por esa dádiva, y como testimonio de gratitud entregó una ofrenda que equivalía a cinco dólares. Unos meses después la madre regresó y llevó al niño para consagrarlo a Dios delante de la congregación, y por este acto que ella consideró como un privilegio, y como testimonio de su gratitud a Dios entregó una ofrenda equivalente a diez dólares, cantidad que significaba un verdadero sacrificio para ella. Dos años después ese niño enfermó y murió. ¿Qué hizo la madre? Se presentó ante la iglesia y dio una ofrenda equivalente a veinte dólares para mostrar su gratitud a Dios por haber tenido ese niño, porque él pertenecía a Dios, porque ya estaba en los cielos con el Salvador y porque algún día ella volvería a ver a su hijito.—**W. F. Junkin,** en **The Bible for China.** (Arnold's).

———

303. FALSA SEGURIDAD QUE PRODUJO
UN DESASTRE

Amós 6:1-14.

Aconteció en abril de 1912. Podría decirse que todo el mundo civilizado se sintió consternado por el hundimiento del trasatlántico llamado **Titanic.** Una de las causas de esa tragedia fue que los armadores y muchas autoridades marítimas creían que dicho barco no podía hundirse porque estaba perfectamente construido. Pensaban esto porque el casco de la nave estaba dividido en compartimientos de tal manera que si uno era averiado, los otros quedarían cerrados herméticamente y el barco permanecería a flote. Basados en esta suposición se hizo navegar el barco a toda velocidad, por la noche, en una región donde había grandes masas de hielo flotante. Contra una de éstas chocó el **Titanic** y comenzó a hundirse porque despreocupadamente, por ser el primer viaje, los compartimientos no habían sido bien cerrados. Muchos creyeron que el barco no se hundiría y . . . ellos y él se fueron al abismo.

---

304. EBEN - EZER
Sal. 46:1.

Sentimos en nuestro pecho algo del ánimo de Sir Francis Drake, quien después de haber navegado por todo el mundo, tuvo que enfrentarse con una tormenta en el Támesis. "¡Qué!" dijo Drake "he navegado con seguridad por todo el mundo, ¿y ahora me voy a ahogar en un vaso de agua?"

Lo mismo decimos nosotros hoy. Hemos sido ayudados a través de tanto tiempo y tan frecuentemente; por otra parte, "Dios es nuestro amparo y fortaleza, nuestro pronto auxilio en las tribulaciones", ¿por qué, pues, vamos a temer ahora? Más aun: ¿Cómo nos atrevemos a temer?—**C. H. Spurgeon. Trad. S. D. D.**

---

305. ¿HASTIADO DEL EVANGELIO?
Rom. 1:16.

He oído hablar de una hermosa niña que vendía violetas en la calle. Esta niña tenía que llevar todas las noches a su pobre y miserable choza las violetas que le sobraban. A fuerza de hacer esto, llegó a decir que odiaba el perfume de esa flor por haberse acostumbrado a él. "¡Qué extraño!", exclamó alguien. Sin embargo, eso mismo es lo que dicen algunos de los que oyen el evangelio.

Temo, sobre todas las cosas, que vuestro olfato se acostumbre tanto a la agradable fragancia de la Rosa de Sarón y del Lirio de los Valles que su aroma os llegue a causar náuseas.— De **"Barbed Arrows".**

306. UNA CONVERSION NOTABLE

En seguida damos el testimonio de un joven brasileño, que fue convertido gloriosamente por medio de la Biblia:

"Yo era un hombre dado a toda clase de vicios degradantes: Yo fumaba por diversión, tomaba por placer y jugaba por distracción; y después de todas estas extravagancias estaba peor que antes.

"Oí a algunos hablar del espiritismo. Procuré la ocasión para tratar con los espiritistas y estudiar sus libros; nada de esto me satisfacía. Sentía tal pesadez en mi corazón que me sentía inclinado a practicar únicamente el mal; y todos los libros que leía más bien me dejaban la mente en un estado peor.

"Pero día feliz fue aquel cuando recibiera en mis manos el Libro de la Vida. En aquel día cayó de mis ojos el velo que obstruía mi futuro. Este libro ha sido mi mejor amigo y consejero. Trajo la paz y el consuelo a mi hogar. De un hombre degradado me torné en un hombre útil; de un hombre descontento en un hombre dichoso. Hoy puedo decir: 'vivo no ya yo, mas vive Cristo en mí.' "

307. LA EVIDENCIA DE LA CONVERSION
2 Cor. 5:17.

Un niño y una niña, que eran vecinos, jugaban juntos casi todo el día, y como iban a la misma iglesia, juntos también aceptaron a Jesús como su Salvador.

Un buen día el niño dijo a su mamá: "No me cabe la menor duda de que Ema verdaderamente se convirtió en una excelente cristiana." La madre le preguntó por qué tenía tanta seguridad de eso, a lo que el niño replicó: "Porque juega como una niña cristiana. Si le quito todos los juguetes, no se impacienta y antes de aceptar a Jesús, se disgustaba por todo y era egoísta. Nunca jugaba como yo deseaba, sino que siempre había yo de darle la preferencia, para evitar que me dijera: 'Ya no juego contigo, eres un mal muchacho.' "

308. EL JOVEN MARINO
Hechos 18:9.

Un joven marino estaba en su primera batalla, y cuando vino una lluvia de balas del enemigo, casi se desmayó. Uno de los oficiales superiores comprendió su terror y estrechando su mano, le dijo con cariño: "¡Valor mi muchacho, estarás bien dentro de unos momentos; yo tuve la misma experiencia en mi primera batalla!" El joven vivió y llegó a ser un oficial de honor, y dijo con frecuencia que las palabras dichas por su superior fueron como si un ángel hubiera venido y puesto vida nueva en él. Desde ese momento fue más valiente que los demás. Esto es lo que hizo Cristo con Pablo, y es lo que hará para todos los desalentados y desanimados, que confían en él.—**C. L. N.**

309. EL PODER DE LA AMISTAD
Jn. 15:14.

No hay poder en el mundo semejante al poder de la amistad. Nada ni nadie ha podido superar este poder en el transcurso de todas las edades. Pues bien, el cristianismo parece ser sencillamente el perfeccionamiento de este gran poder. Parece ser simplemente la abertura del cielo para que podamos ver que, sobre toda otra amistad, sobre todo lo que forma nuestra vida, allí está el poder de Dios manifestado en Cristo Jesús, para que todo el que pasare su vida en completa obediencia al Gran Maestro refleje más y más su carácter.—**C. L. N.**

310. EL PAPA LEON XIII Y LA ADORACION DE IMAGENES
Exodo 20; *Hechos* 17:16-34.

En una encíclica, el papa León XIII ordenó que en las escuelas de filosofía religiosa, la enseñanza fuese estrictamente de conformidad con la **Summa,** de Tomás de Aquino, que prescribe:

"La misma reverencia debe manifestarse a una imagen de Cristo, que a Cristo mismo; y siendo así que Cristo es adorado con **latría** (supremo culto religioso) se deduce que su imagen debe ser venerada con la adoración de **latría.—Summa,** Sec. 11. 25, 3. La cruz recibe la misma adoración que Cristo, esto es, la de **latría,** y por esa razón nos dirigimos y suplicamos a la cruz, del mismo modo que lo hacemos a Cristo mismo.— **Idem,** Sec. III. 25, 3. Por cuanto las imágenes de los santos denotan su excelencia, pueden ser y deben ser adoradas con cierta adoración inferior de dulía, como los mismos santos que ellos representan, aunque no con esa absoluta especie que se ofrece a sus prototipos, sino tan sólo relativa."—**Summa,** Sec. II. 94, 2.

311. LA FE ILUSTRADA
Hch. 17:1-12; *Ef.* 2:8; 1 *Tes.* 5:16-24.

Un maestro cristiano quiso enseñar de manera más viva y práctica la verdad referida, y saber que la salvación es un don divino que se recibe por la fe. Para este fin sacó de su bolsillo el reloj y lo ofreció "sin dinero y sin precio" al mayor de sus discípulos, diciéndole:

"El reloj será tuyo si lo quieres aceptar."

Mas el jovencito no pudo creer que fuese verdad ese ofrecimiento. Se quedó sentado sonriendo, sin alargar la mano para recibir el reloj. Vista la incredulidad de éste, el maestro ofreció el reloj al discípulo inmediato, diciéndole:

"El reloj es tuyo si lo aceptas."

Este pensaba que el maestro se burlaba de él y que los compañeros se reirían si alargaba la mano. Así es que por no tener confianza en las palabras del maestro, quedóse sentado y se quedó sin el reloj.

Y así continuó el maestro ofreciendo su reloj a casi todos los alumnos; pero ninguno tenía fe en su promesa para recibirlo. Pero al fin, lo ofreció al más pequeño de la clase. Este, sí, extendió la mano, tomó el reloj, dio gracias al maestro y se lo metió en el bolsillo.

Todos se rieron de la sencillez del pequeño pensando que el maestro sólo lo había engañado. Pero dijo el maestro:

"Me alegro mucho porque tú, a lo menos, tuviste fe en mis palabras. El reloj es realmente tuyo para siempre. Cuídalo y dale cuerda cada noche."

Cuando los otros comprendieron que mediante esa fe sencilla el pequeño compañero había recibido de veras el reloj, sintieron pena, mucha pena por no haber creído ellos también. Pues pensaba cada cual: ¡Si yo hubiese tenido fe en el maestro, sería dueño hoy de un bonito reloj de plata; pero por mi incredulidad perdí la oportunidad.—**El Expositor Bíblico.**

312. EN BUSCA DEL EVANGELIO PURO

Mat. 16:13-16; 22:42; 28:19; *Hch.* 16:13-15, 25-34; *Rom.*
15:18-21; 1 *Cor.* 1:23; 2:2; *Gál.* 2:20; *Apoc.* 11:8.

Leí en cierta ocasión un anuncio que decía lo siguiente:
"Si su boticario le dice, 'No tenemos jabón marca **Moreno,** pero tenemos otro que es tan bueno como el que usted pide', no lo reciba, pues es mentira. Vaya a otra dro-
guería y búsquelo." La iglesia se encuentra ocupada en
un negocio y las personas que asistan a los cultos están
impulsadas por los principios del negocio. La persona que
se presenta en la congregación tiene que demandar ante
todo la predicación del evangelio, pues el propósito que
esa persona tiene al presentarse en el lugar es oir el
evangelio. Si el evangelio no se le administra en toda su
pureza, sino que se le presenta adulterado, esa persona
no está por ningún motivo obligada a seguir presentándose en el seno de esa congregación.—**David James
Burrell.**

313. NO IMPORTA EL PREDICADOR:
SI EL CRISTO ES PREDICADO

Mat. 16:13-16; 22:42; 28:19; *Hch.* 16:13-15, 25-34; *Rom.*
15:18-21; 1 *Cor.* 1:23; 2:2; *Gál.* 2:20; *Apoc.* 11:8.

Cierto individuo fue una vez a escuchar la predicación
de Spurgeon y cuando regresó a la casa de su amigo,
con el cual estaba viviendo, éste le preguntó: "¿Qué
piensa usted acerca de la predicación de Spurgeon?"
a lo que él contestó: "Nada". Su amigo al haber obtenido esta contestación se sorprendió, y le volvió a hacer
la misma pregunta, recibiendo de nuevo la misma respuesta: "Yo no pienso **nada** acerca de su predicación",
y mientras se restregaba los ojos a fin de quitarse algo
que molestaba su vista (eran unas lágrimas), continuó,

"pero nunca podré olvidar a su Salvador".—**Cortland Myers.**

———————

314. PATRICIO HENRY DEFIENDE A CRISTIANOS PERSEGUIDOS

Gén. 37:18-36; 39:1-23; *Jer.* 37:11-38:13; *Mat.* 5:10; 10:17-23; *Luc.* 21:12; *Hch.* 4:1-23; 5:18; 12:1-10; 16:16-40; 21:27-22: 30; 28:16-31; *Rom.* 8:17; 2 *Cor.* 1:7-11; 4:7; 2 *Tim.* 2:12.

Dios Provee Medios para Librar a los Suyos.

Antes de la Independencia de los Estados Unidos, tres ministros, en el Estado de Virginia, EE. UU. de N. A., fueron puestos en la cárcel por predicar el evangelio. En el proceso se leyó la acusación de que eran perturbadores de la paz porque predicaban el evangelio del Hijo de Dios. Pero Dios había provisto para ellos un protector: un abogado famoso en las cortes de Virginia que supo que aquellos cristianos sufrían injustamente porque el estado no permitía la libertad de conciencia ni daba libertad religiosa al pueblo. Este abogado, Patricio Henry, montó a caballo y anduvo veinticinco leguas para defender a esos cristianos perseguidos. Entró en la corte mientras se leía la acusación de que ellos predicaban el evangelio del Hijo de Dios. Tomó el documento, lo hizo ondear tres veces sobre su cabeza y pronunció un discurso que hizo temblar al juez: éste, pálido y tembloroso, puso en libertad a los prisioneros. El discurso en favor de la libertad religiosa fue tan espantoso para el juez como el terremoto para el carcelero de Filipos: ambos medios habían sido enviados providencialmente por el poder de Dios.—**El Expositor Bíblico.**

315. TRANSFORMACION POR EL ESPIRITU SANTO

Jn. 3:1-21; 10:7-16; *Hch.* 16:13-15, 25-34; 2 *Cor.* 5:17;
Col. 3:10.

En el Japón existe una muy curiosa invención que
consiste en tablillas delicadas de madera o de paja, las
cuales, por medio de cierto procedimiento, cuando se ponen en una vasija con agua se extienden y forman flores
y otras figuras de vivos colores. Al ponerlas en el reci-
piente están secas completamente, y no se puede saber
qué figuras son; pero tan pronto como tocan el agua parece que se les inyecta vida y se transforman en una figura de extraordinaria belleza. De parecida manera obra
el Espíritu Santo con su poder: Cuando el alma humana
está fría, seca, y recibe el Espíritu Santo, adquiere un celestial entusiasmo y se presenta nueva, lozana, hermosa, y dispuesta a ser con Dios una bendición para el
mundo.—**El Exp. Bíbl.**

---

316. LAS RENCILLAS DESTRUYEN
LA OBRA DEL SEÑOR

Mat. 6:13; 26:41; *Mar.* 14:38; *Luc.* 22:40, 46; *Rom.* 12:10;
1 *Cor.* 3:3-10; *Gál.* 4:4, 5; 5:19-21; *Stg.* 4:7; 1 *Ped.* 5:8.

Una de las mejores obras evangélicas de Colombia en
tiempos pasados estaba en una región rural del Departamento de Santander. Llegó a ser una iglesia como de
doscientos miembros y de muchas actividades todos los
días. Por algunos años esta iglesia continuó prosperan-
do. Pero de pronto el diablo entró y sembró celos y envi-
dias, y así comenzó la disolución. Hubo pleitos aun entre los mismos misioneros; las diferencias entre los creyentes aumentaban cada día, ya que los mismos dirigentes de la obra no podían evitarlo. Por lo mismo llegó el
día en que todo terminó. Más tarde, cuando los enemigos
del evangelio llegaron e incendiaron los edificios de la

capilla y de la escuela, ya el fuego de la contienda había destruido la obra entre las personas. Este caso es un ejemplo de los graves males que pueden producir las rencillas y la falta de sabiduría entre los hermanos.—**J. R. T.**

---

317. "BRILLE VUESTRA LUZ"

Prov. 4:18; *Is.* 60:2; 62:1; *Mat.* 5:14-16; 17:1, 2; *Mar.* 4:21, 22; 9:2, 3; *Luc.* 8:16, 17; 9:29; 11:33-36; *Jn.* 1:4-9; 3:19-21; 8:12; *Fil.* 2:15.

Un caballero visitó una joyería, propiedad de un amigo suyo. Este le mostró una gran variedad de prendas y piedras preciosas. Entre las colecciones de piedras observó una de éstas que apenas si tenía brillo, parecía estar sucia, no llamaba la atención. No revelaba su belleza como las demás.

—¿A qué se debe la diferencia? —preguntó.

El joyero, tomando aquella piedra en la mano, la frotó. Al contacto de sus manos estaba brillando con todo esplendor.

—¿Cómo es eso? —preguntó el caballero.

—Esta piedra es un ópalo que llamamos una piedra simpática. Su escondido esplendor brota tan pronto como uno la frota entre las manos.

Muchas vidas viven a oscuras, ignoradas, porque no ha habido quien las atraiga con lazos de amor, con cuerdas humanas. Muchas veces hemos carecido de ese toque de simpatía personal que nos lleva a descubrir el fulgor de una vida donde otros sólo han visto sombras y oscuridad.—**El Testigo.**

---

318. EVANGELIO EN BOTELLAS DE "WHISKEY"

1 *Cor.* 9:20-23.

George Phillips ha sido llamado el **Pastor Botella** debido al esfuerzo que por quince años ha desplegado en la predicación del evangelio por medio de botellas vacías del licor denominado **whiskey.** Phillips ha recibido centenares de cartas de todo el mundo diciéndole que muchos han logrado ser salvos por los mensajes que se incluyen en cada botella vacía.

Un budista de nombre Timoteo Nakamura, de 21 años, se convirtió por este extraño método. Nakamura fue por un tiempo intérprete de un misionero norteamericano dedicado a la traducción, mas la influencia evangélica anterior no había sido suficiente para hacerlo desistir de su religión y aceptar a Jesucristo.—**Puerto Rico Evangélico.**

═══

319. EL LUGAR DE REUNION
Sal. 1.

Cierto día salieron a pasear juntas por un lugar, donde se celebraba una hermosa fiesta, la Ciencia, la Fortuna, la Resignación y la Honradez. En el camino dijo la Ciencia: Amigas, como puede darse el caso de que nos perdamos unas de otras en la fiesta, es bueno convenir el lugar donde podamos encontrarnos de nuevo: a mí podéis encontrarme en la Biblioteca de aquel sabio médico, el doctor X que, como sabéis, es uno de mis viejos y mejores amigos.

La Fortuna dijo: —Yo me iré a esperarlas en el lujoso palacio de aquel poderoso millonario a quien, como sabéis, siempre acompaño.

La Resignación dijo a su vez: —A mí me encontraréis en la pobre y triste choza de aquel viejecito a quien con tanta frecuencia veo, y quien, sin exhalar jamás una queja, ha vivido tantos años sufriendo los horrores de su negra suerte.

Como notasen las compañeras que la Honradez se mantenía callada, le preguntaron: —A ti, amiga, ¿dónde te encontraremos? La Honradez, bajando tristemente la frente, respondió: —A mí, quien una vez me pierde, difícilmente me vuelve a encontrar.—**J. R. C.**

---

320. LA MAYOR ENERGIA, Y EL PODER DE DIOS
Fil. 3:21.

En la Universidad de Columbia, bombardeando un átomo de uranio con neutrones, el átomo estalló poniendo en libertad 6,000,000,000 de veces la energía empleada para su desintegración. Esto se considera como "la mayor conversión de materia en energía, realizada por métodos terrestres."—**E. B.**

---

321. VERDADERAS JOYAS REALES
1 *Tim.* 1:12.

Algunos príncipes alemanes estaban alabando sus respectivas posesiones. Entre ellos estaba también el piadoso duque Elberard de Vurtemberg, sin decir nada, escuchando cómo todos se jactaban de sus riquezas; uno alaba sus viñedos, otro sus bosques, un tercero sus minas, etcétera. Al cabo de un buen rato se levantó Elberard, y dijo: "Soy un príncipe humilde y no me puedo comparar con vosotros; y, sin embargo, tengo también una buena propiedad, y si al andar en ella por las montañas me extravío y hallo uno de mis súbditos, en su compañía puedo acostarme y dormir sin temor alguno. Esta compañía la considero como una joya real, de verdadero valor; pero tengo otra mejor y más preciosa, y es: que puedo descansar mi cabeza y mi corazón en el seno de mi Padre celestial y en el pecho de mi Señor Jesús, seguro de que ni la muerte ni el diablo me pueden dañar en lo mínimo."—**Lumbrera.**

322. CONTESTACION RAZONABLE
Luc. 14:7-11.

En un almuerzo presidido por Sir Mark Young, gobernador de Hong-Kong, una dama de las más distinguidas se sintió vejada al descubrir que estaba sentada al extremo de la mesa, en vez de estar cerca del anfitrión.

Al terminar la comida, se acercó a Sir Mark y le dijo con sequedad:

—Según parece, no se cuida usted de dónde se sientan sus invitados.

—Señora —replicó el gobernador—, a la gente realmente importante no le interesa el sitio donde se sienta; y sucede a veces que quienes se interesan por el sitio, no son importantes.

---

323. DE QUE HUMILDES MEDIOS SE VALE DIOS
2 *Rey.* 6:3-11.

Hace muchos años conversaban tres mujeres en el portal de una casa de cierta calle de Bedford, Inglaterra. Hablaban de Dios y de cómo él las había salvado por medio de nuestro Señor Jesucristo, de cómo gozaban ahora de dicha y paz, de cómo él contestaba sus oraciones y cuán maravilloso era su Señor.

Tan embebecidas estaban en la plática contándose de Dios y de su Salvador, que no se dieron cuenta de que un hombre se aproximaba más y más hasta poder oir cuanto ellas estaban diciendo. El vio que estas humildes mujeres poseían algo real y sublime que él no tenía, algo que nunca había sabido ni experimentado. Jamás olvidó lo que había oído. Abandonó desde ese día sus antiguas compañías de gente impía y se dio a buscar el tesoro espiritual que aquellas sencillas señoras poseían. Aquel hombre era Bunyan, que más tarde sería el autor de "El Peregrino" (1678), interesante alegoría de la vida cristiana. ¿Quiénes eran aquellas mujeres? Nadie sabe sus nombres. Simplemente eran mujeres cristianas que estaban dando testimonio, que estaban dejando brillar su luz ante el mundo.—**Luz del Alba.** Trad. de **Sunday School Times.**

324. ¿QUIEN HA DE PONER EL LIMITE?
Fil. 2:5-11.

Cristo dio todo lo que tenía. No guardó nada para sí. "Se vació de todo lo suyo."

—Sí —dijo un cierto individuo—, todo está bien; pero hay también límites para el altruismo.

—Seguro que los hay —fue la respuesta—, pero hay que dejar que Jesús ponga el límite. No se atreva usted a ponerlos.—**Rdo. Kemerer.**

325. EL PODER PERSUASIVO DE UNA MADRE
Luc. 19:10.

Una madre de familia que vivía en una granja cercana a un terreno pantanoso, se dio cuenta, al anochecer, de que su hijo se había perdido. Inquieta y temblando al pensar que su hijo podía hallarse sin ayuda, atrapado en el fango del terreno y sin poder salir de él, y comprendiendo que ella sola era incapaz de ir en rescate de su hijo, corrió al pueblo y llamó en cada casa rogando a cada hombre del pueblo, en los términos más patéticos, que fueran en busca de su hijo. No se contentó con movilizar a unos pocos, conociendo la inmensa extensión del terreno donde su hijo podía hallarse retenido, quizá perdidas las fuerzas y sin sentido; y no cesó de ir de casa en casa hasta que hubo obtenido que una compañía de más de trescientos hombres, llevando sus linternas y consiguiente aparejo de rescate, se desparramaran en todas direcciones buscando a su hijo. Toda la noche estuvieron andando con precaución por entre el barro, y al amanecer la madre tuvo el gozo de abrazar otra vez a su hijo perdido.

Un predicador que contaba esta historia decía: "Quisiera que esta madre pudiera hallarse con nosotros, pues ella podría decirnos por su propia experiencia cuáles serían los amorosos sentimientos del Hijo de Dios cuando dejó el trono de su gloria para acudir en rescate del enfangado en el pecado; y el mismo Hijo de Dios está buscando cooperadores en esta gloriosa y meritoria obra. ¿No seremos nosotros persuadidos por su amor para ir en busca de las almas tan amadas de él y a las cuales rescató con el mayor de los sacrificios?—**EL FARO.**

326. MI BUENA MADRE
Ex. 20:12; *Mat.* 15:4; *Mar.* 7:10; *Luc.* 18:20; *Ef.* 6:2, 3.

Yo tenía once años. Vivíamos en una casa de labranza, muy grande, en el Oeste de Texas. Todavía teníamos cerca a los indios pieles rojas, y todavía alguna que otra vez veíamos ante nosotros algún búfalo y uno que otro alce. Una tarde me hallaba en el patio, jugando, cuando mi madre me llamó a su lado. Teníamos una sola puerta y una sola ventana en la casa. Allí, junto a ésta, la hallé sentada en una sillita. Yo me senté a sus pies en un taburete, mis manos apoyadas en sus rodillas, sobre el delantal de algodón casero.

Y ella, por primera vez, me contó la historia de Jesús el Salvador de mi alma. Y supe de su maravilloso nacimiento de la Virgen María, de su vida, palabras, muerte vicaria y resurrección. Y yo sentí mi convicción de pecado, y me confié a la misericordia de Cristo, y allí mismo sentí mi salvación. ¡Oh, cómo he bendecido a Dios por la vida de mi madre cristiana!—**L. R. Scarborough.**

* *L. R. Scarborough llegó a ser un famoso predicador bautista,*

*escritor de libros sobre evangelización y de muchos artículos re-
ferentes a varios asuntos bíblicos, y Presidente del Seminario
Teológico Bautista del Sudoeste, en Fort Worth, Texas. — N.
del E.*

327. LA MADRE ORANDO
Stg. 5:16.

Ciertos turistas ingleses, deseando poseer unos ejemplares de ciertas flores que solamente debían encontrarse en lo más alto de un peligroso paraje alpino, prome-
tieron una gran cantidad de dinero para quien fuese capaz de alcanzarlas.

Al día siguiente llegó ante ellos un joven muchacho
con un ramillete de las flores deseadas: Maravillados
por la valentía y decisión del joven, le preguntaron: "¿Y
no tuviste miedo de despeñarte al fondo del espantoso
precipicio?"

—No, señores, no tuve miedo. Mi madre es una pobre
viuda y tengo dos hermanitos más pequeños. En mi
casa pasamos mucha necesidad. Por eso, para ganar este
dinero, me expuse tanto.

—Pero... ¿No tuviste miedo? ¿Cómo puede ser? —siguieron preguntándole.

—Pues... porque mi madre es cristiana, y yo sabía que
ella me ayudaba... estaba orando por mí.—**EL FARO.**

328. LA MADRE PODEROSA
1 Sam. 1:26-28.

Conozco a un joven —escribe un pensador americano—
cuyo padre murió cuando el muchacho era solamente un
niño, y quien, por esto, fue educado por su madre.
Hablando un día conmigo, me decía: "Una vez fui muy
malo. Cuando me llamó para castigarme y yo temía que
me iba a pegar, cayendo a mi lado sobre sus rodillas em-

pezó a orar por mí entre amargos sollozos, suplicando a
Dios por su querido hijo. Yo no pude soportar eso y empe-
cé a gritar: "¡Madre, madre ... pégame, pégame mucho,
pero no ores así por mí, no puedo sufrir tanto!"

Y al fin, el joven me dijo: "Sus palabras llenas de
amor y sus oraciones me hacían sufrir más que todos
sus castigos corporales. Así me obligaba mi buena madre
a seguir por el camino recto."—**El Faro.**

329. EL RECUERDO DE LA MADRE
Luc. 15:17.

El doctor Willson, fiel ministro del evangelio en Calcu-
ta, recordando su entrevista con el famoso asesino Bit-
tingham, decía: "Parecía todo inútil, y que nada podría
romper su corazón de roca ... pero cuando le hablé de
su madre, entonces, inesperadamente, prorrumpió en
sollozos."—**El Faro.**

330. OLIMPIAS
Prov. 19:18.

Olimpias, madre de Alejandro Magno, era muy severa para con su hijo. En cierta ocasión, un lugarteniente
de Alejandro, Antípater, escribió al rey criticándola, a lo
cual contestó el famoso conquistador: "Es inútil que me
la critiques. Has de saber que una lágrima de mi madre
borrará en un minuto todas las letras de todas las cartas
que contra su severidad me escribas."—**El Faro.**

331. EDUCAR A LOS HIJOS

¿A qué edad se debe empezar la educación moral de
los hijos? —preguntaron a un sabio. Este contestó:
"Veinte años antes de nacer por lo menos, educando a
sus madres" — fue la pronta respuesta.—**El Faro.**

332. LA TENTACION

Ex. 17:7; *Sal.* 78:18, 56; 95:9; 106:14; *Mat.* 6:13; 22:18; 26:41;
Mar. 14:38; *Luc.* 8:13; 22:40, 46; 1 *Cor.* 10:9, 13; *Ef.* 6:12-16;
2 *Tes.* 3:5; 1 *Tim.* 6:9; *Heb.* 2:16, 18; 3:9; 4:15; 11:37; *Stg.* 1:
    12, 13; 4:7; 1 *Ped.* 5:8, 9; 2 *Ped.* 2:9; *Apoc.* 3:10.

En las heladas regiones de la América del Norte un indio hacía un caminito por entre la nieve, y además hacía otra cosa con unas ramas de abeto.

—¿Qué estás haciendo? —le preguntó un amigo que
acertó a pasar por ese lugar.

—Una trampa para conejos —respondió el indio..

—Pero, ¿dónde está la trampa?

—¡Ah! —respondió el indio sonriente. —La trampa no
la pondré sino hasta dentro de dos semanas. Primero
arreglo el caminito de modo que los conejos se acostum-
bren a él. Por ejemplo, hoy por la noche vendrán y tendrán temor de pasar por el caminito; pero mañana se
acercarán más, y poco tiempo después uno de ellos lo
cruzará, después caminará por él. Pocas noches después
se familiarizarán con el camino y lo usarán frecuentemente sin ningún temor. Entonces pondré la trampa en
medio, entre las ramas ... después comeré conejo todos
los días.

—Ya veo —contestó el amigo pasajero—, estás usando
la misma táctica que Satanás usa con los cristianos: Primero los atrae a algo que da la impresión de que "no es
malo ni bueno", y cuando adquieren confianza él los
atrapa y destruye.—**Mensajero Pentecostés.**

======

333. PERO... UN DIA

Mat. 25:14-46; *Luc.* 12:35-48; *Apoc.* 6:15-17.

El Consejo Inglés de Higiene Industrial llevó a cabo
—hace algún tiempo— el siguiente experimento: Un si-
cólogo, empleado del citado Consejo, visitó algunas em-

presas comerciales, industriales y bancarias, diciendo a los empleados, uno por uno: **"El jefe quiere hablar con usted."** Estas sencillas palabras: "El jefe quiere hablar con usted", llenaron de inquietante preocupación a cuantos las oyeron. Algunos palidecían y se preguntaban: ¿Qué habrá pasado? ¿Qué me querrá decir? ¿Habrá alguna acusación contra mí? ¿Será para decirme que me van a dejar cesante?

Si el solo aviso de que el jefe quería hablar con ellos, llenó de angustiosa inquietud a aquellos obreros ingleses, ¿qué será cuando los ángeles suenen las trompetas del juicio para llamar a los pecadores a comparecer ante un Dios airado por los actos de pecado y perversidad de quienes se deleitan practicando lo que los sentimientos de Dios repelen y su justicia condena?

Se cuenta que la reina Elisabet de Inglaterra se sintió en cierta ocasión, airada contra Cristóbal Hatton, Canciller del Imperio; y cuando éste fue a entrevistarse con la soberana, Elisabet le lanzó una mirada que paralizó el corazón del Canciller, quien cayó muerto. Si tal cosa le puede suceder a un hombre ante la mirada de una reina, ¿qué será cuando el pecador tenga que comparecer ante un Dios que ciertamente está airado por las injusticias, crímenes y atropellos que se cometen en el mundo?

Las Sagradas Escrituras nos revelan que el Día de Dios, los reyes de la tierra, los príncipes, los millonarios, los poderosos y todos los inconversos, tratarán de esconderse en las cuevas y entre las peñas; y clamarán a los montes y a las peñas, diciendo: "Caed sobre nosotros y escondednos del rostro de aquel que está sentado en el trono del juicio, porque el gran día de su ira ha llegado; y, ¿quién podrá permanecer en pie delante de él?"

334. CON JESUS

Cuando yo llegue a la vida mejor,

Donde hay descanso de todo dolor,
Y "Bienvenido" me diga el Señor,
¡Qué aurora tan bella será!

¡Cuando en su gloria contemple al gran Rey,
Con todos los redimidos por fe,
Siempre a su nombre ensalzarlo podré:
¡Qué aurora tan bella será!

Cuando yo deje esta vida y su cruz,
Cuando yo vaya a estar con Jesús,
Cuando le mire en su fúlgida luz,
¡Qué aurora tan bella será!

335. LA VOLUNTAD DE DIOS EN EL CORAZON
Jos. 1:5, 6*a.*, 7*a.*, 9*a.*; *Fil.* 4:13.

He oído hablar de un célebre rey de Polonia, que consumó grandes hazañas. Cuando le preguntaron cuál era el secreto de su éxito, les dijo: "Soy hijo de un gran padre, y llevo siempre conmigo, en un medallón, su retrato. Muy a menudo lo miro."

Cada vez que se disponía a entrar en combate miraba el retrato de su padre y extraía de él el valor necesario. Cuando tenía que reunirse con sus consejeros hacía lo mismo y luego actuaba con limpieza.

Es una gran cosa que debe hacer el creyente: llevar consigo la voluntad de Dios en el corazón y luego, antes de hacer cualquier cosa, consultarla siempre.—**Mensajero Pentecostés.**

336. ENCENDED EL FUEGO
1 *Cor.* 13:7.

Un vecino, entrando en la morada de otro, lo halló ante la ventana quitando con un cuchillo el hielo del cristal en aquella mañana de enero.

—Hombre —le dijo extrañado—, ¿no saldrás ganando si enciendes la leña del hogar?

El otro quedó pensativo, se golpeó la frente, y luego aceptó el consejo. Un momento después el hielo empezaba a deshacerse solo ...

En todos los tiempos los hombres olvidan que cuando el amor falta, entonces todo fracasa, ya no queda nada.

El fuego del amor de Dios encendido en el corazón del hombre, haría mucho más trabajo y mejor, que todas las leyes y disciplinas.—**Mensajero Pentecostés.**

337. MISIONERO QUE BUSCABA LA ALABANZA DE LOS HOMBRES
1 *Cor.* 3:21.

Durante la campaña de evangelización de Billy Graham en Nueva York, un hombre que había servido veinticinco años como misionero en un país extranjero, pasó al frente para consagrar de nuevo su vida al servicio del Señor, y dijo: "Durante muchos años en el campo misionero mis labores eran fructíferas; pero últimamente he notado la falta de poder en mi ministerio. Mientras escuchaba yo el mensaje de esta noche me daba cuenta de que la causa es esta: He buscado la alabanza de los hombres por mi trabajo más bien que la bendición del Señor."—**Mensajero Pentecostés.**

338. UN EJEMPLO DIGNO DE IMITAR
1 *Cor.* 9:1*b*.

El donativo que un hombre dio para las misiones nos da un ejemplo hermoso. Roberto Arthington, de Leeds, graduado de la Universidad de Cambridge, vivió en un cuarto pequeño, guisando sus propios alimentos; dio para las misiones 500.000 libras esterlinas con la condición de que toda esta cantidad fuera usada para abrir trabajos misioneros nuevos dentro de los siguientes veinticinco años. Después de su muerte encontraron un pedazo de papel en el que había escrito lo siguiente: "Con todo gusto haría mi cama en el suelo, tendría un cajón en lugar de silla y usaría otra caja como mesa, en lugar de permitir que los hombres murieran por causa de mi negligencia en darles el evangelio."—**El Sendero de la Verdad.**

━━━━━

339. UNA ORACION VERDADERA
Hch. 10:24-48; 11; 12; 13; 14; etc.

Un hombre que era un cristiano sincero se interesó en evangelizar a la gente de los países lejanos.

Al principio oraba de esta manera: "Señor: salva a los paganos." Y oraba con toda sinceridad.

Después cambió la forma de su plegaria, y la pronunciaba así: "Señor: manda misioneros a fin de salvar a los paganos." Y oraba más fervorosamente.

Más tarde oraba con estas palabras: "Señor: si tú no tienes otro a quien enviar, envíame a mí." Y oraba con todo el fervor de su alma.

En seguida comenzó a orar con toda humildad de la siguiente manera: "Señor, tú sabes que soy sincero: envíame a mí; pero si no quieres enviarme a mí, envía a otro."

No estaba contento con esa manera de orar, y entonces oró así: "Envía a quien tú quieras; pero ayúdame a pagar parte de los gastos." Al orar así se dio cuenta de que había encontrado la manera de orar correctamente.
—**Ernest Worker.**

━━━━━

340. YA HAY DEMASIADO FANGO...

Ya hay demasiado fango en el sendero,
no le amontones más.

Es ingrata tarea
el hacer resbalar a los demás.

Ya hay demasiado barro por la vida
para que tú eches más.
Sé tú de los que aparten ese barro
para no salpicar a los demás.

Ya hay demasiadas sombras por el mundo,
ya no le pongas más.
Haz tu vida tan clara y luminosa
que evites tropezar a los demás.

Hay tanta podredumbre dondequiera
que no es justo que tú la aumentes más;
echa a andar tu pureza sin temores,
y entonces vivirás...

Francisco E. Estrello

341. SINFONIA DE LUZ
Fil. 4:4.

Sinfonía de luz de la mañana de Dios, lléname de música el alma; de música transparente, tersa y bella.

Sinfonía de luz de la mañana de Dios, clarifica mi espíritu para acercarme al Padre.

Sinfonía de luz de la mañana de Dios, pon fulgores en mi sendero para que el día que empiezo a vivir sea un día maravilloso.

Sinfonía de luz de la mañana de Dios, haz luminoso el áspero sendero de los hombres para que la visión se les ensanche y el corazón se les llene de auroras.

Sinfonía de luz de la mañana de Dios, éntrate en las cabañas de los humildes y despierta en su vida sin esperanza, ensueños y esperanzas.

Sinfonía de luz de la mañana de Dios, llega como un

mensaje de amor a los corazones amargados y a las almas en que se va marchitando la fe.

Sinfonía de luz de la mañana de Dios, haz surgir aleluyas dentro de mi corazón...—**El Faro.**

━━━━━

342. ¿CUAL DE LOS DOS?
Gén. 13:9c.; *Jos.* 24:15; *Rut* 1:15, 16; 2:11; 1 *Rey.* 18:21; *Luc.* 9:50; 1 *Tim.* 4:7b, 8.

Hay dos maneras de empezar el día: con oración o sin ella. ¿Cómo lo empieza usted?

—Hay dos formas de emplear el domingo: ociosamente o devotamente. ¿Cómo lo emplea usted?

—Hay en el mundo dos clases de gente: los rectos y los malvados. ¿A cuál pertenece usted?

—Hay dos gobernantes en el mundo: Dios y Satanás. ¿A cuál de los dos sirve usted?

—Hay dos caminos que, a través del tiempo, llevan a la eternidad: el angosto, que lleva a la vida eterna; y el ancho, que lleva a la perdición eterna. ¿En cuál anda usted?

—Hay dos lugares a donde se dirige la gente: el cielo y el infierno. ¿A cuál se dirige usted?

La gente puede morir de una de dos maneras: algunos "mueren en el Señor"; otros "mueren en sus delitos y pecados". ¿De qué manera morirá usted?

Reflexione sobre estas preguntas. Hágalas objeto de oración.—**The Christian Digest.**

━━━━━

343. LO QUE HIZO DIOS POR ESTEBAN
Fil. 2:13.

Cuando el doctor Parker era joven, un infiel le preguntó: "¿Qué hizo Dios por Esteban?" queriendo decir que Dios debía haberlo salvado de la muerte cruel. Parker contestó noblemente: "¿Qué hizo Dios por él? Le dio el poder de orar pidiendo el perdón de aquellos que lo apedreaban."—**Peloubet.**

344. A DIOS

No hay más que tú: la tierra, el firmamento,
el sol que en anchos mares reverbera
son, como el hombre y la creación entera,
ráfagas fugitivas de tu aliento.

De la nada, se alzaron a tu acento
mil mundos, y publicando en su carrera
que otros mil y otros mil formar pudiera
una palabra tuya, un pensamiento.

Doquier contemplo tu insondable ciencia,
velada en majestad y en amor puro,
dando esperanzas al mortal proscrito;

Y me pasma que abrace tu existencia
lo que fue, lo presente, lo futuro,
y aun más allá..., lo eterno, lo infinito.

Francisco Rodríguez Zapata
(Español).

345. ¿QUE ES MI DIEZMO?
2 *Cor.* 9:7.

Es más que una cantidad, o que dinero en efectivo, o que un billete o un cheque...
Es MI inversión a favor de una sociedad mejor.
Es MI ayuda a la juventud cristiana.
Es MI expresión de fe en el futuro.
Es MI demostración de buena voluntad.
Es MI contribución para la educación cristiana.
Es MI cooperación para sanar y educar a otros por medio de la obra misionera.
Es MI voto para que tengamos un mundo cristiano.

Es MI DIEZMO una cosa santa, dedicada a Dios para
    servir a las personas. Por lo tanto procuraré siem-
    pre el privilegio y la oportunidad de dar mi diez-
    mo.

Es MI colaboración para rescatar almas perdidas y
    traerlas a Cristo Jesús nuestro Salvador.—**The Word
    and Way.**

346. ¿QUE ESPERA PARA DAR TESTIMONIO?
Luc. 9:59-62.

Contaba el misionero J. Hudson Taylor acerca de un
pastor chino, lo siguiente. Encontróse el pastor con un
recién convertido, a quien le preguntó: —Joven, ¿es cierto que hace apenas tres meses que conoce al Señor?

—Sí, felizmente es cierto.

—¿Y cuántas almas ha ganado para Jesús? —le preguntó el pastor.

—¡Oh! —exclamó el recién convertido—, pero si apenas
estoy aprendiendo, y hasta ayer pude conseguir un Nuevo Testamento completo.

—¿Usa usted velas en su casa?

—Sí señor.

—¿Y espera usted hasta que la vela se haya consumi-
do hasta la mitad para que empiece a alumbrar?

El joven convertido comprendió la lección y empezó a
trabajar. Y antes de seis meses ya se habían convertido,
por él, algunos amigos y vecinos. Habiendo oído a Jesús,
Mateo no perdió tiempo; cuando la samaritana se encuentra con Jesús, corre al instante a anunciarlo a sus
vecinos. ¿Y usted, hermano, qué espera? **(S. S. T.)**

347. LA UNICA JOYA
Stg. 4:14.

Cruzando el desierto, un viajero vio a un árabe sentado al pie de una palmera. A poca distancia reposaban sus caballos, pesadamente cargados con objetos de valor.

Aproximóse muy preocupado. "¿Puedo ayudaros en algo?"

—¡Ay! —respondió el árabe con tristeza—, estoy muy afligido porque acabo de perder la más preciosa de las joyas.

—¿Qué joya era esa? —preguntó el viajero.

—Era una joya —le respondió su interlocutor— como no volverá a hacerse otra. Estaba tallada en un pedazo de piedra de la Vida y había sido hecha en el taller del tiempo. Adornábanla veinticuatro brillantes alrededor de los cuales se agrupaban sesenta más pequeños. Ya veis cómo tengo razón al decir que joya igual no podrá producirse jamás.

—A fe mía —dijo el viajero— vuestra joya debía ser preciosa. ¿Pero no creéis que con mucho dinero pueda hacerse otra análoga?

—La joya perdida —respondió el árabe, volviendo a quedar pensativo—, era un día: y un día que se pierde no vuelve a encontrarse jamás.—**Rabindranath Tagore.**

---

348. EL GRAN HOMBRE
Prov. 4:23.

Mantiene su modo de pensar independientemente de la opinión pública.

Es tranquilo, paciente; ni grita, ni se desespera.

Piensa con claridad, habla con inteligencia, vive con sencillez.

Es del futuro, no del pasado.

Siempre tiene tiempo.

No desprecia a ningún ser humano.

Capta la impresión de los vastos silencios de la naturaleza: el cielo, el océano, el desierto.

No siente vanidad. Como no busca alabanza, no se le puede ofender. Siempre tiene más de lo que cree que merece.

Está siempre dispuesto a aprender aun de los niños.

Trabaja por el placer del trabajo no por la recompensa material.

Vive cierto aislamiento espiritual a donde no llega ni la alabanza ni la censura. Sin embargo, su aislamiento no es frío: ama, sufre, piensa, comprende.

Lo que usted tiene, dinero o posición social, no significa nada para él.

Le importa sólo lo que usted es.

Cambia su opinión fácilmente en cuanto ve su error.

No respeta la consistencia venerada por los espíritus pequeños.

Respeta sólo la verdad.

Tiene mente de hombre y corazón de niño.

Se conoce a sí mismo tal cual es y conoce a Dios.—**"Luz y Verdad"**.

---

349. ATEISMO SOVIETICO
Mat. 24:10-12.

Según las informaciones de Tass, agencia noticiera oficial soviética, en la ciudad de Ashkhabad se abrió una Universidad de Ateísmo; esa población es la capital de la soviética Turkmenistan, que está en la frontera que forman Irán y la U. R. S. S. La universidad está ofreciendo un curso de seis meses sobre ateísmo para que más tarde se extienda ese "conocimiento científico-teísta". El oficial del registro cívico en Alemania Oriental está dando certificados a todas aquellas personas que voluntariamente dejan de ser miembros de las iglesias.

Es obligatorio que tengan estos certificados los oficiales del partido, los oficiales de las fuerzas armadas, y los estudiantes que están en los colegios preparándose para ser maestros.—**The Messenger.**

---

350. UN FABRICANTE DE IDOLOS
Sal. 115:3-8.

Un nativo de la India se indignó cuando escuchó la predicación de uno de los ministros nacionales sobre el pecado y la crasa ignorancia que mostraban los que adoraban ídolos.

Cuando agredió al indefenso predicador, éste, con toda calma le contestó: —Supongo que usted será algún fabricante de ídolos. —Sí —exclamó el hombre con ira. Y una voz de entre la multitud agregó: —Los hace y los vende a cuatro centavos cada uno. —Así me lo imaginé —respondió el ministro—, teme sin duda que alguno se convierta y él pierda sus ventas y por eso está tan indignado contra mi predicación.

Esta respuesta causó tanta risa a la multitud que el fabricante de ídolos no tuvo más remedio que escurrirse sin decir palabra.

---

351. ROMA Y LA BIBLIA
Jn. 5:39.

El estudio de la Palabra de Dios hace que el pueblo pronto se aleje de la idolatría. En Efeso, los plateros notaron la merma de sus ventas, y precisamente por haber perdido sus "ganancias" armaron un alboroto. Roma hace como lo hizo Demetrio. He aquí un buen testimonio:

En la Biblioteca Nacional de París hay un documento guardado, que contiene el dictamen dado al papa Julio III por los cardenales cuando fue elegido para ocupar el trono pontificio en el año 1550. Incluye los pasajes siguientes:

"De todos los consejos que podemos ofrecer a Vuestra Santidad, hemos reservado el más necesario al último. Tenemos que abrir los ojos bien y emplear toda la fuerza posible en el asunto de **permitir la lectura del evangelio tan poco como sea posible, especialmente en el idioma común, en todos los países bajo vuestra jurisdicción.**

"Debiera ser bastante el poquito, que por lo regular se lee en la misa, y no permitir a ninguno leer más.

"Mientras que el pueblo se contente con ese poquito, los intereses de Vuestra Santidad prosperarán; mas tan pronto como el pueblo quiera leer más, los intereses de Vuestra Santidad principiarán a decaer.

"Este es el libro que, más que cualquier otro, ha levantado contra nosotros los disturbios y tempestades por los cuales nos hemos casi perdido.

"El hecho es que si alguno examina diligentemente y compara las enseñanzas de la Biblia con lo que se verifica en nuestras iglesias, pronto encontrará la diferencia y verá que nuestra doctrina es frecuentemente distinta de la Biblia y más frecuentemente aún la contradice.

"Y si el pueblo entiende esto, nunca cesará, poniéndonos a prueba, hasta que todo se descubra, y entonces seremos el objeto del desdén y odio universal.

"Por eso es menester quitar la Biblia de la vista del pueblo, pero con precaución grande para evitar tumultos."—De **Bible League Quarterly** (Trad. por E. R. B.).

352. NO ESTIMO SU VIDA PRECIOSA PARA SI MISMO
Hch. 20:24; 21:13.

A través de los siglos desde el tiempo de Esteban, el primer mártir, se cuentan por miles los hombres que no estimaron su vida preciosa para sí mismos, sino que han sacrificado todo para la gloria de Dios. Uno de ellos es Baltasar Hubmaier, que era maestro de Teología y predicador en la catedral de Ratisbona. Cuando dejó la iglesia católica empezó la persecución para él. Por un tiempo estuvo en armonía con Zwinglio; pero en su estudio de la Biblia llegó a ser bautista y entonces no solamente fue perseguido por los católicos sino también por los zwinglianos, y por meses quedó en la prisión por orden de la Inquisición y sufrió terriblemente. La inquisición había empleado todas las torturas para hacer que se retractara, y fue puesto en libertad cuando se pensó que él estaba casi a punto de morir. Hubmaier fue de Zurich a Moravia, donde obtuvo un gran éxito en el trabajo; pero el emperador no pudo soportar la idea del avance de los bautistas y por su orden Hubmaier fue aprehendido y llevado a Viena. En marzo de 1528 el gran héroe de la fe fue decapitado y su cuerpo quemado.—**C. L. N.**

353. DIOS HACE TODO PARA BIEN DE LOS SUYOS
Rom. 8:28.

Dice Pablo: "Y sabemos que a los que aman a Dios, todas las cosas les ayudan a bien, esto es, a los que conforme a su propósito son llamados" (Rom. 8:28). ¿Y por qué dudamos? Pablo fue llevado a Roma para poder predicar el evangelio allí también. Dios sabe mejor que nosotros.

"Una calurosa tarde de verano, se cubrió el cielo repentinamente de negras nubes y pronto el vívido resplandor de los relámpagos anunciaba una tempestad que se aproximaba. Retumbó el trueno en las alturas y el relámpago en zigzag resplandecía con siniestro brillo.

La señora Moreno estaba en pie al lado de la cama de su niñito de cinco años, que estaba observando cómo los relámpagos jugueteaban alrededor de su cama.

Como los relámpagos se sucedían uno tras otro, la señora se puso temerosa; entonces su niñito se volvió a ella, y mirándola con sus grandes ojos azules, le dijo: "¿Verdad que es brillante, mamá? ¿Está Dios encendiendo sus lámparas?"

El corazón de la madre se enterneció con la pregunta del niño, y todo temor la abandonó; reconoció que era Dios en verdad el que permitía la tempestad, y que él podía proteger a sus hijos en medio de ella. La confianza de su hijito había reprendido sus temores.

354. EN NOMBRE DE LA LIBERTAD
Gál. 5:13.

Madame Rowland, que fue guillotinada durante la Revolución Francesa, después de que había ascendido al patíbulo y ya cuando estaba lista para poner su cabeza debajo de la cuchilla, por casualidad vio una estatua de la Libertad que estaba cerca del lugar, y exclamó: "¡Oh, Libertad! ¡Qué crímenes son cometidos en tu nombre!" Y es verdad que los crímenes más negros y repugnantes que manchan las páginas de la historia han sido cometidos en el nombre de lo más sagrado: en el nombre de la Libertad, de la Justicia o de la Religión. Hasta el día de hoy la libertad es sólo para el más poderoso, para el que sabe apoderarse de todo. Pablo tenía libertad para visitar a Jerusalén y purificarse en el templo; pero le fue quitada dicha libertad por los poderosos, y por cosa de cuatro años se le privó de ese tesoro tan preciado, estando unos dos años en Cesarea y otros dos en Roma.

355. ALIENTO EN LA NOCHE
Luc. 6:12.

La presencia patente del Señor alienta a sus siervos en sus más obscuras y largas noches. El doctor Jorge W.

Truett, renombrado pastor y predicador bautista, pasó los últimos meses de su vida, enfermo, y en dolor.

Alguien le preguntó: —Doctor Truett, ¿no le parecen las noches muy largas?

—No —contestó el ministro—, son demasiado cortas. Cuando estoy solo y no puedo conciliar el sueño me pongo a orar. Tengo una larga lista de personas que necesitan ayuda divina. Comienzo a pedir al Señor por ellas: una por una, y cuando amanece otro día no he terminado todavía la lista. Las noches son demasiado cortas.

Sin duda las oraciones del doctor Truett no solamente ayudaban a otros; sino también, mientras oraba, el Señor con su presencia lo alentaba.

───────

356.   "CONFIA, PABLO"
Hch. 23:11.

Seguramente Pablo se sentía chasqueado y desanimado mientras estaba en la prisión, en Jerusalén. Había venido a Jerusalén lleno del deseo de dar testimonio a los judíos; pero en cambio estaba en la prisión, adolorido de cuerpo y oprimido de espíritu, por el odio de su propio pueblo.

El Señor lo anima: (1) con su presencia, y (2) con su palabra de consuelo: También tenía que ir a Roma a dar testimonio del Señor.

───────

357.   ANANIAS
Hch. 23:3.

Ananías era el sumo sacerdote que mandó que le pegasen en la boca a Pablo. Parece que las palabras de Pablo: "Herirte ha Dios, pared blanqueada", eran proféticas. Según el historiador judío Josefo, los romanos quemaron la casa de Ananías cuando sitiaron a Jerusalén, y después metieron al sacerdote en un acueducto, lugar de su refugio, y así lo mataron.

---

358.   TU ESTAS FUERA DE TI
1 Cor. 5:13, 14.

"Un día un ministro estaba sentado en su estudio cuando vio a un hombre cabalgando sobre un caballo al cual golpeaba sin misericordia, tanto que parecía que el pobre animal podría caer muerto por causa de una caminata tan dura. El ministro se sintió indignado con el hombre viéndolo maltratar tanto a su caballo, y pensó que estaría fuera de sí. Salió de su estudio para seguir al hombre y entregarlo a las autoridades por el mal trato que daba al animal, y encontró el caballo atado a un poste junto a la oficina del doctor. Cuando entró en el consultorio escuchó al hombre relatando cómo, por un accidente, una máquina le había cortado los dos pies a su niñito. Esto cambió por completo la idea del ministro. Consiguió dos caballos nuevos para que el padre y el doctor fueran a atender al niñito, mientras que él atendía al otro caballo. ¿Estaba el hombre fuera de sí? ¿Estaba Pablo fuera de sí cuando procuraba salvar a los hombres del infierno? Escuchad: 'Si estamos locos, es para Dios; y si somos cuerdos, es para vosotros. Porque el amor de Cristo nos constriñe, pensando esto: que si uno murió por todos, luego todos murieron.' "—C. L. N.

---

359.   EL PODER DE LA PALABRA DE DIOS
Heb. 4:12.

El señor Jorge Whitefield estaba predicando una vez en Exeter, Inglaterra. Un hombre, allí presente, llevaba los bolsillos llenos de piedras para arrojárselas al señor Whitefield. Sin embargo, oyó con paciencia su oración; pero no bien había anunciado su texto cuando el hombre sacó una piedra y la retuvo en la mano esperando una buena oportunidad para tirársela; pero Dios mandó una palabra a su corazón y la piedra cayó de su mano. Después del sermón fue a ver al señor Whitefield y le dijo: "Señor, hoy vine a oirlo con el propósito de quebrarle la cabeza, pero el Espíritu Santo, por medio de usted, ha quebrantado mi **corazón."** El hombre probó más tarde ser un sincero convertido y vivió honrando el evangelio.—**Whitecross.**

360. FIDELIDAD DE POLICARPO
Apoc. 2:10.

Cuando Policarpo era obispo de la iglesia de Esmirna, fue llevado ante el tribunal, el procónsul le preguntó si era Policarpo, y contestó que sí. Luego empezó el procónsul a exhortarlo, diciendo: —Ten piedad de tu avanzada edad; jura por la fortuna de César; arrepiéntete; di: **quítense** los ateos (los cristianos).

Policarpo miraba solemnemente a la multitud y señalando con la mano, alzó los ojos hacia el cielo y dijo: —Quítense esos ateos —los que estaban en su derredor. El procónsul lo trató de persuadir diciendo: —Jura y te soltaré; renuncia a Cristo.

El venerable cristiano respondió: —Ochenta y seis años le he servido y nunca me ha hecho cosa perjudicial; ¿cómo puedo blasfemar a mi Rey quien me ha salvado?

—Tengo fieras y te expondré a ellas, si no te arrepientes —dijo el procónsul.

—Traedlas —dijo el mártir.

—Suavizaré tu espíritu con fuego —dijo el romano.

—Me amenazáis —respondió Policarpo—, con el fuego que quema sólo por un momento, pero olvidáis el fuego del castigo eterno, reservado para los impíos.

En la hora de su martirio daba gracias a Dios porque se contaba entre los mártires de Cristo.

---

361. PALABRAS SIN OBRAS
Stg. 2:17.

Hace algunos años hubo un naufragio cerca de la costa de Toscana. En el informe de uno de los miembros de la guardia toscana se encuentra lo siguiente: "Presté cuanta ayuda me fue posible con mi bocina. Sin embargo, se encontraron muchos cadáveres en la costa la mañana siguiente al día del naufragio."

¿Qué son las palabras sin la acción? Parece que Pablo, en el naufragio, habló poco; pero trabajó mucho, y por causa del trabajo ni aun hubo tiempo para comer como era necesario; sin embargo, salvó a todos los que estaban en la nave. Dios estaba con él.

---

362. EL CUIDADO DE DIOS
Sal. 37:25.

Se dice que una vez un anciano, fiel siervo del Señor, había llegado hasta el punto de no poder trabajar y tenía que depender de la bondad de otros para vivir. Un día los muchachos pasaron por su casa y escucharon su oración. El hombre estaba pidiendo a Dios que le mandara algo de pan. Los muchachos compraron un poco de pan y subieron al techo de su casa y lo arrojaron para abajo, por la chimenea. Un rato después ellos fueron para burlarse del anciano, y cuando entraron en su cuarto después de saludarlo le preguntaron si Dios le había mandado algo de pan. Les contestó: "Sí, Dios siempre me manda lo que necesito aunque tenga que mandarlo por conducto del diablo."

363. CAUTIVIDAD DE LOS JUDIOS

Jerusalén vencida, fue abrasada
Por mano de soldados extranjeros;
Cayeron en el polvo sus guerreros,
Pasados por la punta de la espada.

A Babilonia el vencedor traslada,
En medio de sus bárbaros arqueros,
Millares de infelices prisioneros
Que se vuelven mirada por mirada.

Las cautivas estampan entre tanto
El blanco pie desnudo en las arenas,
Y van volviendo el rostro al templo santo;

Y al ver el templo, el muro y las almenas
Entre humareda y llamas, nuevo llanto
Sus manos humedece y sus cadenas.

Manuel Carpio.

---

364. LA VENTANA DE DIOS
Sal. 19:91.

En el sur de Irlanda hay una iglesia cuyas ventanas
todas tienen vidrieras pintadas, menos una. A través de
ella puede verse el más espléndido de los paisajes: un
lago profundamente azul, salpicado de verdes islotes y
en el fondo, como un telón maravilloso, hilera tras hilera de cerros que la luz tiñe de púrpura. Debajo de la ventana hay esta inscripción: "Los cielos proclaman la gloria de Dios, y el firmamento muestra la obra de sus manos."—**Dutton.**

---

365. LANGOSTAS EN MARRUECOS
Ex. 10:1-15.

Según noticias procedentes de Casablanca en 1955,

una plaga de langostas que comenzó a invadir esa región por el mes de noviembre de 1954 destruyó la vegetación en una superficie de unos 500 kilómetros de largo. Algunas nubes de los insectos fueron hasta de quince kilómetros de ancho por treinta kilómetros de largo. La noticia decía que las langostas consumieron un repollo en menos de treinta segundos, y quitaron la corteza de un naranjo en menos de diez minutos; una cosecha de 30 hectáreas de tomates desapareció en menos de diez minutos. Eran tan voraces las langostas que hasta mordían los labios de los niños y atacaban a las aves de corral.

---

366. SALVAJES QUE PIDIERON UNA RELIGION FUERTE
Hch. 16:8-10.

En la parte nordeste de Borneo hay una tribu de salvajes que han tenido la costumbre de conservar disecadas las cabezas de los enemigos sacrificados. Antes de la Segunda Guerra Mundial estos salvajes no habían tenido contacto con el cristianismo; pero después de esa guerra unos jefes de la tribu Dyak invitaron a algunos misioneros metodistas a que trabajaran en un territorio cercano. Habían observado la vida de algunos soldados cristianos y quisieron que los misioneros les enseñaran acerca de "Jesús Dios" y de "la religión fuerte", puesto que las creencias paganas de ellos no podían cambiar su vida. A partir de la Navidad de 1949, los metodistas bautizaron a 2.500 de estos salvajes en tres años, inclusive algunos jefes. Para 1957 los metodistas tenían sesenta iglesias, 6.000 miembros, y 23 ministros en esa región, y unas 11.000 personas más estaban preparándose para ser miembros de las iglesias.—**Arnold's Commentary.**

367. LAS DOS VOCES
Rom. 7:18-23.

El señor Cristobal Marlowe, en su drama, "El Doctor
Faustus", describe a un hombre que, movido por el orgullo intelectual, vendió su alma por un caudal ilimitado
de conocimientos. Cuando se dio cuenta de que la ciencia y el poder que había obtenido por medio de tales conocimientos no le satisfacían, ya era tarde para arrepen-
tirse. Las dificultades del doctor Faustus comenzaron
cuando dos ángeles, uno bueno y otro malo, se le acercaron. El buen ángel trató de persuadir al doctor Faustus
de que se gobernara por el Libro, las Escrituras. El otro
ángel trató de persuadirlo a que rechazara el Libro y se
dejara gobernar por la nigromancia y la magia. Semejante cosa sucede en realidad con muchas personas: Un
mensajero malo trata de persuadirlos para que vendan
su alma en cambio de placeres u otras atracciones mundanas; mientras un mensajero bueno trata de persuadirlos para que acepten el mensaje de Dios para ellos.
El resultado depende de cómo el hombre responda, a
cuál voz obedezca.—**Broadman Comments.**

---

368. LA SUERTE DE EDOM
Abdías 1:14.

Después de la caída de Jerusalén ocurrida en 587 o 586
a. de J. C., los edomitas ocuparon las tierras de la parte
sur de Judá. En el año 300 a. de J. C. los nabateos conquistaron el monte Seir con su capital Petra. Por la in-
vasión de Palestina y Egipto por los griegos, el nombre
de la parte de Edom que está al sur de Judá fue cambiado por el de Idumea, el cual se le quedó, y los habitantes
fueron conocidos como idumeos. Hebrón, la capital de
Idumea, fue capturada por el caudillo judío Judas Ma-
cabeo en el año 165 a. de J. C. y el resto del territorio

conquistado por Juan Hircanus, quien obligó a los idumeos a que fuesen prosélitos, por el año 126 a de J. C. Antipater, gobernador de Judea, por el año 47 a. de J. C., y su hijo, Herodes el Grande, quien trató de destruir al niñito Jesús, fueron idumeos. Cuando los romanos, bajo Tito, pusieron sitio a Jerusalén en el año 70 d. de J. C., invitaron a veinte mil idumeos a que les ayudaran. Los idumeos no hicieron otra cosa que robar y saquear, y ellos mismos fueron subyugados por los romanos y dejaron de existir como nación.

369. POR QUE GANDHI PERMANECIO SIENDO HINDU
Hch. 10:9-17, 34.

¿Por qué Gandhi no fue cristiano? El permaneció hindú hasta el final. Adoraba a Cristo como una de las encarnaciones de Dios, no como la única. Nunca dio el paso final para hacerse cristiano. En una autobiografía que se publicó en la India, él dice que en sus días de estudiante se impresionó mucho al leer los evangelios, y que pensó seriamente en bautizarse y ser miembro de una iglesia cristiana. Pensaba que en el cristianismo estaba la solución a los prejuicios raciales y a las diferencias de casta que afectan a la India y al Africa del Sur. Un domingo por la mañana, Gandhi fue a una iglesia cristiana que estaba cerca, y tenía el propósito de hablar con el pastor al terminar el culto. Cuando entró en el templo, la comisión de recepción se negó a proporcionarle un asiento, y le sugirió que fuera a una iglesia de los negros. Gandhi salió de aquel templo para no volver más. "Si también los cristianos tienen diferencias de clase", pensó, "permaneceré siendo hindú, y desde allí atacaré el mal."—**C. C. Wychoff.**

370. NO PODEMOS ESCAPAR DE DIOS
Núm. 32:23.

El eminente predicador Enrique Ward Beecher dijo que hay "ciertas dificultades con Dios que nos arrastran; y cesarían si nos pusiéramos en pie y fuéramos a donde Dios quiere que vayamos." A menudo sucede que un hombre que ha cometido un crimen sube en un tren y viaja rápidamente para otra parte; pero a pesar de la rapidez con que se aleja del lugar donde cometió el crimen, hay algo que camina más rápidamente, es a saber, el mensaje telegráfico o el de radio, de manera que cuando llega a su destino, es aprehendido instantáneamente por los oficiales que le han estado esperando largo tiempo. Así Dios con frecuencia sorprende a los pecadores que en vano han tratado de escapar de su conocimiento y retribución.

Hubo cierto hombre que mató brutalmente a un recién casado en la ocasión de su matrimonio, habiendo obtenido admisión hipócritamente a las festividades de las bodas. El asesino montó a caballo en la obscuridad de la noche y huyó precipitadamente por los bosques y sendas torcidas. Cuando salió el sol al siguiente día, descubrió que estaba saliendo de un matorral que estaba en frente del mismo castillo del cual había huido, y que inconscientemente había dado una vuelta grande por sendas tortuosas. Se horrorizó: fue descubierto y sentenciado a muerte. Igualmente nos encontraremos cuando pase la noche, siempre en presencia de nuestro pecado y de nuestro Juez, sin valer que hayamos huido muy lejos y muy precipitadamente.

————

371. LO QUE CUESTA EL PECADO
Gén. 42:21.

Dice Henry Ward Beecher: "Había un hombre en el

pueblo en que nací, que robaba toda la leña que utiliza-
ba. En las noches frías, salía de su casa y se llevaba la
leña de distintas leñeras de las casas vecinas. Se hizo
un cálculo, y se demostró que el hombre perdía más
tiempo y trabajaba más para conseguir de este modo su
combustible, que lo que hubiese hecho si hubiera traba-
jado honestamente. Y este ladrón es una figura de miles de hombres que trabajan mucho más para agradar a
Satanás que lo que harían para agradar a Dios."—**C. S.
Spurgeon.**

372. "EN LA TIERRA PAZ"
Gén. 13:8.

Durante la Segunda Guerra Mundial, un soldado norteamericano que estaba luchando en Nueva Guinea fue
dejado por muerto a un lado de la carretera. Pero volvió
en sí de su desmayo, y allí quedó esperando la llegada de
los soldados japoneses, los cuales, con toda seguridad, lo
acabarían. Siendo el joven un creyente, encomendó al
Señor su camino y esperó en él.

Poco después vio llegar cuatro soldados japoneses,
los cuales, en vez de matarlo, lo sacaron de allí y lo condujeron a otro lado, más cerca de sus compañeros, a la
parte opuesta del bosque.

Antes de dejarlo, en un inglés bastante comprensible,
le explicaron: —Aquí os halláis casi a salvo. Pronto algunos de los vuestros os auxiliarán. Adiós... Nosotros somos cristianos, y odiamos la guerra.—**Dic. de Anécdotas.**

373. PAZ DURANTE UN TERREMOTO
Sal. 104:32.

Durante un terremoto, ocurrido hace unos pocos años,
los habitantes de la pequeña ciudad, presos del pánico,
corrían de una a otra parte, cuando se apercibieron de

una anciana, a quien todos conocían, en cuya actitud no podía verse sino paz y sosiego, la cual, desde la puerta de su vivienda parecía sonreir a los espantados. Alguien le preguntó: —Abuela: ¿No tiene usted miedo?

A lo que la anciana, una cristiana fiel, contestó: —No, no tengo miedo... Muy al contrario... Estaba pensando que mi suerte es grande, pues tengo para ayudarme a un Dios que puede, si quiere, sacudir el mundo.—**Dic. de Anécdotas.**

_____

374. JEFES DE TRIBU AFRICANA CON POCA FE
Stg. 5:17, 18.

Aquí, en Rodesia, al oriente de Africa, observamos a unos cuantos cristianos, que lo son desde hace pocos años, y han estado enfrentándose con un tiempo muy difícil. La ausencia de lluvias en diciembre significó que no podrían sembrar nada, y que sus ganados morirían de hambre y de sed cuando sus pozos poco profundos se secaran. Y sin tener ganado en condiciones de ser vendido, desaparecerían sus fuentes de donde podrían obtener dinero para comprar sus alimentos. Sin embargo, estos nuevos cristianos con frecuencia pedían lluvia, y con entusiasmo la esperaban día tras día. Cierta ocasión unos de los jefes de las tribus más cercanas a nosotros vinieron para estar en el culto que tendríamos por la mañana, en Lundi. Después del culto, cuando estábamos saludando a toda la gente, nos acercamos a estos "grandes" hombres y les dimos una bienvenida especial. Cuando les expresamos nuestra sorpresa por su venida y los invitamos para que volvieran a visitarnos en los cultos, nos dijeron que habían venido porque necesitaban lluvia; pues los miembros de la tribu pensaban que si sus "grandes" hombres venían al templo, su presencia en el culto haría que todos tuvieran lluvia. ¡Aquellos hombres no tenían una fe personal en Dios; sin embar-

go, en este caso se manifestó el poder de la fe que ellos
descubrieron en otros! ¡Esa noche hubo lluvia! Con esto
la fe de los "grandes" de aquella tribu y la de la misma
tribu quedó recompensada.—**Florence A. Sayre.**

———

375. MANOJOS DORADOS
(*Poesía Misionera*)

Las lágrimas que riegan el sendero
Son gotas venturosas
Del ánfora filial del misionero,
Que al caer se convierten en rosas;

Son perlas de buen precio
Porque Dios las estima y valora
A despecho del denuesto y del desprecio:
¡Ellas son como gotas de la auroral

En el lado del mundo caen y ruedan
Convirtiendo la arcilla en oro fino;
Y tras ellas tesoros hay que quedan
Hermoseando a lo largo el gran camino.

La visión interior va a la mirada
Arrancando, al efecto, el hondo llanto
Que aminora el dolor en la jornada,
Proveyendo al viador consuelo santo.

¡Cuán hermosos los pies del que predica
Del Señor la gloriosa y áurea fe!
Así andando y llorando, es culta y rica
la región que recorren esos pies.

Las lágrimas que riegan los eriales
Son gotas de rocío
Que suben de escondidos manantiales
Del fiel heraldo pío . . .

Y horizontes de pueblos se columbran
A la vista de esos ojos que lloran...
Ojos que como soles son, que alumbran
Dando al mundo sombrío sus auroras.
Misionero veraz, flor mañanera,
Que anuncias de la Gracia sus promesas.

¡Al fin disfrutarás de tu quimera
En lugares de gloria y de fulgores!
Donde el cierzo invernal jamás acosa
Y no existen letales inquietudes;
Y es más suave que el céfiro y la rosa
La canción de triunfantes multitudes.

¡Ya vuelve el sembrador con regocijo!
¡Impregnados de luz están sus ojos!
Su alma es un laúd, pues Dios bendijo
Su labor; y ya ostenta sus manojos.

Es la tarde en la vida del heraldo.
El erial que sonó ya está sembrado:
¡Ya florece el rosal do hubo cardos,
Y do hubo espinas sube el trigal dorado!

Una página nívea allá en el cielo
Queda escrita con oros celestiales
Por cada gota de llanto, que consuelo
Derramara en los débiles mortales.

Y tras él un clarín de bendiciones
Resuena como un fruto de alegría:
¡Mientras cantan los salvados corazones
Junto al camino que regara un día.

                                        Joaquín A. Cáceres.

376. LA PARABOLA DEL RELOJERO
Apoc. 2:20.

Si en ti hay algo radicalmente malo, algo que requiere

un cambio radical y tú no puedes lograr este cambio; y si sólo Dios puede hacerlo, síguese que: o Dios hará esta obra en ti sin tu ayuda, o la hará con tu consentimiento. Y por cierto Dios nunca salva al hombre sin su consentimiento.

El hombre no es una máquina. Si tengo un reloj que no marca bien la hora, lo llevo al relojero, en cuyo caso el reloj no consiente ni puede consentir. El relojero lo desarma, encuentra la falta y la remedia, siendo el reloj completamente pasivo. Cualquier otra clase de máquina se repara de la misma manera. Pero el hombre fue hecho a la imagen de Dios, y esta imagen queda en parte en el hombre aún después de la caída, en su poder de pensamiento y en el libre albedrío. Digo con gran reverencia que Dios respeta a las criaturas de su creación, y en consecuencia de ello no trata a los seres humanos como si fuesen máquinas.

El Creador respeta la mente, capaz de pensar; el corazón, capaz de amar; la conciencia, capaz de juzgar; la voluntad, capaz de escoger. Por lo tanto nos presenta la salvación como algo que se puede escoger y aceptar: no la puedes ganar, o conseguir por tu esfuerzo; pero la puedes tomar por fe; y nunca será tuya si no la tomas así.—**A. T. Pierson.**

377. LA PAZ DE DIOS
Rom. 5:1; *Ef.* 2:11-18.

—Usted se está muriendo —dijo el doctor. Al escuchar esto, la cristiana moribunda sonrió.

—Usted se muere: ¿Ha hecho usted la paz con Dios?

—No doctor, no la he hecho.

—Entonces le suplico que no la retarde más.

—Yo no puedo hacer mi paz con Dios; además, ya es tarde.

—No, no —dijo el doctor— no es tarde; es posible que viva usted aún dos horas.

La enferma guardó silencio un momento; luego, fijando la vista en el doctor, dijo pausada y lentamente:

—Hace más de diecinueve siglos que Cristo hizo la paz por la sangre de su cruz y hace algunos años lo acepté como mi Salvador, y desde entonces he gozado la gloriosa paz que él da a los que en él confían.

Después de una pausa añadió:

—Doctor, ¿tiene usted paz?

¡Qué diferencia entre intentar hacer la paz con Dios y el haberla hecho él mismo por nosotros! ¡Cosa terrible es el hallarse sobre el lecho de la muerte atormentado por el deseo de hacer la paz con Dios, por otro lado, ¡qué felicidad es la de poder descansar en Jesucristo mismo, como lo hacía esta mujer cristiana!—**El Evangelista Pentecostal**.

---

378. UNA GUIA HACIA EL CIELO
Sal. 119:105.

Una jovencita en su lecho de muerte, ofreciendo su Biblia a un joven hermano, le dijo:

—Ten, Jorge . . . guárdala por amor a mí . . . pero más aun por ser "el libro de Dios" . . . él me enseñó el camino al cielo, a donde me dirijo con plena seguridad . . . él ha sido mi lámpara en mi camino, pero ahora voy a donde ya no la necesitaré . . . Léelo, Jorge, y nos volveremos a reunir . . . en el cielo.—**Heraldo Cristiano.**

---

379. LA MUERTE DE ALEJANDRO
Prov. 20:1; 23:19-21; 23-35; *Is.* 5:11, 12; 22; *Dan.* 1:8; 1 *Cor.* 6:9-11; *Gál.* 5:21-23; 2 *Ped.* 2:22.

"Dio pues convite a Nearco, y habiéndose bañado ya, como lo tenía de costumbre, para irse a acostar, a petición de Medio marchó a su casa a continuar la cena; y habiendo pasado allí bebiendo el siguiente día, empezó a sentirse con calentura. Aristóbulo dice sencillamente que le dio una fiebre ardiente con delirio, y que teniendo una gran sed bebió vino; de lo que resultó ponerse frenético, y morir en el día treinta del mes Daisio."—**Las Vidas Paralelas,** de Plutarco.

380. LUIS XIV TRATADO COMO HOMBRE
Sal. 148:13.

El rey Luis XIV de Francia iba a ser sepultado en la Catedral de Nuestra Señora, en París. El templo estaba profusamente decorado. La concurrencia allí reunida representaba a lo más grande de la nobleza que el mundo había visto. El cuerpo del rey muerto estaba ataviado con elegantes, vistosos, finos y ricos vestidos. Los nobles que habían llegado procedentes de lejanos y de cercanos lugares esperaban un grandioso panegírico, como, según ellos, lo merecían la ocasión y el monarca muerto. Sin embargo, quedaron sorprendidos, atónitos, alarmados y pasmados cuando escucharon al predicador decir: "¡Solamente Dios es grande!"

Lo anterior nos hace recordar que Dios, por medio del profeta Oseas, había dicho: "Dios soy, y no hombre; el Santo en medio de ti..." (Os. 11:9); y el Señor Jesús dijo: "Tuyo es el reino, y el poder, y la gloria" (Mat. 6: 13), y también dijo: "ninguno hay bueno, sino sólo Dios" (Luc. 18:19); y Juan dijo: "Dios es amor" (1 Jn. 4:16).— **J. Winston Pearce.**

381. UNA JUSTA DEMANDA
Mat. 11:28-30.

Lo que demanda Jesús de todos los que somos sus seguidores, no es una arbitrariedad ni menos una injusti-

cia o capricho. Jesús no requiere ningún sacrificio para
sí, sino para nuestro desarrollo y para traer el reino de
Dios entre los hombres. Los más felices no son los egoístas, sino aquellos que se olvidan de sí mismos; no los
ambiciosos, sino los piadosos de corazón; no los avaros,
sino los generosos; no los que poseen más, sino los que
aman más. Aquí se provee un increíble medio para amis-
tar a los hombres unos con otros, clases con clases y naciones con naciones, sobre bases sanas de amistad sincera y amor mutuo.—**Exp. Bíbl.**

---

382. LA COMPENSACION DE UNA DESGRACIA

Job 42:10, 12.

Un cierto hombre de negocios muy prominente de
Nueva York, perdió una gran parte de su caudal en **la
bolsa** y decidió irse al estado de California a empezar un
pequeño negocio con lo poco de capital que le quedaba.
Compró algunas hectáreas de terreno y después de muchos trabajos logró ponerlo en condiciones para sem-
brarlo. Para poder irrigarlo tuvo que hacer un canal en
la construcción del cual se le fue todo su dinero. Uno de
tantos días, vino una tempestad que le inundó todo el
terreno y desbarató completamente el canal que estaba
en construcción. Todos lamentaban la pérdida total de
aquel hombre y él también. Por un momento se deses-
peró; pero pronto recapacitó y dejó todo en manos de
Dios. Pero, ¿cuál no sería su sorpresa cuando el agua
bajó y notó que había abierto un hoyo profundo, encontrando una ríquisima veta de oro completamente descu-
bierta. Así pues, lo que todos habían considerado como
una calamidad se había vuelto en salvación.—**Exp. Bíbl.**

383. LA VOZ DE UNA CAJA DE FOSFOROS
Prov. 14:34.

Un vagabundo fue llevado delante de un tribunal en París, acusado de ebriedad y de cometer desorden en la vía pública: se defendió diciendo que él era borracho por causa del gobierno; y cuando le pidieron que explicara contó una historia que se publicó en un periódico:

"Sacó tres cajas de fósforos (la manufactura de fósforos es un monopolio del gobierno de Francia), y leyó los lemas que había escritos en las cajas: 'El vino es la fortaleza de los valientes y la salud de los fuertes.' 'Una comida sin vino es como un día sin sol.' 'El buen vino consigue buenos amigos.' "

"El acusado dijo que él no era responsable por haber estado ebrio, porque nunca hubiera tomado vino si no hubiese leído aquellos anuncios que el mismo gobierno publicaba, los cuales lo convencieron de que era bueno beber, y esto le había ocasionado el vicio del alcohol."— **Arnold.**

---

384. LIBERACION DE UN CAUTIVO
Jn. 8:32, 36.

Las lágrimas corrían libremente por el rostro de un anciano mientras trataba de desatar el nudo de un cordón que tenía alrededor del cuello, en el que tenía colgado un pequeño saco. El nudo estaba sucio, y lleno de tierra. El anciano tenía la cabeza doblada como si llevara un gran peso sobre la espalda, su cuerpo temblaba y el temor de lo desconocido se reflejaba en sus ojos. Este hombre era Sampashe, jefe africano.

"No debes confiar en dioses paganos", le habían dicho; pero el conflicto de siglos de tinieblas y temor se había posesionado de él. ¿Qué calamidades le sobrevendrían si se quitaba este amuleto? ¿No podría conservar por lo menos éste? "No", le dijeron, si realmente crees en el amor y en el poder de Jesús, debes poner tu confianza solamente en él."

Parado junto al anciano, en silencio y comprensivo, sonriendo para infundirle ánimo y confianza estaba el misionero. Sampashe levantó las manos, pero el viejo nudo no podía deshacerse, pues había estado atado por tantos años que estaba completamente sólido.

El terror se apoderó del corazón de Sampashe. Miró el rostro del misionero y entonces hizo la primera oración de su vida, la cual era un grito en el que pedía auxilio, misericordia y amor. El nudo se aflojó, y a medida que el cordón se deslizaba del arrugado cuello del anciano, también una carga pesada caía de su corazón. Alzando el rostro lleno de lágrimas, Sampashe sonrió triunfante y tomó la mano del misionero en señal de fraternidad cristiana.—**Lois Morrison.**

====

385. LA ISLA DE LA CURACION FELIZ
Hch. 28:8-10.

Esta es una pequeña isla que está cerca de Hong Kong, la cual ha sido rentada por el gobierno a una misión de Londres, isla donde viven actualmente trescientos leprosos que antes no tenían hogar y que eran despreciados refugiados en Hong Kong, ciudad que está bajo el gobierno británico. Entre los centenares de refugiados chinos que se amontonaron en Hong Kong como resultado de la ocupación comunista del territorio chino, hubo grandes cantidades de víctimas de la lepra, quienes estaban muriendo de hambre y casi desnudas. Las condiciones eran tan tremendas que la Misión de Londres para los leprosos se propuso hacer algo para ayudarlos. Después de que el gobierno les rentó la isla de Nun, cambiaron a los pacientes y comenzaron a construir un edificio en el lugar donde estaban las ruinas de una villa.

Recibieron ayuda de muchas partes, incluyendo a los soldados británicos. Los leprosos que viven allí ahora tienen vidas útiles y están contentos. Se nos dice que en todas partes, en esta comunidad cristiana se ve manifiesto el espíritu del Salvador. Bajo la dirección piadosa del capellán James Hu, las actividades religiosas forman la parte más importante de la vida de la villa. Por acuerdo unánime de los que viven en la isla, le cambiaron el nombre de Isla de Nun a "Isla de Hay Ling Chan", que significa: Isla de la Curación Feliz.—**Arnold.**

386. LA REGLA DE ORO PRACTICADA
Mat. 7:12.

Hace muchos años un ministro iba a caballo para tomar el tren, cuando se dio cuenta de que había un lugar en el campo donde el ganado había quebrado la cerca y se había metido al sembrado de maíz que apenas estaba comenzando a brotar. Este ministro inmediatamente se dio cuenta de que a menos que se echara fuera el ganado y se arreglara la cerca, el campo quedaría completamente arruinado y se perdería la cosecha.

Miró su reloj y vio que apenas tenía tiempo para llegar a la estación y que si se detenía para arrojar al ganado y arreglar la cerca perdería el tren.

Sin embargo, el ministro sabía lo que le gustaría que alguien hiciera en caso de que este sembrado fuera de él. Por tanto, en obediencia a la Regla de Oro y a la ley del amor, se bajó del caballo, arrojó al ganado y arregló la cerca.

Afortunadamente el tren llegó tarde y él pudo alcanzarlo.—**Arnold.**

387. EL PODER QUE TRANSFORMO A UN MINERO
1 *Cor.* 6:9-11.

Hace algunos años, un joven que vivía en un pequeño pueblo minero era muy borracho. Una noche fue a predicar un ministro, y nuestro joven, aunque estaba ebrio, asistió al culto. Tenía temor de que los directores le dijeran que se fuera, pero nadie lo trató mal y se quedó a todo el culto y escuchó el sermón. Como los cultos continuaron durante algunos días, el minero siguió asistiendo, y por fin un domingo él y toda su familia hicieron profesión de fe.

Inmediatamente dejó de beber, y se notó el cambio que se había efectuado en su vida.

Al poco tiempo el minero dijo que deseaba ayudar para que se organizara una iglesia en el pueblecito. Empezó a hablar de su Salvador a todos, visitó a todas las familias de la localidad hablándoles de las buenas nuevas de salvación. Algunas veces lo recibían bien, otras le daban con las puertas en la cara; pero él no se desanimaba, y Dios bendijo su ministerio.

En la actualidad hay una iglesia organizada en aquel pueblecito minero, solamente porque un hombre que entregó su corazón al Señor estuvo dispuesto a dar testimonio de lo que Dios había hecho por él.—**Adaptada.**

---

388. UN SACRIFICIO PARA ESPARCIR LAS BUENAS NUEVAS
Luc. 8:38, 39.

Antes de que los comunistas ocuparan el territorio de China, fue llevada a un hospital cristiano en Cantón una mujer muy enferma. Allí la mujer oyó hablar de Cristo y le entregó su vida. Un día la mujer le preguntó al doctor: —Doctor, ¿cuánto tiempo más puedo vivir si permanezco en el hospital?

—Más o menos cuatro meses —fue la respuesta.

—¿Y cuánto viviré si me voy a mi casa?

—No más de dos meses.

—Entonces, me voy a mi casa —dijo la mujer.

—Pero, usted perderá la mitad de la vida que le queda —añadió el doctor.

Una luz de gozo iluminó el rostro de aquella mujer y dijo con gran animación:

—¿Cree usted que no tendré gusto de dar la mitad de mi vida para decir a mis parientes y amigos la historia del amor de Cristo?

De acuerdo con su voluntad la mujer salió del hospital y se fue a su casa para pasar el corto tiempo de vida que le quedaba y emplearlo compartiendo las buenas nuevas que habían sido una fuente de consuelo para ella. En verdad, "ella amó mucho".—**Arnold.**

---

389. FIELES HASTA LA MUERTE
Hch. 4:24-30.

En Kenya, África, hay una organización terrorista llamada Mau Mau. Se nos dice que Jomo Kenyatta, el jefe de esta organización es discípulo de Moscú, por tanto, dicha organización es grandemente anticristiana.

A pesar de la persecución de que son objeto los cristianos africanos, han tenido suficiente valor para ser fieles y desafiar todos los peligros. Cada vez que hay alguien que predique, los templos se llenan, a pesar de que en muchas ocasiones los Mau Mau han incendiado templos, martirizando a los cristianos y asesinándolos. Los cristianos de Kenya se exponen caminando kilómetros y kilómetros para asistir a los cultos.

Un jefe nativo, llamado Juan Waruhin reunió a treinta mil de sus compatriotas para explicarles que la organización Mau Mau era mala e incitó a la gente para que resistiera dicha organización. Les dijo que en lugar del pacto de los Mau Mau debían ellos tener el siguiente lema: "No tendrás dioses ajenos delante de mí." Al poco tiempo fue asesinado, pero su hijo continúa haciendo la labor que no pudo continuar su padre. El hijo de Waruhin está predicando el evangelio en un campo de detención donde están los peores criminales de los Mau Mau, y se nos dice que en nueve meses ganó 270 de estos hombres para Cristo.

Se dice que la oración más frecuente entre los cristianos de Kenya es: "No que nos libres del peligro, sino que nos ayudes a permanecer fieles."

¡Qué hermosa lección de fidelidad y valor nos dan estos cristianos!—**Adaptada.**

═══════

390. ENCONTRO AL BUEN SAMARITANO
Luc. 10:25-37.

Una mujer llamada Ana Smith llegó al hogar de una familia muy pobre en donde el jefe de la familia estaba enfermo sufriendo agudos dolores. La mujer entró a visitar este hogar con el propósito de hablarles algo acerca de Cristo. Pero el hombre de muy mal talante dijo a la mujer: "No quiero que nadie ore aquí ni lea la Biblia, pues no creo en ninguna de estas cosas."

Inmediatamente Ana Smith aseguró al hombre y a la esposa afligida que haría algo para ayudarlos, y se fue para conseguir provisiones y ropa para la familia. Cuando la señora Smith regresó, el hombre que bruscamente le había prohibido que orara o leyera la Biblia le dijo: "Léame por favor la historia del Buen Samaritano." La señora Smith lo hizo con gusto, y cuando terminó de leer dijo el enfermo: "He visto muchos sacerdotes y levitas, pero nunca antes había visto un buen samaritano." La amargura del hombre y sus prejuicios desaparecieron por causa de una buena acción de una cristiana.—**Arnold**

391. CUANDO MULLER ORO
Stg. 5:16c.

Jorge Muller fue un cristiano inglés que organizó algunos orfanatos en la ciudad de Bristol, Inglaterra. Un día, en uno de estos orfanatos se descompuso la calefacción y para repararla tenían que privarse del calor en todo el edificio.

Estaba soplando un helado viento del norte y entonces Muller se puso en oración de la siguiente manera: "Señor, estos son tus huérfanos; permite que el viento del norte cese y sople el viento del sur, y permite que los trabajadores puedan estar dispuestos a trabajar para que la reparación se haga rápidamente."

El viento del norte siguió soplando hasta que llegaron los trabajadores, y entonces se calmó y empezó a soplar suavemente el viento del sur. Los hombres pusieron manos a la obra y dijeron que trabajarían toda la noche. En treinta horas estuvo terminada la reparación.

El viento del sur continuó soplando hasta que la planta de calefacción estuvo otra vez trabajando y entonces una vez más el viento del norte comenzó a soplar.— **Arnold.**

---

392. RESULTADOS DE UNA CENA DE NAVIDAD EN UN HOGAR CRISTIANO
Fil. 1:1a.

Mathra Das era un hombre de Pakistán, de manera que él había adorado ídolos de barro. Su nombre significaba "esclavo de un dios". Un día de Navidad otros de sus compatriotas que habían oído hablar de Cristo y habían comenzado a recibir las enseñanzas de él tuvieron una cena de Navidad. Mathra Das ayudó a pagar la comida de la misma manera que lo hicieron los demás; pero cuando comenzó el culto de adoración él se sentó a un lado sin tomar parte en nada. Después pidió a uno de los cristianos que le hablara más de aquella religión. Este hombre le dijo que él mismo no sabía mucho, pero le obsequió un Evangelio de Marcos en Gurmukhi.

Das lo leyó. Después compró un Nuevo Testamento en Gurmukhi y lo leyó todo muy pronto. Con frecuencia iba para que un evangelista le explicara aquellas enseñanzas. Al poco tiempo dejó de emborracharse y después fue bautizado con toda su familia. En seguida tomó el nombre de Das Masih, que significa "esclavo de Cristo."—**Arnold.**

393. CAMBIOS OBRADOS POR LA VENIDA DEL SALVADOR
Luc. 4:16-21.

Cuando en 1885 se celebró el jubileo de una de las misiones inglesas en las islas Fiji, el Reverendo James Calvert dijo que al principio de esos cincuenta años no había ni un solo cristiano en todas las islas Fiji, pero que para esa fecha, (1885) no quedaba ni un solo pagano. No solamente se había extinguido el canibalismo, sino que habían desaparecido otras costumbres crueles y bárbaras.

El doctor D. Coe Love, que hace poco se retiró después de trabajar cuarenta años como misionero en Camerún, Africa Occidental, dice: "Hemos visto cambios tremendos en la vida de los hombres y de las mujeres. En la actualidad una joven que va a casarse debe tener por lo menos catorce años de edad; puede decir algo en cuanto a la elección del marido, y muchas jóvenes se casan sin tener ninguna dote. En la actualidad cuando muere alguna persona en el barrio los que se reúnen cantan himnos sagrados, leen las Escrituras y oran, lo cual es completamente diferente de lo que hacían antes, pues lloraban y gritaban y se revolcaban en la tierra y en la ceniza y torturaban a las mujeres por causa de una muerte.

"En la actualidad los hombres cultivan café, cacao, palmas, y trabajan en las oficinas y en otras avenidas de servicio y no dedican su tiempo a estar sentados y platicando todo el día comprando y vendiendo mujeres. Estos y otros cambios se deben al hecho de que Cristo, el Salvador de los hombres, ha sido recibido por estas gentes. Cristo es el que cambia a las personas, pues hace que los hombres y las mujeres nazcan de nuevo.—**Arnold.**

---

394. RESULTADOS DE LA FIDELIDAD A DIOS
Dan. 6:10,11.

Se cuenta la historia de un muchacho que hizo una gran impresión en dos hombres de negocios que iban en el tren en un carro Pullman. Los padres fueron a la estación a dejarlo, y cuando el muchacho se quedó solo en el carro abrió su valija, sacó su Biblia y sentándose en la orilla de la cama empezó a leer. Aunque los demás se quedaron mirándolo, cuando terminó la lectura cerró la Biblia y se arrodilló junto a la cama y oró antes de acostarse.

Dos hombres de negocios que vieron todo esto se impresionaron mucho con la escena y se convencieron de que también ellos tenían la necesidad de orar. Uno de ellos dijo que hacía mucho tiempo que no había presenciado una escena semejante, y reconoció que se había apartado de las enseñanzas que le había impartido su piadosa madre. El acto del muchacho creó en el corazón de aquel hombre un deseo de volver a practicar aquellas enseñanzas. Se nos dice que más tarde estos dos hombres de negocios encontraron su paz con Dios.—**Arnold.**

395. LA RESTITUCION QUE HIZO UN HACENDADO
Luc. 19:8, 9.

Una vez un pastor de cierta ciudad de los Estados Unidos fue instrumento en las manos de Dios para llevar a un hacendado a los pies de Cristo. Pero el hacendado había cometido algunas malas acciones en su vida pasada, las cuales quería enmendar. Había robado en alguna forma y era necesario hacer confesión y restitución, lo cual era difícil. El hacendado pidió al pastor que lo acompañara para ir con sus vecinos confesando sus malas acciones y haciendo las restituciones del caso. El pastor aceptó la invitación, y más tarde declaró que cuando alguien empezaba a criticar al hacendado, el predicador pronunciaba un sermón apropiado.

Este mismo hacendado salió una noche muy fría de invierno y cuando vio al policía que estaba patrullando la zona que le correspondía en un suburbio de la ciudad, el hacendado se acercó y al mismo tiempo que caminaba con el policía le habló acerca del futuro de su alma hasta que las lágrimas brotaron de los ojos del policía. Juan el Bautista predicó en lugares extraños, y algunas veces nosotros podríamos hacer un trabajo eficaz por Cristo si tuviéramos el celo que caracterizó a Juan el Bautista para predicar en cualquier lugar.—**Arnold.**

396. ALGO FALTABA
2 Tim. 4:2.

Un hombre de negocios visitó la iglesia de una gran ciudad y después del sermón felicitó al ministro por el buen culto y el sermón. "Pero", dijo el manufacturero, "si usted fuera mi agente de ventas, yo lo despediría. Usted atrajo mi atención por su manera de presentarse, por su voz y por sus modales. Su oración, su lectura de la Biblia, y el discurso lógico despertaron el interés. Usted calentó mi corazón con un deseo de obtener lo que usted estaba predicando, y en seguida se detuvo sin pedirme que hiciera algo para conseguirlo. En los negocios lo importante es hacer que la persona firme en la línea de puntos que aparece en los contratos."

Juan el Bautista atrajo la atención por su presentación y su manera de predicar, y los corazones se conmovieron con su mensaje; pero como culminación de todo, él persuadía a las gentes para que hicieran frutos dignos de arrepentimiento y se sometieran al bautismo como una demostración de su propósito de olvidar sus pecados y vivir una vida nueva.—**Arnold.**

397. ALAS POR LOMBRICES
Heb. 12:15-17.

En una asoleada mañana, dos alondras subían volando a lo alto. La alondra padre hablaba con su polluelo, haciéndole ver lo maravilloso que es tener alas y poder volar hasta las alturas. Pero el pequeño, en su inexperiencia, escuchaba sólo a medias, pues su atención se fijaba en el tintinear de una campanita, que llegaba a sus oídos desde la tierra.

El pajarillo, curioso, bajó al campo de donde provenía el sonido que tanto le atraía, y vio a un hombrecillo que guiaba un carro mientras gritaba: "¡Vendo lombrices! ¡Dos lombrices por una pluma!"

A la pequeña alondra le encantaban las lombrices; ya al nombrarlas se le hacía agua el pico. Y sin pensar más se decidió: arrancó una pluma de sus alas y la cambió por dos lombrices. Cuando se las hubo comido volvió junto a su padre, muy satisfecha.

Al día siguiente la alondra esperó ansiosamente el sonido de la campanita, y al oirla bajó a realizar nuevamente su extraño negocio, dando otra pluma a cambio de dos lombrices. Esto lo repitió día tras día. Una **vez**

ofreció al hombrecillo cinco plumas por diez lombrices.
El vendedor aceptó entusiasmado y, desde entonces, por
espacio de varios días más, continuó el intercambio.

Al cabo la alondra batió sus alas inútilmente: ¡ya no
podía volar! ¡Estaba atada a la tierra y condenada a
arrastrarse en lugar de volar! ¡Había cambiado sus alas,
su libertad, por un puñado de lombrices!—**Luther Bur-
bank**.

398. AFINEMOS NUESTROS OIDOS
Fil. 4:8.

Cierta niñita fue a visitar a su tía, que vivía en otra
provincia. Un día ésta la encontró llorando.

—¿Qué te pasa, querida? —le preguntó.

—Tengo hambre, nada más —respondió la niña.

—No necesitas pasar hambre en la casa de tu tía
—contestó ella.

A los pocos segundos volvió con una taza de leche
y pan.

—No tengo hambre de estas cosas —dijo la niña—, sino
de oir decir a mamita: "Ven, preciosa, un beso para mamita." ¡Pobre pequeña nostálgica! Sus oídos estaban
acostumbrados a los dulces tonos de la voz de la madre,
y ninguna otra cosa la satisfacía.

Adiestremos nuestros oídos hasta que respondan claramente a lo puro, a lo dulce, a lo hermoso y sean sordos
a los sonidos duros, bajos y vulgares. Y Dios nos ayuda-
rá a mantener nuestra vida a tono con la suya.

399. ¿COMO HEMOS DE INTERPRETAR 1 TIMOTEO
5:23, YA QUE PABLO RECOMIENDA
EL USO DEL VINO?
Ef. 5:18.

En el problema de si un cristiano debe usar el

vino o no como bebida, entran muchos factores que ahora no podemos tratar en esta respuesta, pero en la recomendación que hizo Pablo a Timoteo sobre el particular,
fijémonos en tres cositas:

1) Parece que Timoteo tenía escrúpulos en contra del
vino; de otro modo Pablo no habría necesitado hacer recomendación alguna, pues la costumbre general de la
época era tomar vino. ¿Por qué, entonces, tenía Timoteo
tales escrúpulos si no fue por una idea reinante de entre los cristianos, a lo menos los más espirituales?

2) La recomendación fue que Timoteo tomase **un
poco de vino.**

3) Pablo basó la recomendación en el estado de salud
de su joven amigo, "a causa de tu estómago, y de tus frecuentes enfermedades". Para él el vino sería remedio y
no bebida. En su época los medicamentos eran pocos,
mayormente el vino y el aceite. El vino se usaba mucho
para ponerlo en las heridas, pues el alcohol servía de
desinfectante. Ahora tenemos mejores desinfectantes y
mejores medicamentos para el estómago sin exponer al
paciente a costumbres peligrosas.—**H. C. M.**

400. FUE HECHO DE BARRO
Jn. 9:25.

Un modernista muy sabio estaba tratando de ridicu-
lizar el relato bíblico de la creación del hombre. Habló
con desprecio y en forma blasfema del Dios que "tomó
un pedazo de barro en su mano, sopló sobre él e hizo un
hombre".

En el auditorio había un hombre que conocía la gracia
salvadora de Dios. Se levantó y dijo: "Señor, yo no voy a
discutir la creación con usted, pero le diré esto: En
nuestro pueblo Dios se inclinó y levantó el pedazo de
barro más sucio de toda la comarca. Sopló sobre él su
Espíritu y fue creado de nuevo; fue cambiado de un

hombre malvado a un hombre que odia sus pecados pasados y ama al Dios que lo salvó. **Y yo, señor, era ese pedazo de barro.**

---

401. PARA LOS QUE FALTAN AL CULTO
Sal. 27:4.

No faltes al culto de tu iglesia, porque tienes visitas. Invítalas cortésmente al culto religioso.

No faltes a estas reuniones religiosas por tener el hábito de leer por la noche el periódico. La Biblia que se lee en el púlpito, alimenta mejor el alma del creyente, que la prensa profana.

No faltes porque piensas que no te echarán de menos en la iglesia, Dios que ve todo, se fijará en tu ausencia.

No faltes porque tus amigos no van a dichas reuniones. Tienes compromiso con Dios y no con los hombres.

No faltes porque te crees insignificante y no ejerces influencia en tu iglesia. Tu presencia en el culto, habla muy alto de ti, por indicar que cumples tus deberes religiosos.

No faltes porque te figuras saber más que el ministro de tu iglesia. Por mucho que sepas, eso no es motivo para no servir a Dios.

No faltes por figurarte que la iglesia no te necesita. Por pobre y humilde que uno sea, siempre sirve para algo en la congregación.

No faltes por creer que tu iglesia es muy imperfecta. Ciertamente las congregaciones religiosas están compuestas por creyentes que tienen sus faltas. Tú también las tienes: y, tal vez, oyendo los sermones te corrijas un poco.

No faltes a los cultos: pues asistiendo a ellos, cumples con Dios. Tienes seis días para tus ocupaciones; reserva el séptimo para tu Creador.—**A. Pereira Alves.**

402. JESUS EXPIRA EN LA CRUZ

Delante de la cruz los ojos míos,
quédenseme, Señor, así mirando,
y, sin ellos quererlo, estén llorando
porque pecaron mucho y están fríos.

Y estos labios que dicen mis desvíos
quédenseme, Señor, así cantando,
y, sin ellos quererlo, estén orando
porque pecaron mucho y son impíos.

Y así con la mirada en vos prendida,
y así con la palabra prisionera,
como la carne a vuestra cruz asida,

Quédenseme, Señor, el alma entera,
y así clavada en vuestra cruz mi vida,
Señor, así, cuando queráis, me muera.

Rafael Sánchez Mazas.

403. ¿QUE ES DEL HOGAR SIN UNA SANTA BIBLIA?

(Fragmentos)

¿Qué es del hogar sin una Santa Biblia?
Es un lugar donde el hermoso día,
tiene tristezas cual la noche umbría;
es noche sin estrellas, flor sin vida,
la morada del alma entristecida.

¿Qué es del hogar sin una Santa Biblia?
Es un lugar donde el pan de cada día
los cuerpos alimenta y fortalece:
mientras tanto que el alma, entre tinieblas,
sin alimento espiritual perece.

¿Qué es del hogar sin una Santa Biblia?

Escucha atentamente y reflexiona:
es un hogar donde las almas gimen
alejadas de Cristo que perdona.

Hogar sin Biblia: hogar perdido
en las tinieblas y en el dolor;
si tú quisieras hallar la vida:
la Biblia es astro, luz, y amor.

(Copiado)

404. ORACION DE MARTIN LUTERO ANTES DE PRESENTARSE ANTE LA DIETA DE WORMS
Sal. 43.

"Omnipotente y eterno Dios, ¡qué terrible es este mundo! ¡Cómo quiere abrir sus quijadas para devorarme! ¡Y qué débil es la confianza que pongo en ti! Dios mío, protégeme en contra de la sabiduría mundanal. Lleva a cabo la obra, puesto que no es mía; sino tuya. No tengo nada que me traiga aquí, ni tengo controversia alguna con estos grandes de la tierra. Desearía pasar los días que me quedan de vida, tranquilo, feliz y lleno de calma. Empero, la causa es tuya; es justa; es eterna. ¡Dios mío, ampárame, tú eres fiel y no cambias nunca! No pongo mi confianza en ningún hombre. ¡DIOS MIO, DIOS MIO, ¿NO ME OYES? ¿ESTAS MUERTO? NO; NO ESTAS MUERTO; mas te escondes. Dios mío, ¿dónde estás? Ven, ven. Yo sé que me has escogido para esta obra. ¡Levántate, pues, y ayúdame! Por amor de tu amado Hijo Jesucristo, que es mi defensor, mi escudo y mi fortaleza, ponte de mi lado. Estoy listo, dispuesto a ofrecer mi vida, tan obediente como un cordero, en testimonio de la verdad. Aun cuando el mundo estuviera lleno de diablos; aunque mi cuerpo fuera descoyuntado en el 'potro', despedazado y reducido a cenizas, mi alma es tuya: tu Sagrada Escritura me lo dice. Amén. ¡Dios mío, ampárame! Amén."—**J. F. Hurst.**

405. HUELLAS DEL CREADOR
Job 38:4-7.

Un europeo incrédulo viajaba por Africa, y una madrugada encontró a uno de los guías de la caravana abismado en la oración. Le preguntó con cierta ironía: —¿Y cómo sabes tú que realmente existe Dios? El árabe le dio esta magnífica respuesta: —Mirando la arena del Sahara descubro, por las huellas, si un hombre o una fiera pasó por ahí. De la misma manera, si veo el mundo, por las huellas que en él descubro adquiero la certeza de que por allí pasó Dios."—**A. Espinoza.**

406. DOS OCASIONES EN QUE PEDRO DECLARO LA DEIDAD DE CRISTO

1. Cuando el Señor Jesús preguntó a sus discípulos qué decían las gentes y ellos mismos en cuanto a quién era él, Pedro dijo por sí mismo y por sus condiscípulos: "Tú eres el Cristo, el Hijo del Dios viviente." (Mat. 16: 13-17).

2. Cuando, después de que el Señor Jesús tuvo una discusión con los judíos en la que se declaró como "el pan de vida", y muchos de los discípulos abandonaron al divino Maestro, preguntó a los doce si ellos también querían irse de con él; entonces Pedro contestó, otra vez por sí mismo y por sus condiscípulos: "Señor, ¿a quién iremos? Tú tienes palabras de vida eterna. Y nosotros creemos y conocemos que tú eres el Cristo, el Hijo del Dios viviente." (Juan 6:20-69).

407. LAS CAPILLAS DE LAS LENGUAS
Hch. 2:1-4.

Con ese nombre se conocen las siete capillas de la Catedral de San Juan el Divino, en la ciudad de Nueva

York, en vista de que al mismo tiempo en cada una de las capillas se predica en un idioma diferente. Los domingos por la mañana puede usted ir a una de las capillas y escuchar un sermón en alemán, o bien a cualquiera de las otras y oirlo en francés, en español, en suizo o en cualquiera otro. Existe también en la misma ciudad otro templo, el de San Bartolomé, donde una vez se tuvo un culto que se efectuó en cinco idiomas distintos: inglés, sueco, alemán, armenio y chino; y todavía muchos de los presentes de otras nacionalidades no entendieron el culto porque hablaban idiomas distintos. — **El Expositor Bíblico.**

408. POR LA FE
Rom. 4:4, 5.

¿Quiénes son los hombres a los cuales Dios justifica? ¿Cómo los selecciona? Pablo nos dice que por medio de la fe. La fe está relacionada con la justificación, porque la fe es la actitud natural para ser justificados. La mano es el órgano de nuestro cuerpo destinado a recibir, y su naturaleza está perfectamente adaptada para desempeñar ese oficio. De igual manera la fe (y no el amor, ni la alegría, ni la esperanza), es la actitud del alma que nos facilita la manera de apropiarnos la gracia espiritual que Dios ofrece.—**Exp. Bíbl.**

---

409. MURIO POR MI

Jesús pagó mi deuda
Y libre puedo estar,
Salvóme en el Calvario
Muriendo en mi lugar.

CORO:
Murió por mí,
¡Qué amor tan grande debe ser

Aquel que precio tal pagó
Por mí, por mí.

Jesús pagó mi deuda,
¿Qué más yo puedo hacer
Que andar en sus caminos
Y sólo suyo ser?

Jesús pagó mi deuda,
¿Qué puedo yo temer
Si el mal está vencido,
Si es nulo su poder?

Vicente Mendoza.

410. LA POSIBILIDAD DEL NUEVO NACIMIENTO

Jn. 3:1-21; 10:7-16; *Hch.* 16:13-15, 25-34; 2 *Cor.* 5:17;
Col. 3:10.

Enrique Drumond, el genio espiritual que escribió **"La
Ley Natural en el Mundo Espiritual",** ofrece lo que probablemente es la más grande de todas las ilustraciones
referentes a la necesidad que hay de un nacimiento celestial. La teoría de la generación espontánea de la vida
ha sido concluyentemente refutada. Así que la vida orgánica puede venir sólo de la vida orgánica. Los mine-
rales inorgánicos no pueden tener vitalidad y ascender
por sí mismos hasta llegar a ser orgánicos. La planta debe
descender hasta el mundo muerto que está abajo y tocar
su materia con el misterio de la vida que ella tiene. De
semejante manera, el hombre natural está sin esperanza, está muerto, hasta que Dios, el Ser infinito, llega a él,
lo hace nacer otra vez, le abre los ojos del alma y le permite ver el reino de Dios.—**G. Hurlbutt.**

411. ESPERANDO CONVERSIONES
Luc. 18:9-14.

En cierta ocasión un señor visitaba una de las grandes catedrales de Europa, y el guía le llamaba la atención a las hermosas ventanas, a la estatuaria, y a cada cosa que allí había. Entonces el visitante extranjero, con sencillez de corazón y con bondad, preguntó: —Bueno: ¿tienen ustedes muchas conversiones aquí?

El guía, con asombro, le contestó: —¡Conversiones, conversiones! ¿Qué lugar piensa usted que es este? ¿Cree usted que es una capilla wesleyana?"

Llenos del poder de lo alto, los cristianos debemos estar esperando continuamente la manifestación de la presencia y del poder del Espíritu Santo en la conversión de grandes multitudes de pecadores.—**Exp. Bíbl.**

---

412. AVIVAMIENTO EN LONDRES POR BILLY GRAHAM
Hch. 8:8.

El mundialmente conocido evangelista **Billy Graham,** que en 1949 en Los Angeles, California, EE. UU., se destacó como poderoso evangelista de las grandes multitudes, en mayo de 1954 estuvo en Londres, donde predicó a más de un millón de personas. Todas las noches, después de los cultos de predicación, casi por todas partes se oía a la gente cantar himnos evangélicos o comentar favorablemente el sermón. A las oficinas del mencionado evangelista y de sus ayudantes llegaban diariamente como dos mil cartas en las que sus autores declaraban haber aceptado al Señor Jesús como su Salvador o pedían algún consejo relacionado con la vida espiritual. En aquella serie de cultos de avivamiento en Londres hubo más de diez mil personas que decidieron seguir a Cristo.

413. COMPAÑERISMO DE LUTERO Y MELANCHTON
Hch. 3:1a.

Refieren los historiadores que aunque entre Martín Lutero y Felipe Melanchton había una considerable diferencia de edad y de temperamento, pues el primero era unos catorce años mayor que el segundo y era, aquél, más violento que éste en la manera de tratar los asuntos relacionados con la Reforma, y aunque algunas veces también estuvieron distanciados un poco por tener algunas diferencias doctrinales, los dos grandes reformadores siempre estuvieron vinculados por profundos y fuertes vínculos de compañerismo cristiano que les hicieron olvidar las aludidas diferencias y ponerse de acuerdo. En el fondo de su corazón se amaban cristianamente, y por lo mismo triunfaban el amor y el respeto que se tenían mutuamente; y cuando murió Lutero, Felipe Melanchton pronunció una oración fúnebre muy elogiosa para aquel héroe de la Reforma.—**A. L.**

414. PASTOR QUE ORA EN EL RESTAURANTE
1 *Tim.* 2:8.

El pastor de una iglesia evangélica de México, a quien llamaremos G. M., es un hombre de edad avanzada que desde su juventud ha dedicado su vida al ministerio cristiano. Es hijo de una mujer que fue muy piadosa —ahora ya está en el cielo— y en vida se esforzó en dirigir por los caminos del Señor a sus hijos que quedaron huérfanos de padre desde que eran muy pequeños.

Este pastor eleva una oración de gratitud a Dios por los alimentos antes de tomarlos: esto no es lo extraordinario, por cuanto se supone que cada cristiano lo hace. A cierto restaurante acuden con regularidad muchos cristianos, adultos y jóvenes, y algunos otros ministros; pero se ha podido observar que allí no dan gracias a Dios por medio de la oración antes de tomar sus alimentos. En cambio el pastor aludido sí pronuncia en voz alta su oración de agradecimiento a Dios en presencia de todas las personas que estén reunidas. Como resultado de esto casi todas las personas que con regularidad acuden a ese lugar ya saben que el señor G. M. es ministro evangélico, han visto por primera vez que a Dios se le puede adorar "en espíritu y en verdad", han recibido la invitación para asistir a los cultos, y muchos han aceptado la invitación.

415.   CRISTIANISMO: COMPAÑERISMO CON JESUS

Felipe Brooks nació en Boston el año de 1835, estudió en varias instituciones educativas y en la Universidad de Harvard; se dedicó al ministerio cristiano, y llegó a ser obispo de la Iglesia Episcopal. Cierta ocasión un estudiante le preguntó: —¿El compañerismo personal con Jesús es parte del cristianismo: A esto, Brooks, sin vacilar, contestó: —El cristianismo es precisamente el compañerismo personal con Jesús; y esto es lo que constituye la diferencia entre la religión que enseña la Biblia y las otras religiones. Una persona es cristiana según el conocimiento que tenga de Jesús.

La respuesta que dio Felipe Brooks fue el eco de las palabras que el Señor Jesús pronunció en su oración intercesora: "Esta es la vida eterna: que te conozcan a ti, el único Dios verdadero, y a Jesucristo, a quien has enviado." (Jn. 17:3).

416.   HACIENDO HONOR AL NOMBRE
Ef. 4:1.

Alejandro el Grande tenía en su ejército a un soldado que era cobarde, el cual se llamaba también Alejandro;

y una vez el rey le dijo: "¡Cámbiate el nombre; o pórtate como un Alejandro!"

Todos los que se dicen cristianos deben portarse como soldados de Jesucristo: fieles a él, imitándolo, obedeciéndolo, siguiéndolo ... o cámbiense el nombre por otro cualquiera; pero no digan que son cristianos.

―――

417. APRENDIO BIEN DE SU BUENA MAESTRA
Prov. 22:6; *Isa.* 55:4; *Mat.* 10:24; 28:20; *Luc.* 6:40; *Jn.* 11:28; 12:38; 1 *Cor.* 9:16; 15:58; *Ef.* 4:11; 2 *Tim.* 3:16.

Cuando yo era capellán del ejército atendí a un soldado moribundo, al cual yo conocía, y le pregunté si quería enviar a su madre algún mensaje conmigo. Me contestó: "Sí. Por favor dígale que muero con toda felicidad." Le pregunté otra vez si quería algo más, y me dijo: "Sí. Escriba usted, por favor, a mi maestra de la escuela dominical y dígale que muero como cristiano, fiel a Cristo; y que nunca olvidé las buenas enseñanzas que ella me dio." Yo conocía a esa maestra; y le escribí. Pocas semanas después me contestó: "... ¡Que Dios me perdone! ¡Que Dios me perdone! Pues hace un mes renuncié a mi cargo de maestra de escuela dominical, porque yo pensaba que mi trabajo con esos niños no servía ni valía para nada ... e impulsada por mi cobarde corazón, y por falta de fe, abandoné a mis alumnos ... y ahora recibo la carta de usted en la que me dice que mi enseñanza fue un medio para ganar un alma para Cristo ... ¡Estoy decidida a trabajar otra vez en el nombre de Cristo, y le seré fiel hasta el fin de mi vida!—**Autor desconocido.**

―――

418. EL ALCOHOL Y SUS CONSECUENCIAS
Luc. 15:13-16.

La historia de las víctimas del aguardiente es una historia de vergüenza, de corrupción, de crueldad y ruina.

Ha robado a la cara la gloria de su salud, y en lugar de la tez natural del rostro, lo ha dejado enrojecido e irritado con el alcohol.

Ha quitado la belleza y la hermosura al rostro y lo ha dejado disforme y abotagado.

Ha robado a las piernas su fuerza, dejándolas vacilantes e inestables.

Ha quitado la firmeza y la elasticidad de los pies para hacerlos débiles y falsos.

Ha robado a la sangre su vitalidad y la ha llenado de veneno, gérmenes de enfermedades y muerte.

Ha robado al rostro su virilidad y fortaleza y ha dejado en su lugar las señales de la sensualidad y de la brutalidad.

Ha corrompido la lengua con blasfemias, necedades e infamias.

Ha inclinado las manos al mal, haciéndolas instrumentos de brutalidad y asesinato, en vez de serlo de utilidad y bien hacer.

Ha roto los vínculos de la amistad y ha sembrado los gérmenes de la enemistad.

Ha hecho del padre cariñoso y del cumplido esposo, un hombre tirano, áspero y homicida.

Ha transformado a la madre cariñosa y a la esposa hogareña en una verdadera fiera infernal y en la encarnación de la brutalidad.

Ha robado a la mesa su abundancia, obligando al hombre a llorar de hambre y a pedir limosna en la vía pública.

Ha llenado de criminales los juzgados, penitenciarías, cárceles y casas de corrección.

Ha poblado las casas de asilo y manicomios con sus infortunadas víctimas.

Ha llenado nuestro mundo tan bello, de lágrimas, gemidos, lamentaciones y odios; y a muchos pobres desamparados, de miseria y desesperación. — **De "El Debate".**

---

419. CROMWELL HACE QUE UNOS IDOLOS SEAN UTILES
Os. 10:1, 2, 5, 6, 8.

Se refiere de Oliverio Crómwell, quien se titulaba "Protector de la República de Inglaterra", que una vez entró en la hermosa catedral de Westminster, en Londres, y viendo un grupo de estatuas de plata de los doce apóstoles, preguntó: "¿Quiénes son éstos?" Y alguien le contestó: "Estos son los doce apóstoles." Entonces el Protector dijo: "Bájenlos de allí para que anden por el mundo haciendo bienes como su Maestro." En seguida las estatuas fueron fundidas para convertirlas en monedas.—**C. L. Neal.**

---

420. UNA MONTAÑA DE PECADOS DESTRUIDA
Miq. 7:18-20.

El misionero se estaba esforzando en hacer comprender a los míseros nativos de aquella aldea africana, cómo el poder de la sangre de Jesús basta para limpiarnos de todos nuestros pecados, sin adición ninguna de dogmas ni ceremonialismos.

Al fin, una mujer se acercó a él, y con pena le confesó: "Señor; pero mis pecados son tantos como las arenas en la ribera del mar. ¿Puede Jesús borrarlos todos?"

El misionero contestó:

"Id pues, a la orilla del agua, y levantad un montón de granitos de arena. Luego sentaos cerca y esperad. Veréis lo que sucede."

La mujer quedó pensando un instante y por fin exclamó:

"¡Ya lo veo! ¡ya lo veo! Como la mar se llevaría todo el montón, así también la sangre de Jesús me lava de todo mi pecado...!"—**El Faro.**

---

421. ¿POR QUE NO VINISTE ANTES?
Rom. 10:14, 15.

En las memorias de Hudson Taylor, primer misionero que fue a China, se cuenta el incidente que sigue: Al fin de un culto de predicación del evangelio, se levantó un chino principal y puesto de pie dijo con voz triste:

"Durante años y más años he buscado la verdad, como toda su larga vida mi pobre padre la buscó sin descanso. He viajado mucho, mucho, y he leído todos los libros de Confucio, de Buda, de Taos, y no he logrado hallar descanso. Y hoy, por lo que acabo de oir, siento que, al fin, mi espíritu puede descansar. Desde esta noche yo soy un seguidor de Cristo."

Después, dirigiéndose al misionero, con voz solemne le preguntó lo que por años conmovió y seguirá conmoviendo a los que de veras aman a los pecadores perdidos.

—¿Por cuánto tiempo conocéis las Buenas Nuevas en Inglaterra?

—Por centenares de años —contesta Taylor.

—¡Cómo!... ¿Es posible? —exclamó el chino—, ¡por centenares de años!... ¿Es posible que hayáis conocido a Jesús el Salvador por tanto tiempo y hasta ahora no nos lo hayáis hecho conocer a nosotros? Mi pobre padre buscó la Verdad por muchos años... y murió sin hallarla. ¡Oh! ¿Por qué no vinisteis más pronto, por qué no vinisteis antes?

He aquí el grito de todos los que ignoran "las buenas nuevas de salud".

¡Cuán triste es confesar que las tres cuartas partes de los creyentes en Cristo, salvos por su gracia, están callados y no dicen a los demás lo que otros les anuncian a ellos mismos: Que en Cristo hay salvación eterna ahora mismo!

═══════

422. A VUESTRA MISMA PUERTA
Hch. 1:8.

Sofía había orado por doce años para que Dios la hiciese una misionera en tierras extranjeras. Un día el Padre celestial le contestó: —Sofía, deja de pedir y contesta: ¿Dónde naciste?

—En Alemania, Padre.

¿Dónde vives?

—En América, Padre.

—¿No eres, pues... una misionera ya? Piensa: ¿Quién vive en el piso de arriba?

—Una familia sueca.

—¿Y quién más arriba?

—Otra familia, pero de italianos.

—¿Y a tu lado?

—Pues otra de suizos.

—¿Y en la casa más próxima?

—Pues algunos chinos...

—¿Y nunca les has ofrecido una palabra hablándoles de mi Hijo? ¿Piensas que voy a enviarte tan lejos a trabajar por amor a los perdidos si los tienes tan cerca y los amas tan poco?—**El Faro.**

═══════

423. CONVERSION DE UN HOMBRE
QUE ERA TENIDO POR BUENO
Os. 6:1-4.

En una villa del estado de Connecticut, EE. UU., vivía un hombre que con sólo verlo podía uno descubrir su buen carácter: era hombre de vida tan hermosa que su madre pensó que él ya era un verdadero cristiano. En su familia y entre sus vecinos él era todo lo bueno que pudiera desearse. Una vez, mientras se tenían unos cultos de avivamiento, llegó a estar profundamente impresionado por causa de sus muchas necesidades espirituales. Por naturaleza era un hombre apacible; pero una noche llegó al templo profundamente agitado, pues la carga de su pecado pesaba mucho sobre él. Acompañado de su esposa, que era cristiana, pasó al frente de la congregación; y allí, con lágrimas de agonía, luchó por obtener su libertad. Creyendo que nada podría ayudarlo tanto como las oraciones de su esposa, insistentemente le pidió a ella que orara en voz alta por él; pero ella dijo que no podía porque nunca había orado en público. Entonces el esposo volvió a insistir en que orara: ella comenzó a orar, él también oró, y las oraciones de ambos, a veces interrumpidas por los sollozos, pronto fueron contestadas y él sintió paz y perdón.

---

424. JUSTICIA SOCIAL Y DEBER UNIVERSAL

Lev. 19:15; *Deut.* 10:10; *Job* 8:3; 31:6; *Prov.* 1:3; *Sal.* 5:1;
     9:8; 11:7; 35:24; *Amós* 5:6-15, 21-24.

Cada juez federal debe jurar que "administrará justicia sin tomar en consideración a las personas, y procederá con rectitud igualmente con los pobres como con los ricos. Este juramento, al definir las obligaciones oficiales del juez con igual énfasis declara los deberes de cada ciudadano. Uno de los propósitos de la Constitución, según se dice en el preámbulo, es "establecer la justicia". Es un gran error suponer que los abogados y los jueces son los únicos responsables de "establecer la justicia". Como también es un error decir que los ministros de cualquier religión son los únicos responsables de practicar esa religión. Para todos nosotros existe el deber universal de practicar la justicia y la religión. Las dos están enseñadas en la Biblia y en ella se demanda que se practiquen: "ajustaré el juicio a cordel, y a nivel la justicia" (Isaías 28:17).—**David J. Brewer,** ex supremo juez.

---

425. LO QUE HIZO UN MEDICO
Mat. 20:28.

Un padre fue a visitar a su hijo, quien era médico en una gran ciudad. Después de las salutaciones usuales, el padre dijo al hijo: —Hijo, ¿cómo va tu negocio?

—No muy bien, papá —fue la respuesta.

En esa misma tarde el padre acompañó a su hijo a una clínica donde el médico donaba sus servicios una tarde cada semana. Veinticinco personas desafortunadas, pobres, recibieron los servicios del médico uno por uno. Cuando el último había recibido un tratamiento y la puerta fue cerrada, el padre dijo: —Hijo, ¿no me dijiste esta mañana que no anda bien tu negocio? Si yo pudiera ayudar a veinticinco personas en un mes consideraría que mi vida servía para algo.

—Pues sí, papá, estoy ayudando a otros; pero no estoy ganando mucho dinero.

—¡Dinero! —exclamó el padre—, ¿qué vale el dinero comparado con el privilegio de ayudar a nuestros prójimos?

---

426. NO QUISO AYUDAR A LOS LEPROSOS POBRES
Luc. 12:16-21.

El doctor W. F. Oldham relata esta historia de un médico que rehusó ayudar a los leprosos pobres como lo debiera haber hecho. Dice: "Cuando era yo niño vivía en

Bombay, India. También en Bombay vivía un famoso médico, el doctor Naoraji. Este señor tenía fama como médico y atendía mayormente a la gente de buenas circunstancias económicas. Corría el rumor de que este médico tenía una medicina para curar la lepra, y que había curado algunos pacientes en los más acomodados hogares de la ciudad. Cuando los otros médicos de la ciudad indagaron en cuanto al método que el doctor Naoraji usaba, éste no les dio ninguna respuesta. Solamente afirmaba que él tenía a un hijo que iba a ser médico y que iba a compartir sus conocimientos con él. Un día hubo un accidente en las calles y cuando llegó la ambulancia la víctima ya estaba muerta: era el doctor Naoraji, y su secreto había muerto con él."—**Arnold's Com.**

427. JUSTICIA PARA TODOS
Lev. 19:15.

En la historia de Inglaterra hay un incidente que ilustra el ideal de la justicia imparcial. Un siervo del Príncipe de Gales cometió un delito, y a pesar de la influencia del príncipe el siervo fue sentenciado. Enojado, el príncipe entró en el tribunal y demandó al magistrado que librara al prisionero. El magistrado en jefe, Gascoigne, aconsejó que el príncipe llevara su petición a su padre, el Rey Enrique IV, quien quizás perdonaría al prisionero. El joven príncipe, furioso porque el magistrado no le obedecía trató de quitarle el prisionero al alcaide y llevárselo. El magistrado en ese momento se puso en pie y con voz severa demandó que el príncipe obedeciera la ley y que pusiera mejor ejemplo a sus súbditos. Luego sentenció al príncipe por contumacia. El joven príncipe reconoció la afrenta que había cometido contra la corte y sumiso fue a la prisión. Cuando las noticias llegaron al Rey Enrique IV, éste exclamó: "Bienaventurado el rey que tiene a un magistrado poseído del valor para administrar imparcialmente las leyes; y aun más feliz es el rey cuyo hijo se somete a su justo castigo por haberlas ofendido."

428. FORMAS DEL SOBORNO
Deut. 16:18, 19.

Si la justicia ha de prevalecer en la vida económica, social, y religiosa del hombre, todo el mundo debe conocer el peligro del soborno. No solamente los jueces, sino los demás oficiales están en peligro de dejarse influir por privilegios, favor o dinero, de tal modo que haga cosas no del todo buenas. Los que desean favores de los oficiales del gobierno usualmente no les ofrecen sobornos directos, mas, los invitan a sus fiestas sociales, cultivan su amistad y les mandan regalos de valor. ¿No deben estos regalos ser considerados en la misma clase con los sobornos?

429. RESTAURACION DE UNA FAMILIA REAL

Una soberanía independiente, en una familia de judíos, había sido preservada siempre en una montaña de Samén, y la residencia real estaba sobre una escarpada roca que se llamaba "La Roca de los Judíos". Otras varias montañas inaccesibles servían como fortalezas naturales para este pueblo que había venido a ser muy considerable por los judíos expulsados.

Gedeón y Judith eran el rey y la reina de los judíos, y su hija Judith (a quien en Amhara llamaban Esther y algunas veces Saat, es decir, fuego) era una mujer de gran belleza y talento para la intriga; se había casado con el gobernador de un pequeño distrito llamado Bugna en los alrededores de Lasta. Ambos países estaban muy infectados de judaísmo.

Judith se había hecho de un partido tan fuerte que

resolvió intentar la subversión de la religión cristiana, y con ella, la sucesión de la línea de Salomón. Los niños de la familia real estaban en este tiempo, en virtud de una vieja ley, confinados en la casi inaccesible montaña de Damo, en Tigré. El corto reinado, la muerte inesperada y repentina del finado rey Aizor y la desolación y el contagio de una enfermedad epidémica que se había extendido tanto en la corte como en la capital; el estado de debilidad de Del Naad, quien iba a suceder a Aizor, y que era niño; todas estas circunstancias reunidas impresionaron a Judith con la idea de que ahora era tiempo de colocar a su familia en el trono y establecer su religión exterminando a la raza de Salomón. De acuerdo con esto sorprendió la roca de Damo y mató a todos los príncipes que allí había, según se dice, en número de cuatrocientos.

Algunos nobles de Amhara, al recibir las primeras noticias de la catástrofe, se llevaron al infante rey Del Naad, quien era ahora el único príncipe restante de su raza, a la poderosa y leal provincia de Shoa, y por este medio fue preservada la familia real para ser de nuevo restaurada.—**Bruce's Travels.**

---

430. COMO UN CAUDILLO IRRELIGIOSO FOMENTO LA GUERRA
Mat. 5:9.

El doctor G. M. Gilbert dio este testimonio ante la Asociación Americana de Sicólogos, el 5 de septiembre de 1954:

"Pregunté al señor Hermann Goering, primer ayudante de Hitler, si él había fomentado la Segunda Guerra Mundial en contra de los deseos del pueblo. A esta pregunta él respondió: 'Por supuesto que sí; el pueblo común nunca desea la guerra, ni en Alemania, ni en Rusia, ni en los Estados Unidos, ni en ningún otro país. Esto se da por sentado. Pero no es para el pueblo común decidir estos asuntos. Son los dirigentes quienes tienen que decidir la política de un país, y cuando éstos deciden declarar una guerra es fácil llevar al pueblo consigo. Solamente tienen que decir que el país está en peligro de ataque y echar a la cárcel a los pacifistas por haber perjudicado la seguridad nacional. Se puede fomentar el espíritu de guerra en poco tiempo; es sumamente fácil.' "—**Arnold's Com.**

---

431. UN BUEN NOMBRE AYUDA EN LA VIDA
Mat. 12:30.

Una vez, en China, un hombre trajo su niño a la casa de un misionero cristiano y dijo a éste que deseaba que ese niño fuera dedicado a Dios, y que se llamara "Moo Dee" (pronúnciese Mú Dí). El misionero nunca había oído ese nombre chino y preguntó al padre del niño por qué deseaba que su hijo se llamara así. El chino contestó: "He oído decir que hubo un gran hombre que dedicó su vida a Dios, que siempre hizo la voluntad de Dios y que ganó muchas almas para Cristo. El misionero que nos ha contado la historia lo llama Moody (pronúnciese Múdy). En nuestro idioma **Moo** (Mú) quiere decir **amor**, y **Dee** quiere decir **Dios.** Yo quiero que mi niño ame a Dios y guarde sus mandamientos como el gran Moody, y por lo mismo le he dado este nombre." Teniendo un nombre de un significado tan hermoso, es probable que cuando el niño Moo Dee creció y conoció el significado de su nombre y los deseos de su padre, haya hecho lo posible por hacer honor a su nombre y por amar a Dios y guardar sus mandamientos .— **The King's Business, adaptado.**

432. SUFRIENDO PORQUE QUIEREN DAR "A CESAR LO QUE ES DE CESAR; Y LO QUE ES DE DIOS, A DIOS"

Cinco dirigentes protestantes chinos fueron denunciados en la China Roja porque se opusieron a organizar iglesias que fueran auspiciadas por el gobierno.

Un evangelista en el campo misionero danés en Sudán, fue sentenciado a prisión por seis meses, y se le impuso una multa equivalente a cincuenta dólares por haber "insultado" a un musulmán cuando aquel predicó sobre las palabras de Jesús: "Nadie viene al Padre, sino por mí." A la vez tres pastores sudaneses y un laico fueron encarcelados.

A principios del año de 1957, en los círculos no budistas se tuvo el temor de que Birmania declarara oficialmente el budismo como religión del estado. El primer ministro consultó este asunto con su gabinete y descubrió que éste era adverso a esa proyectada declaración; pero el asunto no se resolvió en esa ocasión.—**El Hogar Cristiano.**

═══════════

433. POR QUE UN ESTUDIANTE CHINO CREYO EN EL SEÑOR JESUS
Luc. 20:34-38.

El doctor Jonatán Goforth, en su libro titulado "Por Mi Espíritu", relata el conmovedor incidente que sigue: El año de 1900, en la ciudad china de Taiyunfu, fueron fusilados unos misioneros y sus hijos: cincuenta y nueve personas por todas. Un estudiante chino presenció esa cruel ejecución, y algún tiempo después refirió el acontecimiento al doctor Goforth, y le dijo a éste que era sorprendente la paz y la tranquilidad que se manifestaban en los rostros de las víctimas: aun en el preciso momento de la muerte la sonrisa no había huido de sus labios. El estudiante refirió que una madre hablaba con ternura a su hijito, a quien llevaba asido de la mano; y cuando a ella le tocó su turno, se vio su cuerpo rodar por el suelo, y sin haber soltado la mano de su niño. Instantes después, éste caía sobre su moribunda madre. Ante este recuerdo, el estudiante preguntó al doctor Goforth: "¿Es extraño, pues, que esa tranquilidad ante la muerte me haya llevado a creer en la Palabra de Dios?"—**Exp. Bíbl.**

434. REGLAMENTO OBEDECIDO POR AMOR
Jn. 21:15-19.

Gracia llegó por primera vez a un internado para señoritas, donde iba a permanecer para poder estudiar en un colegio. Cuando se matriculó le dieron un reglamento por el cual las internas debían regir su conducta. A Gracia le pareció que el reglamento era irrazonable e inadmisible; y, delante de unas compañeras internas, con enojo y en alta voz se dijo: "¿Obedecerlo? ¡Como yo quiera!" En seguida se fue a su cuarto resuelta a no obedecer algunas de las partes de ese reglamento que a ella le parecía absurdo.

A la hora de la cena, cuando Gracia entró en el comedor, una amiga de ella la presentó con la directora del internado. Cuando se separaron de ésta, Gracia exclamó dirigiéndose a su amiga: "¡Qué mujer tan simpática! ¡Qué sonrisa tan agradable! ¡Sentía yo como que la directora me atraía hacia ella!" Pasaba el tiempo, y la admiración y el cariño de Gracia para la directora iba aumentando, y sentía y pensaba que debía agradarla. Entonces, con sumisión, y casi sin esforzarse cumplía el reglamento; después, ya sin darse cuenta, con gusto lo cumplía por completo. Había triunfado el amor a la directora y al internado.—**Autor desconocido.**

435. LA CASA MAS ANTIGUA
Jos. 6.

Han sido descubiertos, en una de las ruinas de la Jericó bíblica, los restos de una casa que se considera ser la más antigua del mundo. La edad de la casa, que se calcula en unos 6.800 años, se ha establecido por medio del reloj atómico (prueba de radioactividad con el carbón 14).

La señorita Kathleen Kenyon, directora de la Escuela de Arqueología Británica de Jerusalén, que descubrió la casa al llevar a cabo excavaciones en el sitio indicado, manifiesta que el hallazgo indica que la civilización palestina tuvo un desarrollo antiquísimo e insospechado hasta ahora. (T).—**El Fanal.**

436. SOLDADO QUE, AL RECORDAR A CRISTO, OLVIDA SUS ODIOS RACIALES
Sal. 25:21, 22; *Mat.* 7:12; *Mar.* 7:24-37; *Luc.* 6:31-38; 10:27; *Hch.* 9:13-17; *Rom.* 12:17-21.

Después de la Segunda Guerra Mundial era muy difícil para las naciones de Europa desechar los prejuicios que se habían originado por causa de los sufrimientos que unas y otras habían tenido. En una iglesia bautista internacional, en Suiza, un joven cristiano dinamarqués estaba procurando adorar a Dios con los cristianos de otras naciones. En el momento en que se estaba leyendo la Escritura, este joven vio que un soldado alemán, del ejército de ocupación, entraba en la capilla. El cristiano dinamarqués se levantó inmediatamente y salió sin poder ocultar su disgusto. Pocos minutos después regresó, y continuó participando en el culto de adoración. En el momento oportuno, en la misma reunión, dio este testimonio: "En el momento en que este soldado alemán entró en la capilla, sentí que mi corazón se llenaba de

odio en contra de él; pensé en los sufrimientos que hemos tenido por causa de su pueblo, e inmediatamente
decidí que no estaría yo en esta capilla con él. Al salir yo,
con mi corazón lleno de odio, de repente pensé en el
amor de Dios manifestado en la cruz donde Cristo murió por mí... Ciertamente no puedo estar fuera de este
culto... este hombre es mi hermano."—**Broadman Comments.**

437. NO ERA BUENO PARA PREDICAR: SI PARA DESCUBRIR PREDICADORES

Ex. 4:13-17; 1 *Sam.* 9:15-10:1; 16:1-13; 1 *Rey.* 19:15-21;
Hch. 9:26-29; 11:22-26; 13:1-3; 16:1-3; 18:1-3; 22:4-15; 26:9-
20; *Rom.* 16:1, 2; 2 *Tim.* 4:11.

En mi juventud conocí a un ministro que no podía
predicar muy bien; pero podía conocer la habilidad
cuando la veía. Descubrió a muchos jóvenes talentosos
y los inició en carreras donde pudieron tener mucho éxito por el servicio que dieron. Pudo extraer jóvenes predicadores de promesa, de lugares insospechados. La mayor parte de aquellos a quienes él inspiró progresaron
tanto que lo dejaron atrás; sin embargo, él se multiplicó
muchas veces. ¿Será posible que alguno de sus hijos espirituales tenga una corona más brillante que la de él?
Bernabé era un hombre que no tenía habilidades pobres; pero quizás su mejor contribución al cristianismo
fue el cuidado que tuvo de otros y la ayuda que les im-
partió.— **W. R. White.**

438. MILAGRO MODERNO
Jn. 2:1-11.

Un borracho fue convertido por el Señor. Un día, después de su conversión, un escéptico se mofó de él di-

ciéndole: —¿Crees tú que Cristo hizo que el agua se volviera vino?

La rápida y acertada respuesta de aquel que había sido un beodo fue: —No sé qué decirte ...; pero lo que sí sé es que en mi hogar Cristo hizo que el vino se volviera pan.

---

439. UNA INTERCESION PODEROSA

Ex. 32:30-34; *Dan.* 9:4-19; *Jn.* 10:11; 15:13; *Rom.* 5:6-8; *Ef.* 5:2; *Fil.* 1:19-26; *1 Ped.* 2:21, 24; 3:18.

En un país con características de primitivo, un hombre fue sentenciado a ser atado a un poste y fusilado por causas políticas. El honorable señor **A** se dio cuenta de la injusticia, y personalmente se interesó a favor del prisionero: su profundo interés se manifestó cuando, después de haber orado, rogó al gobernador que perdonara al prisionero; pero el gobernador no concedió el perdón. Entonces el señor **A** fue al lugar de la ejecución, a donde también acudió el gobernador. En el momento preciso en que se iba a dar la orden de disparar sobre el reo, el señor **A** se paró entre éste y los soldados que iban a ejecutar la sentencia, extendió su mano derecha hacia el gobernador pidiéndole clemencia y con la izquierda se descubrió el pecho ante los soldados para indicar que él prefería que lo fusilaran a él y no al inocente acusado. El gobernador suspendió el fusilamiento y dejó en libertad al reo que no tenía culpa alguna.

El gobernante de esta anécdota no simboliza a Dios; pero el señor **A** sí simboliza a Moisés y a Daniel cuando se presentaron ante Dios implorando el perdón de su pueblo.—**Adaptada de Higley's.**

440. LA RECETA DEL MEDICO DIVINO

Lam. 3:37; *Sal.* 4:1; 9:9; 18:6; 37:25; 50:15; 81:7; 103:1-5; 118:5; *Jer.* 33:3; *Mat.* 8:5-17; *Rom.* 8:28; *Ef.* 3:20; *Fil.* 4:10-19.

Una misionera estaba sola en un lugar de China, muy enferma, entre gente pagana, y lejos de las personas que podrían ayudarla. La misionera, en medio de su aflicción clamó a Dios en oración pidiéndole que la ayudara en situación tan difícil. Desde otro lugar de China un comerciante le envió varias cajas grandes de avena escocesa, sin que la misionera se las hubiera pedido. Ella tenía unos botes de leche condensada. Con estas dos cosas tuvo que alimentarse y conservar la vida durante cuatro semanas. Después de este tiempo la misionera se sentía perfectamente bien de salud. Pasado algún tiempo estaba ella en un grupo de varias personas cristianas entre las cuales había un médico, y todos le pidieron que relatara con pormenores su enfermedad. Terminado esto, el médico dijo: "Dios oyó las oraciones de usted y le dio más de lo que usted puede imaginar; pues para la enfermedad que usted padeció, nosotros los médicos recomendamos como único alimento y medicina la avena mondada, cocida en agua y leche hasta formar un líquido espeso. Así pues, Dios providencialmente le recetó y le envió el remedio más apropiado.—**Alliance Weekly**.

———————

441. "EL RICO INSENSATO"

Ecl. 5:10; *Luc.* 6:24,25; *Ef.* 5:3-5; 1 *Tim.* 6:10, 18, 19; 2 *Tim.* 3:2, 9; *Stg.* 1:11; 2:6, 7; 5:1-5.

"El campo de cierto hombre rico había producido mucho: y él discurría dentro de sí, diciendo: ¿Qué haré? porque no tengo donde pueda recoger mis frutos. Y dijo: Haré esto: derribaré mis graneros, y los edificaré mayores; y allí recogeré todos mis productos y mis bienes: y diré a mi alma: ¡Alma, tienes muchos bienes almacenados para muchos años! ¡descansa! ¡come, bebe, huélgate!

"Pero Dios le dijo: ¡Insensato! esta noche tu alma será demandada; y lo que has prevenido ¿de quién será?

"Así es el que atesora para sí, y no es rico para con Dios."—Lucas 12:16-21 (V. M.)

─────────

442. EXHORTACION AL CUMPLIMIENTO
Fil. 2:12.

Antes de la batalla de Lutzen, en la que ochenta mil austriacos fueron derrotados por treinta y cinco mil prusianos a las órdenes de Federico el Grande, este monarca ordenó a sus oficiales que guardaran silencio y que le prestaran atención; y se dirigió a ellos de la manera siguiente: "Mañana tendremos que presentar una ruda batalla al enemigo y en esta solemne ocasión se decidirá cuál ha de ser el porvenir de los señores de Silesia, y quiero que cada uno de vosotros se interese, muy especialmente en esta ocasión, en el cumplimiento de su deber ... Sé que entre los que me escucháis no se encuentra ni uno que no esté capacitado para realizar actos de heroísmo y que al mismo tiempo todos vosotros os encontráis capacitados también para sacrificaros por el bien de vuestro rey, de vuestra patria y de vuestros propios intereses. Yo me encontraré recorriendo mis batallones de la vanguardia a la retaguardia, de una ala a la otra; y a todo aquel que encuentre ocupado en el cumplimiento de su deber, lo llenaré de gloria y honores."

─────────

443. COMO ALGUNOS SOLDADOS
Mat. 26:41.

Esta anécdota fue relatada por uno que fue convertido mientras era soldado en el ejército de Inglaterra.

Dice que había en el ejército un grupo de jóvenes cristianos que convinieron en dar su testimonio por medio de una vida intachable, lo cual era sumamente difícil hacer en las circunstancias en que se encontraban. Establecieron una regla sencilla para la ayuda mutua de los miembros de su grupo. Acordaron que, en caso de que alguno de ellos viera a un compañero a punto de caer en alguna tentación o hablar una palabra incorrecta, silbaría el toque de "¡En guardia!" de manera que fuera oído. Así también, por medio de su Santa Palabra y del Espíritu Santo, el Señor nos dice: "Velad y orad."

―――――

444. UN HIJO EN CIRCUNSTANCIAS MOLESTAS, GOZOSAMENTE OBEDECIO Y ESPERO A SU PADRE.
Fil. 2:8.

Sir Henry Havelock estudió leyes; pero abandonó el ejercicio de ellas para entregarse al de las armas poco después de la batalla de Waterloo, y llegó a ser un prominente militar al servicio de su patria, Inglaterra, para la cual ganó muchas victorias bélicas en Persia y en la India.

Durante una de sus estancias en Londres, por invitación de él, que entonces era un coronel, lo visitó un caballero. En el curso de la conversación la señora de Havelock repentinamente se volvió hacia éste mismo y le preguntó: "¿Dónde está Enrique?" —refiriéndose al hijo de ambos, a quien ella no había visto en toda la tarde. El coronel se puso en pie, y repuso: "¡Ah, pobre muchacho! Está en el puente de Londres ... y con este frío que está haciendo. Le dije que me esperara hoy a las doce en ese lugar, y con tantos asuntos que he tenido que atender, olvidé la cita." El momento en que decía esto el coronel Havelock eran las siete de la noche; se levantó inmediatamente, ordenó que llamaran un carruaje, y al salir para libertar a su hijo de esa molesta espera en el

puente de Londres, para excusarse ante el caballero visitante se volvió hacia él y le dijo: "Como usted ve, señor, esta es la disciplina de la familia de un soldado."
Después de una hora el coronel regresó con el pobre Enrique, quien parecía haber pasado por la experiencia de
esa tarde con muy buen humor.—**N. Stand. Encyc.**

445. VENID A JESUS
Luc. 16:27-31.

Un capellán dijo una vez a un soldado, quien en su niñez había asistido a la escuela dominical y ahora estaba
para morir de una enfermedad: —Está usted ya termi-
nando su carrera en este mundo.

—¿Es posible? —contestó el moribundo.

—Sí, y espero que esté usted listo para el venidero
—respondió el capellán.

—¡No, no estoy ... no estoy listo ... no estoy listo ...!

—Bien, amigo, Jesús está listo siempre, y está esperán-
dole aquí ahora. Venga. ¿Quiere que oremos?

—No, no, no; es demasiado tarde ... demasiado tarde.
Debería haber venido hace mucho.

Y enseguida contó al capellán, con la calma que pudo
tener en tales circunstancias, cómo en una ocasión casi
se resolvió a ser cristiano, pero al fin determinó dejar
pasar la oportunidad por otro año. Y añadió: —Ese era
el tiempo; podía haber venido entonces. ¿Por qué no lo
hice ...? ¿por qué no lo hice?

Y tapándose con la sábana lloró. El capellán deseaba
sacarlo de su desesperación horrible, pero sólo gritaba,
haciéndole señal de que se fuera: —¡No me hable más ...
es demasiado tarde ... no puedo soportar más!

446. LA PIEDRA QUE LLEGO A SER
EL FUNDAMENTO DE LA IGLESIA

Mat. 16:18.

Cristo es la piedra angular del cristianismo (Efesios 2:20). La figura está tomada del proceder del albañil que desecha una piedra por inservible, pero luego ve que cabalmente esa piedra es la más adecuada para trabar el ángulo del edificio. Los judíos rechazaban a Jesús rotundamente, y hasta el día de hoy andan en las tinieblas como consecuencia de su maldad. Pero Jesús, la Piedra, "es puesta por cabeza de esquina". El cristianismo se habría acabado siglos ha, si no hubiera tenido por cabeza de la esquina de su edificio al Hijo de Dios, Cristo Jesús. En verdad, Jesús es el Todo en todo para el pueblo de Dios. No hay otro nombre dado a los hombres en el cual puedan ser salvos. En él triunfarán sobre Satanás, el mundo y la carne.

447. RESIGNACION

Job. 1:21; 2:10.

Supe de un caso en que un ministro oraba sobre un niño agonizante, diciendo: "Si acaso es tu voluntad, Señor, déjanoslo..." El alma de la pobre madre, anhelante por su amado, exclamó: "Debe ser su voluntad; ya no puedo sufrir 'acasos.' " El buen ministro se detuvo.

Para sorpresa de muchos, el niño se recobró, y la madre, después de sufrir casi el martirio por la mala conducta de este niño en su juventud, vivió para verlo colgado antes de los veintidós años de edad.

¡Oh! ¡Bueno es decir: "No mi voluntad, sino la tuya.—**Kilpin.**

448. ALGUNOS EJEMPLOS DE ORACION
Jn. 14:13.

Moisés clama a Dios, y el mar es dividido; Josué ora, y Achán es descubierto; Ana ora, y nace Samuel; Asa ora, y gana una victoria; Daniel ora, y le son reveladas las setenta semanas; Mardoqueo le ordena a Ester que ayune y ore, y Amán muere en la horca que él mismo había mandado levantar para Mardoqueo; Nehemías ora, y el corazón del rey se ablanda en un minuto; Elías ora, y la lluvia desciende a la tierra; Eliseo ora, y el Jordán es dividido; Eliseo ora, y un niño resucita; la iglesia ora ardientemente, y Pedro es libertado por un ángel; Pablo y Silas oran y cantan, y las puertas de la prisión les son abiertas y caen las cadenas de todos los presos. Hay millares de ejemplos que manifiestan el éxito de la oración.

449. "HAGASE TU VOLUNTAD"
Ef. 4:17.

Si todos los hombres siguiesen la voluntad de Dios esta tierra sería semejante al cielo, pero como los hombres del mundo hacen la voluntad del diablo, la tierra más se parece al infierno, sin duda.

Que el diablo domina la voluntad de los hombres que viven sin Dios y sin Cristo es un hecho que no admite réplica. El infortunado poeta Burns decía, para explicar su vicio terrible: "Si en un cuarto hay un galón de licor, y un cañón está listo para despedazar al que vaya a beberlo, yo no me detengo a pensar, sino que me lanzo a tomar el licor." El Señor nos ha librado de esta debilidad, y nos ha dado una naturaleza que aborrece lo malo que antes amábamos. ¡Gloria sea a él! "Conoceréis la verdad y la verdad os hará libres." A los cristianos verdaderos no les será difícil rendir su voluntad por completo a la voluntad de Dios.—**A. B. Carrero.**

450. CRISTO SUBIO A SU TRONO POR MEDIO DE LA CRUZ
Mar. 15:17.

Dice el doctor Guthrie: "Hay coronas usadas por los monarcas cuyo valor no sería posible calcular. El precio pagado por las joyas es lo de menos importancia. Esas coronas costaron miles de vidas y ríos de sangre humana; pero en nuestra estimación la corona de Cristo es de más valor que todas las demás en conjunto. Cristo llegó a ser Rey en su muerte. Se humilló más que todos. Llegó a su reino por la puerta de la tumba y ascendió a su trono por medio de los escalones de la cruz."

451. JESUCRISTO Y JESUS BARRABAS
Luc. 23:17-25.

El nombre de Barrabás significa "Hijo del Padre." Según algunos de los mejores manuscritos y de las más antiguas traducciones, la lectura del Pasaje debe ser: "¿Cuál queréis que os suelte? ¿a Jesús Barrabás, o a Jesús que se dice el Cristo?" Los dos presentados por Pilato ante el pueblo para que escogieran, llevaban el nombre de Jesús. El uno era Jesús que se hacía llamar Bar-Abbas —el Hijo del Padre, reclamando así expresamente autoridad divina— el otro Jesús, que era llamado el Cristo. Por Luc. 23:19 sabemos que Jesús Barrabás era uno de aquellos pretendientes a la dignidad mesiánica que procuraron realizar el ideal judío por un levantamiento armado contra el poder romano. Según la acusación de los sacerdotes, Jesús el Cristo era culpable de la misma oposición a César, aunque no de la misma manera que Jesús Barrabás. Por el examen personal de Cris-

to, Pilato supo que esta acusación era falsa; de modo
que puso a los dos despreciablemente ante el pueblo, al
Mesías de un reino invisible, por el cual sus siervos no
pelearían, y al mesías de un reino terrenal que había
sido tomado con sus manos ensangrentadas en sedición
y asesinato. Por una de esas curiosas coincidencias, tan
frecuentes y notables, estaban ahora lado a lado llevando el mismo nombre y la misma demanda; —la caricatura por el lado de la realidad, Jesús, el pretendido, y
Jesús, el Bar-abbas real, el mesías de las ideas y esperanzas judías, y el Mesías de la designación de Dios; el
uno, intentando llenar la descripción del Mesías pinta-
da por el tentador en el desierto, pero rechazada por el
mundo; el otro llenando las Escrituras proféticas.—**Comper Gray.**

---

452. EL ESPIRITU DE PERDON

Ef. 4:32.

Luis XII, rey de Francia, tenía muchos enemigos antes de ascender al trono. Cuando fue hecho rey mandó
que se formara una lista de sus perseguidores y marcó
en frente de cada nombre una gran cruz negra. Cuando se supo esto huyeron sus enemigos porque creyeron
que aquello era una señal de que deseaba castigarlos;
pero el rey sabiendo de sus temores, mandó que los llamaran asegurándoles el perdón, y dijo que había puesto
una cruz junto a cada nombre para acordarse de la cruz
de Cristo y esforzarse en seguir el ejemplo de Aquel que
oró por sus asesinos exclamando: "Padre, perdónalos,
porque no saben lo que hacen." Dios pone la cruz en un
lado o sobre los pecados de los creyentes arrepentidos y
los perdona.—**Comper Gray.**

453. UN SACRIFICIO ADECUADO
Isa. 53:4-7.

Un romano antiguo cuando oyó hablar del cristianismo dijo: "Este sistema no puede permanecer porque está fundado sobre una cruz, sobre la muerte de su propio jefe, sobre una catástrofe y no puede permanecer." Pero es precisamente por todas estas causas por las que puede permanecer; quizá no se pueda explicar en términos comerciales ni legalistas el sacrificio substitutivo de Cristo, pues la expiación es algo mucho más grande que lo que podemos comprender. No se puede leer la historia del Getsemaní y del Calvario sin sentir que Cristo ha entrado en comunión íntima con el Padre por el pecado del hombre en forma tal que es imposible para nosotros entender ni su profundidad ni acrimonia. Nos basta con cubrir nuestras necesidades.

———

454. LA CRUCIFIXION COMPRENDIDA
2 Cor. 5:21.

Una niña en una escuela misionera estaba sentada en la primera banca; y cuando la directora narraba cómo clavaron a Jesús en la cruz, las lágrimas llenaron sus ojos, y se levantó y salió. Por la tarde volvió sonriente, y la directora le preguntó: —María, ¿a dónde fuiste esta mañana?

Ella contestó: —¡Oh, maestra! no pude contenerme cuando usted nos habló de la crucifixión de Jesús, porque me sentía culpable de haber ayudado a clavarlo allí; salí de la escuela, me arrodillé y dije a Jesús que mis pecados habían ayudado a clavarlo en la cruz; y le rogué que me perdonase por haber ayudado a los demás a matarlo, que me sentía muy triste por esto. ¡Y ahora me siento muy feliz!—**Traducido.**

455. EL JEFE NOS VE
Prov. 15:3.

Se dice que cierto jefe de los McGregors, una tribu de
Escocia, quien había defendido airosamente la causa del
desterrado Estuardo, que cuando avanzaba bajo los es-
tandartes de Carlos Eduardo contra las tropas inglesas
en la batalla de Preston Pans, en 1715, fue echado
a tierra por dos balas del enemigo. La tribu McGregor,
cuando vio caer a su amado jefe comenzó a vacilar, mas
el capitán herido se enderezó inmediatamente apoyán-
dose sobre un codo, y aun cuando la sangre corría de sus
heridas exclamó en alta voz: "¡No estoy muerto, hijos
míos! Estoy vigilando a ver si ustedes cumplen con su
deber." Así al avanzar nosotros contra las huestes de las
tinieblas, debemos recordar, si nuestra fe se apoca porque parezca que nuestros adversarios espirituales ga-
nen terreno nuestro, que el Maestro a quien servimos
no está muerto, sino que vive y que desde su trono en lo
alto está viendo si cumplimos o no con nuestro deber.

――――

456. EL AMOR DESCORRE EL VELO
Luc. 24:29.

¡El Cristo resucitado nos ha encontrado! Camina por
la misma senda que vamos recorriendo nosotros, con
gloria y majestad. Preguntémonos: ¿De verdad desea-
mos encontrarlo? ¿Tenemos valor para andar en su
compañía? ¿Lo amamos lo suficiente para darle oportunidad de que se nos presente? Un argumento filosófico
nos puede convencer de que la resurrección no está fuera de la razón; pero eso no quiere decir que nos hemos
encontrado al Señor resucitado. El responde al corazón
amante y aunque es verdad que debe existir cierto grado de comprensión intelectual antes de que pueda haber
un fundamento para el amor; pero cuando nos hemos

convencido intelectualmente, debemos entregarle nuestro corazón si es que ha de descorrerse el velo y si es que
hemos de gozar de su compañerismo.

====

457. CREYENDO SIN VER
Jn. 10:4.

Había estado ausente de la casa por algunos días y me
preguntaba, al acercarme a ella, si mi pequeña Margarita, quien apenas podía sentarse sola, me recordaba.
Para probar su memoria, me coloqué en un lugar desde
donde yo podía verla, pero que ella no me podía ver a mí,
y la llamé en el viejo tono familiar: "¡Maguel!" Ella dejó
caer sus juguetes. Otra vez repetí su nombre "¡Maguel!"
y habiendo inspeccionado una vez más el cuarto con su
mirada, pero no viendo el rostro de su padre, se puso
muy triste y volvió a tomar sus juguetes. Por tercera vez
llamé "¡Maguel!" y ella, dejando caer sus juguetes rompió a llorar extendiendo sus brazos en la dirección de
donde provenía el sonido, sabiendo que aunque no podía ver a su padre, él debía estar allí **porque ella conocía
su voz.—Bible Treasure.**

====

458. YO ESTOY SEGURO
Job 19:25.

Un escéptico decía con mucho énfasis:
—No es posible poseer seguridad ninguna de que Cristo fuese quien fue como dicen sus historiadores, y que
resucitase y subiese de nuevo al cielo.
Un hombre que le había estado escuchando, de pronto exclamó: —¡Sí es posible!
—¿Cómo? —preguntó el otro.
—Muy sencillamente: Esta misma mañana, antes de
venir al taller, he pasado una feliz media hora en conversación con él —siguió diciendo su interlocutor.

—¿Cómo? ¡No es posible! —exclamó el incrédulo.

—¿Cómo? —le corearon los demás.

—Orando —concluyó el cristiano.—**Dic. Anéc. Ilust. Bíbl.**

═══════════

459. FE EN LA PALABRA DE DIOS
Fil. 1:21.

Cuando llegué junto al lecho de la moribunda, que era un miembro de mi propia iglesia, le pregunté: —¿Estáis muy enferma, hermana?

—Muy enferma, pastor, estoy ... muriéndome ...

—¿Estáis preparada para morir?

—Pastor ... —me contestó solemnemente—: Dios sabe que le he tomado la palabra ... él me ha de cumplir, me ha de ayudar ... según su promesa ... y por esto ... no tengo miedo de morir ...—**Dic. Anéc. Ilust. Bíbl.**

═══════════

460. HEROINA QUE SALVO A SUS COMPATRIOTAS, JUANA DE ARCO
Est. 4:1-3, 10-16; 9:20-22; *Dan.* 3:1-30; 6:1-28.

Esta heroína francesa pertenecía a una familia de aldeanos piadosos. Cuando Francia estaba asolada porque los ingleses la habían invadido, la misma Juana de Arco dijo que había tenido revelaciones celestiales que le indicaban que debía libertar a su patria. Después de muchas dificultades logró entrevistar al Delfín de Francia, heredero del trono, y convencerlo de que le diera un ejército para combatir a los ingleses, quienes ya se habían apoderado de casi todo el territorio. Con ese ejército logró libertar a Orleans, que estaba asediada por los ingleses, triunfo por el cual se le llama la Doncella de Orleans. En seguida derrotó a los ingleses en Patay y en otros lugares. Podría decirse que sus triunfos se sucedían uno inmediatamente después de otro sin interrupción. Después hizo coronar en Reims al Delfín como Carlos VII Rey de Francia. A continuación Juana de Arco quiso apoderarse de París; pero el rey se lo impidió. Más tarde se apoderó de Compiegne, y cuando quiso ir en persecución de los ingleses y de los borgoñones, siendo estos enemigos del rey y partidarios de los ingleses, los jefes militares que la acompañaban la abandonaron: los borgoñones la tomaron prisionera y la vendieron a los ingleses. Entonces éstos la encadenaron y la encerraron en un calabozo, organizaron un tribunal eclesiástico que la juzgó, presidido por el obispo de Beauvais, Pedro Cauchon, y fue sentenciada a morir quemada por hereje y hechicera: la quemaron viva el 31 de mayo de 1431 en la plaza del Mercado Viejo de Rouen.—**A. L.**

============

461. "LA MADRE DE LA NUEVA TURQUIA"
Prov. 31:10.

A Halide-Hebid se le ha llamado "La Madre de la Nueva Turquía" porque ha sido heroína, reformadora y educadora. Puesta a precio su cabeza, huyó a Angora, constituyendo su huida a pie, en carro y a caballo, una verdadera odisea. Triunfante la revolución turca, fue nombrada miembro de la Asamblea Nacional y encargada de organizar el Ministerio de Educación.—**El Libro de Oro del Hogar.**

============

462. DONDE DEBE ESTAR CADA CRISTIANO

Gén. 12:2,3; *Prov.* 11:30b; *Is.* 6:1-13; 11:9b; 19:18-25; 29:18, 19; 40:1-8; 42:1-9; 60:1-3; 61:1-3; *Jer.* 1:1-19; *Hab.* 2:14; *Mat.* 3:1-12; 4:18-22; 10:1-23; 25:27-29; 28:18-20; 1 *Cor.* 1:17-25; 9:16-27; *Stg.* 5:19, 20.

Dos hermanos estaban parados en la cubierta de un

buque que estaba para salir al Africa. Uno iba a Africa como misionero. El otro había venido para despedirse; pero desaprobó profundamente la resolución de su hermano. "Santiago es un tonto", dijo a su amigo. "El está echando a perder su vida por causa de unos pocos negros en Africa; morirá en seis meses." Pasaron seis meses y el hermano que quedó en casa murió, mientras Santiago todavía continuaba predicando el evangelio a los africanos y centenares de ellos estaban entrando en el reino de Dios.—**C. L. N.**

463. DIOS Y EL CESAR
2 *Tim.* 2:9, 10.

La luz es incompatible con las tinieblas, y los que viven en ellas no la pueden resistir. La luz espiritual emana del mensaje evangélico puro; es la misma voz del Señor que habla por sus testigos en la tierra. Pretender acallar a Dios es terrible blasfemia por la que él exige severa responsabilidad. Los cristianos sabemos obedecer; pero, "es necesario obedecer a Dios antes que a los hombres".

Dijo Lutero al emperador Carlos V: **"La Palabra de Dios está por encima de todas las cosas y es preciso que sea libre para todos ... en las cosas eternas Dios no permite que un hombre sea sometido a otro hombre."**

El imperio de la ley termina donde comienza el imperio de la conciencia. En este sagrado altar, sólo Dios y el hombre tienen derecho a penetrar.—**La Voz Bautista.**

464. LA PARTE MAS PELIGROSA DEL VIAJE
1 *Cor.* 10:12.

Después de aterrizar en el aeropuerto de Los Angeles, California, EE. UU., cierto piloto de una empresa aeronáutica se complace en dejar boquiabiertos a los pasajeros, con el siguiente anuncio: "Ahora van a iniciar ustedes la parte más peligrosa de su viaje: desde el aeropuerto hasta sus casas, en sus automóviles."—**Algunas veces no pensamos en que hay mucho peligro donde creemos que no lo hay.**

═══════

465. LA CURACION DE UN COJO
Hch. 3:1-10.

El Gran Médico, valiéndose de Pedro y Juan, efectuó el saneamiento del cojo en la puerta del templo llamada la Hermosa. El hecho implicaba:

Atención, que debía asegurarse sobre sus bienhechores antes de que el cojo pudiera prepararse para lo que iba a suceder en seguida.

Expectación, porque pronto se puso alerta aunque solamente para recibir la caridad.

Dirección, porque Pedro no iba a darle ni oro ni plata sino algo completamente distinto y mejor.

Mandato, porque algo podía hacer el cojo de por sí: confiar en Cristo y andar.

Ayuda, porque la fe sin ayuda del cojo necesitaba la mano de Pedro que le proporcionara la ayuda moral y la fuerza física necesarias.

Curación, porque la obediencia del inválido y el poder divino convergían en la sanidad de tal manera que anduvo y brincó por primera vez en su vida.

Gratitud, porque lo primero que hizo después de recibir su salud fue un acto de adoración.

═══════

466. LA CONFESION DE UN TEOLOGO CATOLICO
Apoc. 3:14-19.

Se cuenta que Tomás de Aquino, el famoso teólogo de los católicos, llegó a visitar al Papa y lo encontró contando el dinero. El Papa le dijo: "Ya ves, Tomás, no podemos decir como decía San Pedro: No tenemos plata ni oro." Y Tomás de Aquino contestó: "Tampoco podemos decir como dijo él: Levántate y anda."

¿Es posible que algunas iglesias se hayan interesado tanto en lo material que han descuidado a los necesitados y han perdido su poder espiritual?

467. AMPLIA RECOMPENSA
Mat. 10:42.

El profesor Enrique Link relata la experiencia más dramática que le sucedió en Francia durante la Primera Guerra Mundial. Dice que llegó a París de noche y cuando una anciana trató de bajarse del mismo tren él la ayudó. Puesto que no hubo nadie en la estación para ayudar a esa señora, él llevó sus pesadas maletas a un tren subterráneo y la acompañó hasta su casa. La anciana, para mostrar su gratitud invitó al soldado a cenar con ella en un restaurante cercano, y durante la comida relató a los demás lo que él había hecho para ayudarla. Reflexionando sobre esta experiencia, el profesor Link dijo que las demostraciones de gratitud que los franceses, conocidos de ella, le hicieron, no podrían haber sido mayores si él hubiera salvado la vida de la anciana. "Un simple incidente", dijo, "pero nunca he olvidado la satisfacción que me causó esta experiencia."

468. EL HEROISMO DE UN PROFETA
2 Crón. 18.

Micaías era profeta del tiempo de Acab de Israel y de Josafat de Judá. No figuraba como uno de los grandes profetas; sin embargo era grande. Cuando el mensajero de los reyes le habló diciendo que Acab y Josafat querían que les informara acerca del éxito de la campaña contra

Ramot de Galaad, y el mensajero le aconsejó que hablase en el mismo tenor que los demás profetas, entonces Miqueas respondió: "Vive Jehová que lo que Dios me dijere, eso hablaré" (2 Crónicas 18:13).

Como consecuencia de su osadía lo encerraron en la cárcel y le dieron "pan de aflicción y agua de angustia" (2 Crónicas 18:26).

―――

469. VALOR PARA DECIR LA VERDAD
Jer. 1:4-10.

Galileo necesitó valor para anunciar al mundo en su día que la tierra se movía en una órbita alrededor del sol, y no el sol alrededor de la tierra. El papa lo amenazó con excomunión porque sus ideas eran contrarias a las de la iglesia romana. Desgraciadamente Galileo por fin negó lo que él creía que era la verdad, para evitar el castigo papal.

Guillermo Wilberforce tuvo valor para condenar la esclavitud cuando las leyes de su patria, Inglaterra, permitían la compra y venta de personas. Abraham Lincoln se mostró valeroso para tratar de librar a los esclavos en los Estados Unidos del Norte.

Nosotros necesitamos valor para oponernos al tráfico de licores, a la lotería nacional, y a otras prácticas que son contrarias a las leyes de Dios y al bienestar del hombre.

―――

470. DISPUTA
Mar. 12:13-15.

El señor Grimshaw estaba una vez con un noble, quien desgraciadamente había tenido una larga disputa con dos eminentes predicadores, en la cual, como sucede en tales casos, la victoria fue reclamada por ambos lados. El noble, encontrándose después con el doctor

Grimshaw, quiso inducirlo de igual manera a una disputa; pero él rehusó hacerlo con estas palabras: "Señor, si usted desea información, puedo hacer cuanto esté de mi parte para dársela; pero el mal de usted no radica en la cabeza, sino en el corazón de donde podrá extirparlo el poder divino; oraré por usted." El noble, lejos de sentirse ofendido, lo trató con un respeto especial y dijo después que estaba más complacido y más impresionado por la espontaneidad, firmeza y simplicidad de esta respuesta, que por cualquiera otra cosa más que hubiera podido oir de parte de sus oponentes.—**Comper Gray.**

471. MUERTE DE LOS MARTIRES
Heb. 11:32-40.

Murieron atormentados; y sus tormentos fueron amargados por el insulto y el escarnio. Algunos fueron clavados en unas cruces; otros, cubiertos con las pieles de animales feroces y entregados a la furia de los perros; otros, untados con materias combustibles, fueron usados como antorchas para iluminar las tinieblas de la noche. Los jardines de Nerón fueron destinados para este espectáculo que fue acompañado con una carrera de caballos y honrado con la presencia del emperador, quien se había mezclado con el populacho con el vestido y la actitud de un humilde joyero.

472. LAVAMIENTO DE MANOS, PIES Y CORAZON
Is. 1:16; 4:4; *Ez.* 16:4; *Mat.* 15:2, 20; *Mar.* 7:3; *Luc.* 11:38; *Jn.* 11:2; 12:13; 13:5, 14; 1 *Tim.* 5:10; *Heb.* 10:22; *Apoc.* 1:5; 7:14; 22:14.

Como los judíos comían de un plato común, sin cuchillos ni tenedores, era necesario que sus manos estuvieran completamente limpias para comer. El deber de lavárselas con anticipación en agua pura era considerado como asunto de obligación religiosa, y regulado por severas leyes rituales. Como no usaban zapatos sino sandalias cuando caminaban, al llegar a una casa los criados lavaban los pies de los caminantes. Algunas veces, como demostración de mucho respeto, el mismo dueño de la casa hacía esta operación. En días de fiesta los pies eran, además de lavados, ungidos. Pero "la sangre de Jesucristo su Hijo nos limpia de todo pecado" (1 Jn. 1:7).—**Autor desconocido.**

473. LA BIBLIA TRANSFORMA
Heb. 4:12.

A un colportor bíblico lo asaltaron a mano armada en un bosque en el corazón de Sicilia. Se le ordenó encender fuego y quemar los libros que llevaba. Cuando tuvo encendido el fuego pidió permiso para leer una porción de cada libro antes de quemarlo. De uno leyó el Salmo 23.

—Este es un buen libro; no lo quememos. Dámelo a mí —dijo el ladrón.

De otro leyó el capítulo 13 de 1 Corintios, el capítulo del amor.

—Esto es bueno; dámelo. No lo quememos —dijo nuevamente el ladrón.

De otro leyó una parte del Sermón del Monte, de otro la parábola de El Buen Samaritano, y de otro la parábola del Hijo Pródigo; en cada caso con igual resultado. Por fin no quedó por leer algo de ningún libro y ninguno había sido quemado.

El colportor pudo continuar su viaje; pero sin sus libros. Años más tarde se encontró con el ladrón otra vez, pero ahora convertido en un ministro ordenado. Los libros habían hecho la transformación.

La cosecha de la Biblia es la cosecha de vidas cambiadas en todas partes del mundo.—**World Crusades.**

474. MALA INFLUENCIA DE UN PADRE

Ecl. 3:13; 4:1; 5:8; 7:7; *Ez.* 18:10-13, 20; *Luc.* 3:14.

Una vez fui a almorzar en casa de un campesino, que me había invitado a comer con su familia. Era un hombre trabajador y honrado, pero no se fijaba en lo malo que es elogiar acciones feas en la presencia de los niños.

Mientras comíamos y conversábamos, surgió el tema político, y hablamos de la mala administración que soportábamos entonces. Todos sabíamos que se robaba descaradamente en los distintos departamentos del gobierno.

El dueño de la casa alegó que eso no tenía nada de particular. ¡Que si él llegara a ser algún día jefe de un departamento de la administración pública, robaría todo el dinero que le fuere posible coger!

No me pareció bien que aquel hombre se expresara así, en presencia de sus hijos.

Algún tiempo después ese señor falleció. Pasaron los años, y uno de los hijos de aquel hombre dejó el trabajo de siembra de cañas, a que estaba dedicado, y se puso a comprar gallinas y pollos entre los campesinos y venderlos en el pueblo.

Este comerciante de pollos, notando lo poco que le dejaba su negocio, exigió una cantidad de dinero a un colono rico. Este comunicó a la guardia rural, la exigencia del "pollero".

Los guardias, en combinación con el colono, pusieron una emboscada al joven "pollero", quien cayó en la trampa, y como hizo resistencia a la fuerza pública murió acribillado a balazos.

El padre de ese infeliz joven, nunca llegó a robar; pero, sus conversaciones imprudentes condujeron al hijo al abismo del crimen.—**A. Pereira Alves.**

475. ORACION POR MI HIJO
Prov. 22:6; *Ecl.* 12:1; *Ef.* 6:4; *Col.* 3:21; 2 *Tim.* 3:15;
1 *Sam.* 1:9-28.

Traigo, Señor, ante tus pies mi hijo
para que tú lo mires con amor.

¡Misericordia: para su inocencia;
para su frágil vida: compasión!

Su porvenir observo con zozobra:
La tierra gime bajo gran dolor.

Aparta tú el mal de su camino
y disfrute tu eterna protección.

Tu bendición me alcance para hacerlo
de tus leyes morales, expresión.

Que yo en mi hora de morir lo sepa
del mundo y de la vida vencedor.

—**Margarita C. de Comba.**

476. ¡EXCUSEME!
Is. 11:9b; *Hab.* 2:14; *Mat.* 28:18-20; *Mar.* 16:16; *Hch.* 1:8;
Hch. 5:1-11.

Horacio Bushnell, teólogo evangélico congregacional
que vivió de 1802 a 1876, hizo una interesante lista de ex-
cusas de aquellos que no quieren dar para la obra misionera. Helas aquí.

Los que creen que el mundo no está perdido y, por tanto, no necesitan al Salvador, Cristo Jesús.

Los que creen que Jesucristo cometió un error cuando
dijo: "Id por todo el mundo y predicad el evangelio a
toda criatura."

Los que creen que el evangelio no es "poder de Dios" y
que no puede salvar a los paganos.

Los que creen que cada hombre debe entendérselas
consigo mismo, y que están prontos a contestar como
Caín: "¿Soy guarda de mi hermano?"

Los que creen que no tienen que dar cuenta a Dios del dinero que Dios mismo les ha confiado.

Los que ya están preparados para responder a la sentencia final: "en cuanto no lo hicisteis a uno de estos pequeñitos, ni a mí lo hicisteis"—que Jesús les dará.—**Autor desconocido.**

====

477. HABIA UNA VEZ UN HOMBRE RICO
Luc. 12:15-22; *Luc.* 16:19-31; *Luc.* 18:9-14.

La heredad de un hombre rico había producido mucho. Y derribó sus alfolíes y los edificó mejores, y allí juntó todos sus frutos. Y había mendigos a la puerta de él deseando hartarse de las migajas que caían de su mesa, mas nadie se las daba.

Y el rico subía todos los días al templo a orar. Y junto a él iba siempre su hijito Samuel. Y de pie oraba el rico, de esta manera: Señor, te doy gracias que no soy como los otros hombres. Señor, te doy gracias por mi trigo, y por mi maíz y por mis alfolíes. Señor, ¡ayuda a los mendigos, a los hambrientos, a los pobres que no tienen las bendiciones materiales que tengo yo! Y mientras oraba, lloraba.

Y aconteció un día, que el pequeño Samuel, después de la visita al templo llegó hasta su padre y le dijo: Padre, hoy como ayer, he escuchado tu oración. ¡Cómo quisiera tener algunos de tus depósitos de trigo! Y el padre le dijo: Todas mis cosas son tuyas. ¿Qué harías con el trigo si lo tuvieras?

Y respondió el hijo: ¡Yo contestaría tus oraciones!—**Alejandro Clifford.**

====

478. SOLDADO QUE ESPERABA UN DIA MAS
Mat. 6:34; *Rom.* 5:2, 3*a*; 8:24; 12:12; *Col.* 1:27; 1 *Jn.* 3:3; 2 *Ped.* 3:13, 14.

Una mañana muy fría, en Corea, unos soldados se ali-

nearon cerca de un camión-cocina para recibir su almuerzo. El corresponsal de un periódico se quedó mirando a un soldado barbón, cubierto de lodo y muy cansado. Después de un momento de estar mirando al soldado, el corresponsal le dijo: "Si yo pudiera lograr que
Dios le diera a usted lo que más desea, ¿qué le pediría?"
El soldado permaneció en silencio por unos instantes
mientras la esperanza renacía en su corazón, y después
respondió lentamente: "Le pediría que me diera el día
de mañana."— Aquel soldado tenía la esperanza de un
día más.—**A. H. Stainback.**

———

479. MINORIAS

Sal. 24:8; *Rom.* 8:31; *Rom.* 8:37; 1 *Cor.* 15:57; 2 *Cor.* 2:14;
Ef. 6:12; *Fil.* 4:13; 2 *Tim.* 1:7; *Heb.* 11; 1 *Jn.* 5:4, 5.

Durante el tiempo que Noé edificaba el arca, se encontraba en una pequeña minoría — pero Noé triunfó.

Cuando José fue vendido por sus hermanos y llevado
a Egipto, se encontraba en una pequeña minoría — pero
José triunfó.

Cuando Gedeón y sus 300 adeptos, con sus cántaros y
sus teas encendidas pusieron en fuga a los madianitas,
eran una minoría insignificante — pero triunfaron.

Cuando Elías oró y descendió fuego del cielo y avergonzó a los profetas de Baal, Elías estaba en una minoría notable — pero triunfó.

Cuando David salió a pelear contra el gigante Goliat,
era un pequeño menor al lado del decidido gigante —
pero triunfó.

Cuando Martín Lutero clavó sus 95 tesis en la puerta
de la catedral, él era una minoría solitaria — pero
triunfó.

Cuando nuestro Señor Jesucristo fue clavado en la cruz
por los soldados romanos, él era una conspicua minoría
—pero triunfó.—**Autor desconocido.**

480. EL MUNDO ES MIO

Gén. 1:26, 27; *Gén.* 2:7, 18, 21-23; *Job.* 10:8-11; *Job.* 19:25;
Sal. 139:13-16; *Mat.* 6:34; 1 *Cor.* 3; 1 *Cor.* 6:13b-20; 1 *Cor.* 12:
15-27; *Fil.* 4:6; *Fil.* 4:11.

Iba hoy en el ómnibus y vi a una joven hermosa de cabellos de oro. La envidié, me pareció tan feliz, y deseé ser tan preciosa como ella. De pronto se levantó de su asiento para bajar. Y entonces, cuando iba por el pasillo, vi que tenía unos duros aparatos de acero. Era una víctima de la poliomielitis. Pero al pasar junto a mí, sonrió.

¡Oh, Dios, perdóname que me haya quejado! Tengo útiles mis dos pies. El mundo es mío.

Me detuve a comprar unos dulces. El muchacho que vendía tenía cierto atractivo. Me puse a conversar con él. Y me dijo: —Qué gusto da conversar con personas como usted. Yo soy ciego.

¡Oh, Dios, perdóname mis quejas! Tengo mis dos ojos. El mundo es mío.

Caminando por la calle vi a un niño de hermosos ojos azules. Miraba a los otros jugar. Parecía que no sabía qué hacer. Me detuve junto a él y le dije: —¿Por qué no vas a jugar con los otros, hijito?

Siguió mirando el juego sin contestar palabras, y entonces me di cuenta de que era sordo.

¡Oh, Dios, perdóname de que me haya quejado! Tengo mis dos oídos. El mundo es mío.

Con pies que me llevan a donde yo quiero, con ojos para ver la gloria del crepúsculo, con oídos para oir lo que deseo saber.

¡Oh, Dios, perdóname si aún me quejo. Tú me has enriquecido. El mundo es mío.—**Autor desconocido.**

481. ¡CUIDADO!
1 *Cor.* 15:33; 1 *Tim.* 4:12; 1 *Tim.* 6:11; 2 *Tim.* 2:22; 1 *Ped.*
1:18; 1 *Ped.* 3:16.

Sofronio, virtuoso ciudadano romano, tenía una hija muy hermosa, llamada Eulalia, y ésta le pidió permiso para visitar a la mundana Lucina.

—No puedo permitírtelo —dijo el padre.

—¿Me crees demasiado débil? —replicó la hija indignada.

Sofronio cogió un carbón apagado y pidió a su hija que lo tomara en la mano, pero ésta vacilaba en hacerlo.

—Cógelo, hija mía, no te quemarás.

Obedeció Eulalia, y la blancura de su mano se vio inmediatamente manchada.

—Padre, hay que tener cuidado para manejar carbones —dijo de mal humor.

—Es verdad —dijo el padre solemnemente —porque aunque no queman, tiznan. Y lo mismo ocurre con las malas compañías y conversaciones. — **Autor desconocido.**

---

482. LA CONFIANZA DE UN NIÑO
IMPOTENCIA DE SATANAS
1 *Ped.* 5:8.

Un jovencito fue a ver a su papá y presentándose ante él con mucha serenidad, le dice:

—Papá, ¿es Satanás más grande que yo?

—Sí, hijo mío —dijo el papá.

—¿Es más grande que tú, papá?

—Sí, hijo mío, es más grande que yo.

El niño estaba muy sorprendido; pero pensó otra vez, y dijo: —¿Es más grande que Jesús?

—No, hijo mío —contestó el papá—, Jesús es más grande que él. El pequeñuelo al separarse dijo sonriendo:

—Entonces no le tengo miedo.

483. LA IMPIEDAD CASTIGADA
Sal. 10:4; 14; 53; *Ef.* 2:12; 4:18.

Una profesora comunista, en Alemania Oriental, en cierta ocasión dijo a su clase de niños: "Pónganse en pie, y digan: '¡No hay Dios!'" Una niñita de ocho años de edad, que pertenecía a un hogar cristiano, se negó a obedecer esa orden. Aunque fue amenazada, no pronunció tales palabras. Entonces la maestra, enojada, le dijo: "Vete a tu casa y escribe cincuenta veces '¡No hay Dios!', y mañana me entregas esta tarea." Por la noche, en su hogar, se sentó y escribió cincuenta veces "¡Sí hay Dios!".

Al día siguiente la niña entregó lo que había escrito a su maestra. Esta se enojó otra vez, y dijo a la niña: "Cuando vayas a tu hogar vas a escribir quinientas veces '¡No hay Dios!', o algo te va a suceder." Ese "algo" significaba la muerte. El día siguiente la niña y su padre fueron a ver al director de la escuela y le dijeron lo que estaba sucediendo. Entonces el director dijo a la niña: "No te preocupes. Tu maestra murió anoche víctima de un accidente de motocicleta. Todo eso ya se acabó. Vuelve a tu salón de clases."—**Bib. Exp. Illum.**

---

484. UNA PARABOLA ARABE
Sal. 119:11.

—Hijo mío —dijo el jefe árabe—, ve corriendo al manantial y tráeme una cesta de agua. El niño fue corriendo y llenó la cesta; pero antes que pudiera emprender el regreso a la tienda, toda el agua se había escapado.

Entonces dijo a su padre: —Aunque un gran número de veces he llenado la cesta de agua, toda se sale pronto.

Entonces el padre tomó la cesta y dijo: —Lo que dices, hijo mío, es la verdad. El agua no se ha quedado; pero mira cuán limpia está la cesta. Así será con tu corazón:

no podrás recordar todos los preceptos que has oído, pero procura siempre atesorarlos y harán tu corazón puro y apto para usos celestiales.—**La Antorcha.**

---

485. LA CONQUISTA DE ALMAS
Ez. 3:18; 33:6, 8.

Conocí a un comerciante cristiano que solía ser visitado por un corredor que le vendía, en el mostrador, los artículos que llevaba. Este comerciante tuvo cierto día este soliloquio: "He tratado con este corredor por espacio de nueve o diez años y apenas ha pasado un día sin que nos veamos. El me ha traído su mercadería y yo le he pagado su importe; pero nunca he procurado hacerle algún bien. Este proceder no es correcto. La Providencia lo ha puesto en mi camino y yo debo, por lo menos, preguntarle si es salvo por Cristo."

Ahora bien, la próxima vez que vino ese corredor, el espíritu de este buen hermano decayó y no creyó oportuno empezar una conversación religiosa. El corredor no volvió más: el próximo lote de mercaderías lo llevó su hijo. —¡Qué pasó! —le dijo el comerciante.

—Papá ha muerto —le respondió el muchacho.

Ese comerciante, muy amigo mío, me dijo poco después: "Nunca pude perdonarme a mí mismo. Ese día no pude quedarme en el negocio: sentí que era responsable de la sangre de aquel hombre. No había pensado en eso antes. ¿Cómo puedo librarme de esa culpa cuando pienso que mi necia timidez me cerró la boca?"

Queridos amigos: No traigáis sobre vosotros tan terrible remordimiento. Evitadlo desvelándoos diariamente por salvar a los hombres de la muerte segunda.—**C. H. Spurgeon.**

486. CONSEJOS A LAS MADRES
(y a los padres)

1. No consientas malcrianzas en tus niños, porque lle-llegarás a entristecerte. (Prov. 10:1).

2. Dirige a tus hijos en la elección de buenos amigos. (Prov. 13:20 y 17:17).

3. Haz que reine entre ellos la alegría y la armonía. (Prov. 17:22).

4. No consientas entre ellos las malas conversaciones. (1 Cor. 15:33).

5. Si eres consentidora, llegarás a avergonzarte de tu hijo. (Prov. 29:15; Rom. 1:32.)

6. Corrige a tu hijo y te dará descanso y deleite. (Prov. 29:17).

7. No olvides que la mayor autoridad se ejerce median-te el buen ejemplo. (Tito 2:7; 2 Cor. 9:2).

8. Haz que sean diligentes desde su más temprana edad. (Prov. 12:24; 1 Tim. 4:13; Prov. 10:4, 5).

9. Instrúyele a tiempo para que sea siempre feliz. (Prov. 22:6).

10. Recuérdales que: "El temor del Señor es la sa-biduría, y el apartarse del mal la inteligencia." (Job 28:28).—**Lumbrera.**

━━━━━━━

487. POLICIA PUESTO POR DIOS PARA SERVIRLE
Jn. 15:16.

En la ciudad de Birmingham, un policía se convirtió al cristianismo. Pero cuando desempeñaba su trabajo presenciaba tales cuadros de pecado y desgracia, que por un tiempo su esposa y él pidieron a Dios que les abriera la puerta de otro empleo. Oraron, pero no se re-cibió respuesta.

Por fin, un día él dijo a su esposa: "Me parece que he-mos cometido un error. Hemos implorado que se me conceda cambiar de empleo, pero empiezo a creer que Dios me ha colocado como policía a propósito. Ahora voy a pedirle que me ayude a servir donde estoy."

Así principió su vida de magníficos servicios. Su influencia sobre los demás policías creció tanto que pronto lo nombraron director de detectives. Fue el instrumento que Dios usó para convertir a varios criminales.

Dios le ha puesto a usted donde se encuentra ahora, porque sabe que allí es donde puede rendir el mejor servicio.—**El Heraldo de Santidad.**

488. ENCONTRO A DIOS EN EL MAR
Gén. 28:10-17.

Durante la Segunda Guerra Mundial Eddie Rickenbacker y otros compañeros suyos recibieron una comisión de su gobierno, el de los Estados Unidos de la América del Norte, y para desempeñarla tuvieron que volar en aeroplano. El piloto de éste se apellidaba Whittaker. El aeroplano cayó en el Océano Pacífico: todos los hombres que iban en ese aeroplano estaban en peligro de perecer. Mientras estuvieron en sus barcas salvavidas permanecieron orando. Uno de los muchos días de su navegación sin rumbo, pues estaban perdidos, una gaviota posó en la cabeza del jefe del grupo, Rickenbacker: entonces todos creyeron que algún poder sobrehumano estaba protegiéndolos cuando estaban a punto de morir o de insolación, o de hambre, o de sed, o ahogados. Gracias a Dios todos fueron rescatados. Después de esto, el piloto Whittaker, que había sido ateo, declaró: "Yo hice el descubrimiento más grande que el hombre puede hacer: descubrí a Dios." Este piloto llegó a ser un creyente en Dios.—**Adaptación.** de **Illustrating the Lesson.** A. H. Stainback.

489. PACTO ENTRE DOS NEGOCIANTES QUE SE TUVIERON FE

Gén. 17:1-8; *Mar.* 5:19; *Luc.* 14:23; 15:21; *Jn.* 4:39-42; *Hch.* 17:17.

Una mañana de domingo el señor **A** estaba a punto de entrar en el templo de la iglesia de la cual era miembro, y vio que en la calle estaba un hombre pensativo y mirando el templo. El señor **A** se sintió impulsado a invitar a ese señor, a quien llamaremos **B**. **A** fue a invitarlo a entrar en el templo. **B** contestó: "Casi cuarenta años he vivido en esta ciudad; y, aunque casi todos los negociantes de aquí se han relacionado conmigo, usted es la primera persona que, siendo miembro de una iglesia, muestra algún interés a favor de mi bienestar espiritual." El señor **A** dijo que se sentiría muy contento si **B** lo acompañara; pero **B** no mostró ningún interés. Entonces **A** contestó: "Yo también soy hombre de negocios; e invito a usted con la **garantía** de que si no recibe aquí ninguna bendición, nunca volveré a invitarlo ni a molestarlo de ninguna manera." El señor **B** dijo: "Esto es como un **contrato.** Me conviene. Acepto." El señor **B** entró: recibió más de una bendición espiritual; y se convirtió.—**Adaptado** de **Illustrating the Lesson.** Por Arthur House Stainback.

———

490. LA TORTUGA Y EL AGUILA

Stg. 4:6.

Cansada la tortuga de arrastrarse siempre por el suelo, le rogó al águila que la levantase en el aire lo más posible. El águila, para complacerla, la asió entre sus garras y la levantó hasta más arriba de las nubes. Entonces la tortuga exclamó, henchida de vanidad:

—¡Qué despreciables me parecen ahora todos los animales de la tierra! ¡Con cuánta envidia me han de mirar!

Enojada el águila por aquella vanidosa presunción, soltó de entre sus garras a la tortuga, que fue a dar contra unas peñas y se hizo pedazos.

Los que se engríen cuando la buena fortuna los levanta a muy alta posición, están en peligro de caerse y matarse.—**Esopo.**

---

491. HUYENDO DEL HOGAR
Gén. 28:10-22.

Un pequeño niño que está muy enojado exclama: "¡Ya me voy de esta casa!" Y, sin pedir el consejo ni la autorización de su padre ni de su madre, que pueden orientarlo sabiamente, comienza a empacar sus cosas, y toma todo lo que él cree que necesitará ... y se va a pie, o en su bicicleta. Su inexperiencia, y su mentalidad infantil no son suficientes para que se dé cuenta de todos los difíciles problemas que se le presentarán; y no puede concebir la idea de lo que será la realidad de vivir fuera del hogar ...—**A. H. Stainback. Adaptación.**

---

492. LA MEJOR OFRENDA
Sal. 51:17.

Un judío pobre una vez fue al templo sin cordero, ni palomas, ni harina para sacrificar. Se quedó afuera avergonzado, y oyó cantar esta parte del Salmo 51: "Al corazón contrito y humillado no despreciarás tú, oh Dios ..." Esto es lo que tenía ese judío, y entró. "Bendito seas", dijo el venerable rabí, "son pocos los que vienen con tal ofrenda'.—**Ilustraciones de Luz.**

493. EL CIERVO
Prov. 16:5.

Llegó un ciervo a una fuente cristalina de aguas, y vio en la limpia superficie de ellas sus largas y delgadas piernas a la vez que sus hermosos cuernos.

"Verdad es lo que de mí dicen las gentes", exclamó; "¡supero a todos los demás animales en gracia y en nobleza! ¡Qué graciosa al par que majestuosamente se levantan mis cuernos! Pero, ¡qué feos y qué delgaditos son mis pies!"

En esto vio salir del bosque un león: "¡Pies, ¿para qué os quiero...?" y en dos saltos se puso fuera del alcance de su adversario. Pero cuenta la fábula que, acertando a pasar en su precipitada fuga por una espesura, sus cuernos se enredaron en la maleza, y el león le dio alcance y lo devoró.

Los pies, que tanto despreciaba poco antes lo salvaron; pero los cuernos, en que tanto orgullo tenía, le perdieron.

¡Cuán cierto es que generalmente nos perdemos por aquello en que tenemos orgullo! No te ensoberbezcas por lo que en ti hay de superior, ni desprecies lo que parece más humilde. La soberbia pierde, y la humildad salva.

═══

494. ¡VAYA, QUE ATEOS!
Gén. 6:5.

Este espíritu de ateísmo y materialismo originado por el diablo y manifestado abiertamente por los comunistas, se está esparciendo en cierta medida en muchos sectores e individuos... Es el espíritu del anticristo... Unos dicen ser ateos por dogma, otros por disciplina, otros por novedad, etcétera, pero lo cierto es que muy pocos son realmente ateos.

Hoy hablaba con un hombre acerca del Señor y me dijo: —Soy ateo; no creo en Dios.

—Usted dice ser ateo ahora que en todo le va bien; pero cuando se ve apretado entonces clama a Dios.

—No, yo no clamo a Dios.

Seguimos conversando acerca de la necesidad que él tenía de salvar su alma. A lo que él argumentó; —yo no le hago mal a nadie. Y hasta mire, yo cumplo los mandamientos de Dios. Dios dijo: "Amaos los unos a los otros", y yo amo a todas las mujeres. Dios dijo: "Creced y multiplicaos", y es lo que hago siempre.

Yo le dije: —Pero Dios también dijo: "No adulterarás". —Y añadí:— De modo que usted para unas cosas dice no creer en Dios, y para interpretar mal lo que Dios dice con respecto a otras cosas, para eso cree.

Este hombre dice ser ateo; pero en realidad es "un sinvergüenza".

Para muchos, pues, la "última moda" es decir que son ateos. Es el espíritu del anticristo...—**El Gibareño.**

---

495. EL LIBRO QUE MEJORO A UN PUEBLO
Sal. 119:105; 119:109; 119:130.

Green, en su "Breve Historia del Pueblo Inglés", cap. VIII, da un testimonio maravilloso del efecto que la Biblia impresa produjo en el reinado de Elisabet. "Jamás se efectuó en ninguna nación un cambio moral más grande que el que se realizó en Inglaterra durante los años que separaron la mitad del período del reinado de Elisabet de la Reunión del Gran Parlamento. Inglaterra llegó a ser un pueblo de un libro, y ese libro era la Biblia. Era el único libro inglés con el cual todo británico estaba familiarizado; se leía en las iglesias, se leía en los hogares, y en todas partes sus palabras... encendían un maravilloso entusiasmo. Sus efectos literarios y sociales fueron grandes; pero a la larga, más grande fue el efecto de la Biblia en el carácter del pueblo, pues ejerció una influencia dominante manifestada en la acción humana. Todo el temperamento de la nación sintió el cambio, en todas las clases sociales se extendió un nuevo concepto de la vida y un nuevo impulso moral y religioso."—**Peloubet.**

---

496. ELIGIENDO EL FUTURO
Jos. 24:15; *Luc.* 9:62; *Jn.* 12:19.

Pizarro, en sus primeros intentos para conquistar el Perú, unas veces tuvo el problema de que todos sus seguidores querían desertar. Por lo mismo en una ocasión sacó su espada y trazó con ella una línea de oeste a este. Luego, volviéndose hacia el sur, dijo: "Amigos y camaradas: en este lado están los afanes, el hambre, la desnudez, la tempestad destructora y la muerte ... Allí está Perú con todas sus riquezas; aquí Panamá y su pobreza. Escoja cada hombre lo que corresponde a un valiente castellano; por mi parte, voy hacia el sur." Diciendo esto cruzó la línea. Sus soldados le siguieron uno tras otro. Esta fue la crisis de la suerte de Pizarro. En la vida de los hombres hay momentos que, según sean aprovechados o desechados, deciden su destino futuro.—**Prescott.**

---

497. LO PRIMERO: LIBERTAD
DE CONCIENCIA Y DE CULTOS
Gén. 8:20; 13:18; 26:25; 33:20; 35:1.

Cuando en algunos de los países de Europa los cristianos evangélicos fueron perseguidos severamente, muchos de éstos salieron de allí para establecerse en la región de los estados de Massachussetts, Maine, Pennsylvania, y otros del nordeste de los Estados Unidos de América del Norte. Tan pronto como llegaron a esos lugares lo primero que hicieron fue construir rústicamente al-

gunos cobertizos para protegerse de la intemperie; inmediatamente después construyeron su primer edificio
permanente: un templo. Esto fue lo más conveniente
que pudieron hacer aquellas gentes que venían buscando libertad de conciencia y libertad de cultos.

498. EXCITANDO AL VALOR
Núm. 13:21; *Deut.* 31:6; *Jos.* 1:6a, 7a, 9; *Jue.* 6:12b; 1 *Cor.* 16:
13; *Fil.* 4:13.

Parece que los antiguos hacían algo más para excitar
el valor de los soldados, que meramente exhortarlos a
que fueran valientes. Esto se manifiesta claramente en
esta cita: "Una circunstancia que grandemente tiende
a inflamar en ellos el valor heroico, es la manera en
que se forman sus batallones. Nunca se juntan o se in-
corporan por casualidad; pelean por tribus, unidas por
consanguinidad, formando una familia de guerreros: las
personas más amadas están muy cerca de ellos en el
campo. En el fragor de la batalla oye el soldado los gritos de su esposa y de sus hijos. Ellos son los amados testigos de sus hazañas y los que aplauden su valor, com-
prendiéndolo y apreciándolo al instante. Los heridos
buscan a su madre y a su esposa; sin desmayar ante el
aspecto que presentan éstos, las mujeres cuentan las heridas de honor, limpian la sangre y tienen el suficiente
valor para mezclarse con los combatientes y exhortar a
los suyos a que realicen actos de heroísmo."

499. EL FAROL DEL CIEGO
Mat. 15:14b.

Un caballero estaba atravesando las calles obscuras
de cierta ciudad, y vio que se le acercaba un hombre con
un farol encendido en la mano. Cuando se acercó bastante, el caballero vio, por la luz de la linterna que ese

hombre llevaba, que éste tenía los ojos cerrados. Pensativo, siguió adelante el caballero, mas sorprendido, se dijo: "Me parece que ese hombre está ciego." Entonces regresó, alcanzó al ciego, y le dijo:

—Amigo, ¿es usted ciego?

—Sí, señor —contestó el interpelado.

—Entonces, ¿para que lleva usted esa luz?

—Para que la gente no tropiece conmigo, señor.

De este ciego podemos aprender que es necesario hacer brillar nuestras luces para que evitemos que otros tropiecen a causa de nuestra ceguedad espiritual.—Copiado.

500.　ENGAÑANDOSE A SI MISMA

Gál. 6:7.

Cierta mujer fue a ver un fotógrafo para que la retratara. La señora se había arreglado lo mejor que había podido y la fotografía salió buena. Pero el fotógrafo se dijo: "Tengo que retocar estos retratos porque si los dejo como están, esa señora no quedará contenta." En efecto, cuando ella regresó a ver al fotógrafo para reconocer los retratos, quedó muy satisfecha: creyó que era más bonita de lo que en realidad era. Primero se engañó a sí misma; después se dejó engañar por el fotógrafo. Así son los hombres con respecto a su retrato moral y espiritual: les place la adulación, la lisonja, y se dejan engañar con gusto. Dios en su Palabra dice que están destituidos de su gloria por la horrenda fealdad del pecado, y los insta a buscar la salvación de sus almas.—**El Mensajero Pentecostés.**